新格局 新内涵 新突破

——图书馆高质量发展理论与实践研究

广西壮族自治区图书馆
广西图书馆学会 编

广西科学技术出版社

·南宁·

图书在版编目（CIP）数据

新格局　新内涵　新突破：图书馆高质量发展理论与
实践研究 / 广西壮族自治区图书馆，广西图书馆学会编 . —
南宁：广西科学技术出版社，2023.8
ISBN 978-7-5551-2025-4

Ⅰ. ①新… Ⅱ. ①广… ②广 Ⅲ. ①图书馆工作—
研究—广西 Ⅳ. ① G259.276.7

中国国家版本馆 CIP 数据核字（2023）第 142786 号

新格局　新内涵　新突破——图书馆高质量发展理论与实践研究
XIN GEJU XIN NEIHAN XIN TUPO——TUSHUGUAN GAO ZHILIANG FAZHAN LILUN YU SHIJIAN YANJIU

广西壮族自治区图书馆　广西图书馆学会　编

策　　划：李　姝　　　　　　　　责任校对：盘美辰
责任编辑：袁　虹　　　　　　　　责任印制：韦文印
装帧设计：梁　良

出版人：梁　志　　　　　　　　出版发行：广西科学技术出版社
社　　址：广西南宁市东葛路 66 号　　邮政编码：530023
网　　址：http://www.gxkjs.com

经　　销：全国各地新华书店
印　　刷：广西桂川民族印刷有限公司

开　　本：787 mm×1092 mm　1/16
字　　数：309 千字　　　　　　　印　　张：16.75
版　　次：2023 年 8 月第 1 版　　印　　次：2023 年 8 月第 1 次印刷
书　　号：ISBN 978-7-5551-2025-4
定　　价：68.00 元

编委会

主　编

秦小燕

副主编

苏瑞竹　庞　蓓　林智荣　曹红兵　陆浩东

执行主编

贾　莹　董惠霖　韦冬妮　韦绍芬

前　言

　　2022年是党的二十大召开之年，是实施"十四五"规划的关键之年，也是第二个百年奋斗目标的开局之年。图书馆立足新发展阶段，贯彻新发展理念，明确高质量发展主题，推动建设以人为中心的图书馆，力求在新时代发展格局中不断赋予图书馆新的内涵，寻求图书馆事业的新突破，更好地促进图书馆数字化、网络化、智能化建设，推进公共文化服务均衡发展，提升公共文化服务水平。为此，广西壮族自治区图书馆、广西图书馆学会举办了相关主题的征文活动，得到了各级各类图书馆工作者的积极响应。主办方从中筛选出32篇在图书馆学领域具有代表性、对图书馆建设事业具有一定参考价值的优秀论文结集出版，研究主题涉及文献资源建设与服务、阅读推广、信息管理与服务、图书馆工作研究等方面。

　　本论文集是广大图书馆工作者学术成果记录、传播和共享的重要渠道，是认可广大图书馆工作者学术成果、展开学术争鸣和推动学术创新的重要平台。通过本论文集，我们可以看到广大图书馆工作者在图书馆学领域不断革故鼎新、自我突破，感受他们实事求是的科学态度和求真务实的科学精神。新时代背景下的图书馆需要不断创新与发展，广大图书馆工作者应保持学术活力和动力，在图书馆学的探索中百花齐放，不断提升学术水平，提高学术研究质量。此外，本论文集凝聚了广大图书馆工作者宝贵的从业经验，体现了他们对图书馆事业发展的研究与思考，有利于促进学科之间的融合和交叉学科的发展，加强学科领域之间的交流与推广，对推动图书馆事业的发展具有重要的实践意义。

目　录

文献资源建设与服务

阅读推广

信息管理与服务

图书馆工作研究

文献资源建设与服务

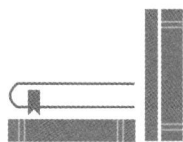

中国－东盟特色音乐资源数据库发展策略探析

——以广西艺术学院为例

陈　攀[①]　饶玉群[②]

（广西艺术学院，广西　南宁　530022）

【摘要】 广西与东盟国家之间人相亲、地相近，广西是中国连接东盟国家的桥头堡。推动中国－东盟文化艺术的资源共享将有利于展示文化魅力，助推文化经济的崛起。因此，构建具有东盟文化特色的数据库资源是一件具有时代意义的事情。本文在对中国－东盟特色音乐资源数据库建设现状的研究基础上，对该项资源的应用前景进行展望，并试图探寻音乐数字资源的建设方法。

【关键词】 图书馆建设；特色音乐资源；数据库；中国－东盟

【中图分类号】 G250.74　　　　　　　**【文献标志码】** B

由中国和东盟 10 国组成的"10+1"经济共同体已经成为世界发展的重要的经济区域，随着经济的共同发展，该区域在文化、艺术方面的发展呈现出勃勃生机。其中，由广西艺术学院主办的中国－东盟音乐周活动是中国与东盟国家共同参与的最具影响力的一项国际性艺术交流活动。该活动是广西打造的一项国际品牌活动，旨在促进中国－东盟音乐文化多元融合和新音乐的研究创作，推动区域文明交流互鉴。至 2022 年，中国－东盟音乐周活动已举办了第十一届。每年一届的中国－东盟音乐周活动都会展示一批独具特色、能代表当今世界一流水准的全新音乐作品，其数量多且质量优。目前，中国－东盟音乐周已经和北京现代音乐节、上海当代音乐节（原上海当代音乐周）成为中国新音乐创作的三大平台。同时，中国－东盟音乐周活动已经成为广西艺术学院，乃至广西对外交流的一张耀眼的名片，是中国推动区域文化交流的一个重要平台。

---

① 陈攀（1976—），男，硕士，副教授，就职于广西艺术学院。

② 饶玉群（1989—），女，硕士，馆员，就职于广西艺术学院。

广西艺术学院作为中国－东盟音乐周活动的主办方，有优势也有责任来研究建设中国－东盟特色音乐资源数据库，解决其存在的若干问题，探索与学科建设相适应的资源建设的新方法和新思路。

1 中国－东盟特色音乐资源数据库建设的现状

相对于西方发达国家，东盟国家经济相对落后，文化相对弱势，目前各国专业人士对该区域的文化研究比较少见，对于该区域音乐资源的研究和整理尚处于各自为战的状态，成章建制的数据库更无从查找到相关资源。另外，中国高校对该区域音乐资源的研究较少，中国音乐资源数据商基于人才、技术和市场等多方面的原因，对具有东盟国家特色的音乐资源收集非常有限。以中国唯一的音乐资源数据库数据商——库客音乐为例，用户在登录库客音乐图书馆网站后，按照国家或地区选取音乐资源时发现，目前库客音乐尚未进行东盟国家音乐资源的建设。

2 中国－东盟特色音乐资源数据库建设面临的问题

广西艺术学院位于广西壮族自治区首府南宁市，是全国 8 所综合性普通本科高等艺术院校之一。从 2012 年起，由广西艺术学院钟峻程、吕军辉等教授、专家发起的中国－东盟音乐周活动，迄今已成功举办了十一届。活动举办期间，世界各国数百名艺术家、教育家在这个平台上展示作品及开展学术研讨，中国－东盟音乐周活动成为广西艺术学院一张耀眼的名片。遗憾的是，历届活动展示或演绎的乐谱、音频、视频和文稿均未得到较好的收集和整理，没有形成规范的音乐资源数据库。究其原因，主要是相关部门认识不到位，活动主办单位责任缺位，资源建设的经验不足。广西艺术学院作为活动的发起单位，长期以来出于各种原因，活动组织策划者一直存在"重活动，轻整理"的问题。

3 中国－东盟特色音乐资源数据库的建构策略

广西艺术学院校长侯道辉在接受记者采访时指出，每年在中国－东盟音乐周活动中，中外音乐院校、研究机构和表演团体的数百名艺术家通过作品展示、研讨会、音乐评论等活动，增进不同音乐、文化之间的交流，促进各地音乐、文化的多元融合和新音乐的研究创作。广西艺术学院以中国广西民族民间音乐和东盟各国音乐的研究与实践为特色，开展东盟各国民族民间音乐的研究，编撰《东盟国家音乐百科全书》。作为活动主办方，广西艺术学院图书馆应主动把握以下方面的优势，加快中国－东盟特色音乐资源数据库的建设。

3.1 把握政策优势，寻求突破

多年来，广西艺术学院在培养具有地方性和民族性艺术人才、科研创作、服务社会及民族民间艺术研究与传承等方面取得了丰硕成果。学校师生在充分利用地域、地缘优势的基础上创作了大量优秀的民族民间文化艺术作品，形成了一批具有价值的音乐资源，为进一步打造具有明显特色的艺术文化数据库和品牌创作奠定了坚实的基础。然而，在 2016 年高校评估中，专家在针对广西艺术学院图书馆建设、发展的意见和建议中指出，资源建设特色不够鲜明，数字资源建设有待推进。2023年，广西艺术学院迎来新一轮的本科评估，其存在的问题成了广西艺术学院图书馆加快资源数据库建设的一大契机。目前，广西艺术学院"十四五"规划已经将图书馆特色资源建设纳入了实施计划。因此，建设广西艺术学院富有校本特色和地域特色（特别是具有中国－东盟特色）的音乐数据资源，记载与保存中国和东盟国家珍贵的音乐资源，不仅是广西艺术学院图书馆特色资源数据库建设工作的需要，还是学校学科建设的需求，更是广西打造"文化强省"的一项重要工作。该数据库的艺术价值将不可估量。对于广西艺术学院图书馆而言，这既是责任，也是机遇。

此外，为推动"一带一路"高质量发展，不断取得新成效，国家相关部委和广西相关学校等在跨文化传播的数据资源建设的科研项目及经费方面提供了前所未有的支持。

3.2 把握人才优势，助力破圈资源建构

广西艺术学院在建校 80 多年的历史长河中，涌现出了一批灿若星河的艺术大师和艺术教育家，他们长期耕耘在教学、科研和创作一线，为学校的发展积淀了深厚的文化底蕴。以广西艺术学院一批优秀的音乐教师为代表的广西艺术家及其作品在中国－东盟音乐周登场亮相，大多一出现便在国内外引起了很大的反响。

在人才培养方面，广西因地理位置和历史文化与东盟国家联系最紧密，广西艺术学院是广西唯一的综合性艺术院校，也是全国招收东盟国家艺术类留学生最多的高校之一。2017 年，学校作为中国－东盟艺术高校联盟的发起单位，与包括东盟10 国在内的 19 所艺术类高校签约缔结联盟，决定协同培养具有国际视野和竞争力的高层次艺术人才。此举为进一步促进东盟各国在科研创作领域加强交流与合作、共同繁荣区域文化艺术提供了重要保障。近年来，学校一批优秀的音乐人和音乐作品如雨后春笋般迅速涌现；学校每年接收的艺术专业留学生质量不断提高；学校每年举办艺术交流活动内容日趋丰富。在音乐创作方面，学校师生每年均创作或收集大量具有特色的优秀音乐作品。因此，学校每年在教学、科研活动中创作或收集的

音乐作品从数量和质量上均已具备了建设音乐数字资源最基础、最重要的条件。

3.3　把握作品来源多元优势，保持可持续发展

近年来，学校各级教学科研项目评选、核心期刊论文、"金钟奖"、"文华奖"、"孔雀奖"、"桃李杯"，以及中国文化艺术政府奖、全国大学生艺术展演中国校园戏剧节、国际青年声乐比赛等专业展演赛事和活动中，学校艺术创作风起泉涌。以学校音乐教师为主体的创作团队已发展成为走向世界且独具特色的文化品牌，其中的创作成果更是多不胜数。

3.3.1　坚持平台思维，紧抓中国–东盟音乐周，形成自给自足的数据库资源。中国–东盟音乐周这一国际化平台为数据库的资源建设提供了一台资源永续生产机。多年来，该活动的成功举办吸引了世界多国专家、学者的关注和研究。国际艺术节的文化艺术国际影响力是由国际化的文化艺术资源体量、国际化的文化艺术传播能力、国际化的艺术节综合竞争力效应等多个因素构成[1]。无论从音乐作品资源数量、国际范围的传播力或国际化的影响力效应等多个维度考量，中国–东盟音乐周都具有非常重要的国际影响力。因此，建立以中国–东盟音乐周的音乐作品为主要数据资源的特色音乐资源数据库，将会有一个长期、持续且高质量的数据来源。

3.3.2　推进中外高校高层次文化交流。在高层次文化交流方面，广西艺术学院成绩斐然；在国际艺术交流方面，广西艺术学院成功搭建"中心＋论坛＋讲堂"的平台，建设由外交部授牌的中国–东盟艺术人才培训中心、"百川讲堂"等一系列大师课堂，还有连续举办的各类教育论坛、学术讲座。诸如此类的文化交流活动非常频繁，也将成为一个稳定、重要的数字音乐资料来源。

3.3.3　与百名大师共同参与优质资源库的持续共建。抓住机遇，做好特色资源数据库建设。初步的工作设想为广西艺术学院图书馆依托各部门的收藏与推荐，收集各个年代具有代表性的作品（易于保存和在网络上展示的作品的文字、图片、音频、视频等电子资源），并经学校有关部门审核后，用以构建一个"人无我有，人有我新"、独具广西艺术学院特色的艺术资源数据库。

我们大胆提出"双百"项目建设方案，方案的大致思路如下：①在中国–东盟音乐周活动中，挑选出首批 100 名艺术家的重大成果进行分类、收集，并邀请学校学术委员会制订专业建设方案；②在学校范围内，在 1 个学科（音乐舞蹈学）、2 个二级学院（音乐学院、音乐教育学院）、4 个专业［作曲与作曲技术理论、流行音乐、音乐学（含音乐理论、音乐教育、演唱）、音乐表演（含演奏、演唱）］中邀请 100 名优秀教师参与精品视频公开课优质课程、精品开放课程、精品资源共享课资源库

的建设，由学校教学委员会制订专业建设方案。因此，我们可以得到持续且有质量保障的音乐舞蹈资源，并通过成果的积累，使数据资源反哺于教学和科研，数据建设和教学、科研将齐头并进。

4　全方位推送和打造 AUL

2017 年 3 月，中国－东盟艺术高校联盟在南宁成立。该联盟由广西艺术学院、中国－东盟中心和东南亚教育部长组织高等教育与发展区域中心联合发起，成员包括中国和东盟 10 国共 19 所高水平艺术高校。该联盟主张在中国－东盟战略伙伴关系不断深化的背景下，致力于为繁荣中国－东盟区域文化艺术做贡献。但联盟成立以来，联盟中各所高校的教育资源仍然像一个个信息孤岛，高校之间仍缺乏信息沟通。为此，2019 年，广西艺术学院副校长侯道辉在中国－东盟艺术高校联盟第二届成员大会上指出，希望通过各成员院校的努力，推动联盟健康有序的运行，为中国－东盟区域文化艺术教育发展提供强有力的驱动力和解决方案。联盟接下来的活动以加强联盟成员院校做好互联互通、规范活动开展、人才共同培养和教育资源分享为主[2]。

我们提出建设中国－东盟艺术高校的艺术联盟图书馆（Art Union Library，以下简称"AUL"）这一概念。传统的图书馆是实体图书馆，而中国－东盟艺术高校联盟则在网上建立 AUL。我们提出这一概念是依托"互联网+"，以及现代信息技术中的大数据和云计算的功能，建设一座基于云计算模式的 AUL。大致的构想是联盟中各所高校均挑选出一批独具特色的馆藏资源来构建网上 AUL 的馆藏数据库。通过信息技术，各所高校可以跨越中国－东盟地理上的界限，将联盟中各个资源孤岛紧密地联系在一起，构建跨区域、跨国界的网上 AUL。"互联网+"时代可以充分发挥信息沟通作用，促进中国－东盟各艺术高校图书馆特色资源的迅速对接，有效促进图书馆资源信息共享。实现联盟内艺术高校图书馆的资源共享，对加强中国－东盟艺术高校之间的合作具有重要的推动作用。

2021 年，通过对广西艺术学院的纸质阅读和电子阅读进行调查与统计发现，纸质阅读与电子阅读人数的比例为 1 : 27，乐谱的纸质阅读与电子阅读人数的比例差距更大。由于音乐作品包括数字音频、视频和图片的格式，因此在构建音乐作品的数字资源库上，我们看到 AUL 更具有独特性和必要性。

未来，中国－东盟艺术高校之间的合作会给我们带来什么样的机遇？信息技术的发展将给我们带来什么样的变化？对于这些问题很难展望得太远。我们感到道路必定长远，困难必定重重，但建设一个跨国家、跨区域的具有广西艺术学院图书馆特色的资源数据库，不仅是对一个时代的记录，还对加强东盟各国之间文化艺术领域的交流互鉴、增进友谊具有重大意义。作为图书馆人，我们责无旁贷，使命使然，我们相信项目的实施未来可期。

参考文献

［1］张蓓荔，陈文贵. 国际艺术节对提升我国文化艺术国际影响力的作用探究［J］. 艺术百家，2018，34（2）：48-57.

［2］陈璇冰. 我校举办"中国-东盟艺术高校联盟"第二届成员大会［EB/OL］. （2019-11-01）［2022-12-03］. https://gjjy.gxau.edu.cn/xwdt/bmxw/content_252844.

公共图书馆数字资源推广思考

——以广西壮族自治区图书馆报刊数据库为例

罗　瑜①

（广西壮族自治区图书馆，广西　南宁　530022）

【摘要】公共图书馆数字资源建设与推广成为当前图书馆发展的模式及未来的发展趋势，数字资源的科学推广应用是图书馆智慧转型的重要标志。本文以广西壮族自治区图书馆报刊数据库为例，总结近年来报刊数据库推广的主要做法，分析现阶段存在的问题，并在此基础上提出公共图书馆数字资源推广的具体对策。

【关键词】公共图书馆；数字资源推广；报刊数据库

【中图分类号】G255.2　　　　　【文献标志码】B

1　引言

中国新闻出版研究院发布的第十九次全国国民阅读调查显示，2021 年我国成年国民数字化阅读方式（网络在线阅读、手机阅读、电子阅读器阅读等）的接触率为 79.6%，较 2020 年增长 0.2 个百分点[1]。可见，越来越多的成年国民青睐数字阅读方式。据统计，2016—2020 年全国报纸出版种数、报纸总印数 5 年内均连续下降，2020 年报纸种数降至 1 810 种，较 2019 年减少了 41 种，为 5 年来出版种数减少最多的 1 年。2012 年以来，有越来越多的传统报社在新浪、腾讯上开设官方账号，报社或报业集团快速发展数字报业的微信业务[2]。根据《2020 报纸融合传播指数报告》显示，经考察全国 275 份主要报纸在 2020 年的融合传播情况发现，微博、微信入驻率均为 98.9%，已经成为报纸普遍覆盖的传播渠道[3]。由此可见，传统报纸出版日益萎缩，报刊数字化转型呈不可逆的趋势。

报刊阅读推广能够引导广大读者合理利用碎片化时间进行阅读，是全民阅读推广必不可少的部分。随着数字化技术不断发展，公共图书馆的管理、运行、服务迎

---

① 罗瑜（1980—），女，学士，副研究馆员，就职于广西壮族自治区图书馆。

来了新的挑战和机遇，如何大力发展数字资源推广和服务成为公共图书馆亟待解决的问题。

2　广西壮族自治区图书馆报刊数据库的基本情况

2.1　报刊数据库馆藏情况

广西壮族自治区图书馆（以下简称"广西图书馆"）坚持以纸质文献与数字文献并重的馆藏体系，报刊数据库与纸质报刊互补利用，共同发展。目前，广西图书馆共有报刊数据库 17 个，包括中国知网（CNKI）总库、万方数据库、龙源期刊数据库、博看微信数据库、人民日报图文数据库、广西图书馆界、广西政策法规等商业数据库和自建特色数据库，内容涵盖社会科学、经济管理、金融投资、教育科学、图书情报、自然科学、工程技术、医药卫生和农业科学等，既有学术性，也有通俗性，受众广泛。读者可通过手机端和电脑端，足不出户就能免费阅读各类原文原貌版电子报刊，对党政机关人员、研究人员、师生等具有重要的参考价值。

2.2　报刊数据库服务统计

近年来，广西图书馆精准对接人民群众文化需求，注重服务实效性，报刊数字资源馆藏量、数字资源本地存储量逐年增加，为读者提供了丰富的报刊电子资源，提高了报刊数字资源服务保障能力。同时，广西图书馆加大报刊数据库推广力度，实施免费向公众开放馆藏数字资源的惠民举措，数字资源服务量明显上升，2018—2021 年大多报刊数据库总访问量逐年攀升（见表 1），反映出读者对报刊数字资源的需求在不断增加。

表 1　广西图书馆 2018—2021 年总访问量排在前十名的报刊数据库一览表

序号	报刊数据库	2018年	2019年	2020年	2021年
1	万方数据库	358 490	5 412 755	9 172 359	12 600 177
2	中国知网（CNKI）总库	2 440 311	14 198 429	13 492 193	11 047 506
3	人民日报图文数据库	3 249	17 171	1 039 254	2 677 502
4	读秀知识库系统	505 905	1 092 547	2 032 030	1 999 932
5	维普中文科技期刊数据库	81 173	925 508	1 821 584	1 918 492
6	全国报刊索引-民国期刊报纸全文库	6 458	134 433	512 562	399 173

续表

序号	报刊数据库	2018年	2019年	2020年	2021年
7	龙源期刊数据库	34 197	82 114	212 009	193 417
8	台湾学术期刊（TWS）在线数据库	23 873	68 442	132 654	132 654
9	博看微信数据库	2 449	57 061	118 112	74 870
10	人大"复印报刊资料"全文数据库	7 289	42 358	50 254	69 843
	合计	3 463 394	22 030 818	28 583 011	31 113 566

3　广西图书馆报刊数据库推广的主要做法

3.1　开展多种培训，提升公众信息素养

广西图书馆针对馆员、读者开展了数字资源系列培训活动。一是强化顶层设计，打造馆员培训品牌。广西图书馆打造馆员培训品牌项目"弘图学堂"，通过开展专题培训讲座，提升馆员数字资源利用技能，讲师现场教授馆员高效、便捷地使用数据库，解决数据库使用过程中遇到的问题，使馆员在工作中精准检索读者想要的文献，更好地指导读者如何使用图书馆数字资源。二是充分发挥馆内阵地优势，开展读者培训活动。通过业务骨干现场授课，向到馆读者介绍馆藏数字资源，并充分利用公共电子阅览室，指导读者检索和利用馆藏数字资源，让读者更深入地了解馆藏数字资源，有效利用数字资源，从中获益。三是延伸服务进社区，提升便民服务实效。为实现数字资源利用与群众"零距离"，广西图书馆联合社区走进小区，向小区居民开展"一对一"的现场教授，带领居民进入报刊数据库进行电子报刊阅读，增进居民对报刊数据库的了解和利用，让数字文化普惠广大群众。

3.2　强化宣传推广，拓宽数字资源辐射面

为推进馆藏报刊数据库的传播和服务，广西图书馆开展形式多样的数字资源宣传推广活动，并在官方网站、微信、微博、哔哩哔哩发布活动安排预告，提高活动知晓率。一是统筹规划，嵌入式宣传推广。广西图书馆期刊导读由一个部门统一负责，年初制订工作计划就已经全盘考虑全年期刊导读工作，结合节庆日、纪念日、时事热点向读者专题推荐优秀、热门期刊。广西图书馆将电子期刊的宣传推广嵌入期刊导读中，通过每期的期刊导读在官方网站、微信、微博等网络平台上对馆藏电子期刊进行宣传推广。二是巧用网络媒体，开展线上宣传推广。依托广西图书馆网

站、微信公众号开展有奖问答活动，设置与广西图书馆馆藏报刊数据库相关的题目，指导读者进入数据库寻找答案，让读者在答题过程中掌握馆藏数字资源的查询和使用方法，并为成绩优秀的读者发放精美礼品作为奖励；精心设计小游戏，在每个游戏中融入本馆报刊数据库的使用知识和数据库特色资源展示，让读者在指尖上轻松、愉快地了解馆藏报刊数字资源。三是多措并举，线下广泛宣传推广。通过线下专题报刊展览推广；以编制《广西壮族自治区图书馆电子资源使用指南》、设立展架、发放小礼品的方式，走进社区和公园，向市民宣传推广；结合重要时间节点，如"世界读书日"、壮族"三月三"、"图书馆服务宣传周"等，围绕节日主题开展报刊数字资源推广活动。

3.3　依托服务品牌影响力，吸引更多"流量"

在推动全民阅读活动中，为满足不同人群的阅读需求，广西图书馆打造了多个阅读服务品牌，通过品牌活动向全社会推广馆藏报刊数据库，吸引更多的读者关注和使用图书馆数字资源。如"走读广西"文旅融合活动品牌，走进广西全域旅游大集市，定制创意书签。书签分别题字"金榜题名""步步高升""博学多才""术业专攻"，根据学生群体、社会职业考试群体、日常休闲阅读群体、学术研究群体等四类读者群体的诉求，分类推荐广西图书馆数据库，以便读者查阅和使用相应的数字资源。又如"夕阳红"老年服务品牌，邀请专家、学者为广大老年读者开展"智能玩转手机"讲座，为老年人消除数字鸿沟，用手机阅读图书馆电子报刊，得到了老年读者的好评。

3.4　加强社会协作，专题推广数据库

广西图书馆通过加强与其他社会机构合作，整合优质资源，实现优势互补，专题推广馆藏报刊数据库，深化服务效能。如为庆祝中国共产党成立100周年，迎接"4·23"世界读书日的到来，广西图书馆联合人大数媒科技（北京）有限公司，举办"砥砺忆峥嵘，红色传承映初心"公共数字文化服务推广活动，根据人大"复印报刊资料"全文数据库特色制订活动方案，引导读者阅读该数据库中的相关文章，让读者深入了解和使用该数据库。

4　公共图书馆报刊数据库推广存在的问题

4.1　馆藏特色文献开发和利用不充分

当前，公共图书馆报刊数字资源建设主要是通过购买商业数据库和自建数据库两种方式，有些商业数据库如龙源期刊数据库最早回溯至1995年，方正数字报《广西日报》数据库最早回溯至2007年9月1日，商业数据库数字化资源相对匮乏，

在一定程度上妨碍了报刊数据库的推广和使用。公共图书馆经过多年的积累，馆藏纸质资源非常丰富且各具特色，但由于经费、人员等原因，有些公共图书馆馆藏旧报刊特色化、数字化开发缓慢，已无法满足读者数字化检索和阅读需求，加上存储时间过久，报刊纸张已经老化且易碎，若继续提供给读者翻阅使用，极易被损坏，因此这些老旧报刊只能被束之高阁，无法为读者所用，也就无法发挥其巨大的价值。

4.2 数字资源推广手段不够多元和深入

虽然公共图书馆开展了各种数字资源推广活动，但是活动手段单一，缺乏创新性，有些活动只是单纯的玩游戏或答题；有些展览只是简单地摆设和陈列，很少多维度渗透、推广，缺乏深入的文献开发和深层次的服务，导致读者对公共图书馆的数字资源一知半解，资源利用率不高。

4.3 数字资源推广个性化不足

第十九次全国国民阅读调查显示，在我国成年数字化阅读方式接触者中，18～59周岁人群占92.8%，60周岁及以上人群占7.2%。由此可以看出，数字化阅读以中青年为主。有些公共图书馆不重视读者结构和需求的分析，在开展数字资源推广时缺乏对读者层次划分和对推广策略的细化，导致推广达不到预期效果，提供的服务没有真正契合读者的需求。

4.4 数字资源推广队伍有待发展壮大

数字资源推广队伍作为数字资源与读者之间的桥梁，对数字资源推广起着举足轻重的作用。数字资源推广队伍不仅要求人员具备一定的专业背景，比如图书资料专业、新闻专业、计算机应用技术、物联网工程、设计学等，能在各自的领域发挥相关的作用，还要求有较强的学习能力，能够适应新媒体、新技术的发展。目前，公共图书馆数字资源推广相关专业的人才储备不足，仍需要培养和发展一支综合素质高的数字资源推广队伍。

5 公共图书馆数字资源推广的对策

5.1 特色馆藏资源数字化，提升服务效能

公共图书馆开展地方特色数字资源体系建设的目的之一在于进一步夯实数字文化惠民基础，多途径发挥数字资源对于满足社会大众文化需求的支撑作用[4]。一是挖掘特色内容。公共图书馆梳理好馆藏资源，深入挖掘本馆特色资源，立足本馆特色和资源建设重点，将特色馆藏数字化。如广西图书将地域特色馆藏资源进行数字化，建设具有广西地方特色、民族特色、东盟特色的资源库，不仅能更好地满足读者需求，还能对珍贵的历史文献资料进行再保护、再开发、再利用。二是精细化

揭示特色资源。对基础数字资源进行细颗粒度内容标识、关键知识点标签和标引，实现资源知识化、专题化服务，更好地向读者展示图书馆特色数字资源。三是共建共享资源。数据库的建设需要投入大量的财力、物力，也需要专业的人力资源，公共图书馆根据自身建设数据库的能力，考虑与数据商或其他公共图书馆合作，共建共享特色数据库，实现资源的优化配置。

5.2 数字资源推广多元化，助推全民阅读

阅读平台和阅读载体多元化发展，改变了人们传统的阅读需求和方式，公共图书馆应适应时代发展，树立"大阅读""悦读"等现代理念，创新推广数字资源。一是整合渠道，探索多元化推广模式。将有奖答题、游戏答题、主题展览、期刊导读、资源检索竞赛等主流推广模式组合运用并加以创新，多角度、线上线下齐推广，拓宽读者了解数字资源的渠道。如在线下开展主题期刊展览时，增加线上小课堂、工作人员现场讲解、视频讲解等方式进行同步推广，吸引更多读者关注。二是文化赋能，发挥图书馆文化软实力。将图书馆的文化内容、文化符号、文化故事[5]融入乡村振兴、旅游景区、研学旅行等，发挥文化优势，创新数字资源阅读推广。三是跨界融合，实现资源优势互补。公共图书馆创新"图书馆＋""＋图书馆"发展模式，积极探索文旅融合、馆社融合、馆店融合、馆校融合的路径，以资源共享、优势互补、合作共赢为格局，实现数字资源高效传播与推广。如吉林省图书馆与超星集团有限公司联合打造的吉林省图书馆 APP 内有海量数字资源，包括书籍、报纸、期刊、公开课、有声读物等，吉林省图书馆利用 APP 开展系列活动，培养用户养成积极阅读、自觉学习的好习惯[6]。四是激发兴趣，建立数字资源利用激励机制。设置积分制，读者在公共图书馆数字资源平台进行数字资源利用可获得相应积分，每季度或每年对积分最高的读者进行奖励，进一步激励读者利用图书馆数字资源。

5.3 信息推送精准化，推进个性化服务

公共图书馆应转变服务理念，在满足普遍需求的同时，兼顾个性化、精准化服务。首先，运用先进的信息技术，通过收集阅读大数据，分析不同层次、不同年龄、不同行业用户的需求，对用户进行分类，实现数字资源精准推送。重视中青年群体的需求，关注少年儿童、残疾人、老年人等特殊人群服务，开发针对特殊人群适用的数字资源，帮助特殊群体无障碍享受线上阅读、线上观展等智能化服务。其次，充分发挥公共图书馆"智库"功能，提供文献信息开发专题服务。公共图书馆与老年大学、机关事业单位、学校、媒体等合作，深挖馆藏数字资源，提升二次、三次文献信息开发能力，将文字、图像、声音、动画等多种形式的信息进行整合加工，

形成专题信息，丰富教育资源供给。如与其他单位共同开展廉政文化宣传，为廉政教育提供文献资源；又如国家图书馆与老年大学合作，充分利用国家图书馆古籍馆的资源，开设了装裱课这一特色课程，每位学员在学期结束后都能独立操作并完成一幅装裱作品[7]，助力老年教育发展。最后，注重科研项目成果转化，收集、整理馆员参加或主持的各级科研项目成果、发表的论文及专著，将研究成果转化为社会大众共享的文化资源，强化公共图书馆"智库"功能。

5.4 推广队伍专业化，实现文化惠民

随着国家公共数字文化工程的推进，各级公共图书馆投入了大量的人力、物力和财力用于数字资源建设。做好数字资源推广是每位图书馆员应尽的义务。年轻馆员有活力、学习能力强且善于沟通，公共图书馆应培养和建立一批来自不同专业领域的年轻的数字资源推广队伍。一是由省级图书馆牵头，各级公共图书馆参与，组建全省（自治区、直辖市）范围内的数字资源推广队伍，将公共图书馆数字资源宣传推广到基层群众中，真正实现文化惠民。二是开展青年志愿者服务，通过对志愿者的培训，助力数字资源的推广。三是建立健全激励退出机制，按照个人积极性、开展推广的次数和群众反馈情况，定期考核馆员及志愿者的推广效果，根据考核结果给予奖励或劝退，推动数字资源推广工作有效落实。

6 结语

在网络化、大数据和人工智能等新技术的影响下，图书馆有了新的信息使命，这就是"数字使命"。图书馆的数字使命是在数字图书馆建设的基础上，加强网络环境下的全民数字服务[8]。公共图书馆应担负起数字资源推广工作，以阅读为核心，创新服务方式，满足读者日益增长的文化需要，不断提升全民数字素养。

参考文献

［1］中国青年报.报告：2021 年我国成年国民人均纸质图书阅读量为 4.76 本［EB/OL］.（2022-04-23）［2022-10-20］.https://baijiahao.baidu.com/s?id=1730890141781554519&wfr=spider&for=pc.

［2］张帆.媒体融合背景下我国报业转型的发展策略研究［M］.武汉：武汉大学出版社，2018.

［3］金台资讯.《2020 报纸融合传播指数报告》发布：报纸入驻视频聚合客户端比率明显上升［EB/OL］.（2021-04-27）［2022-10-20］.https://baijiahao.baidu.

com/s?id=1698200040875093202&wfr=spider&for=pc.

[4] 林平.公共数字文化工程中地方特色化数字资源体系建设实践研究：以福建省图书馆为例［J］.图书馆学刊，2020，42（1）：46-49.

[5] 新华社.中共中央办公厅 国务院办公厅印发《"十四五"文化发展规划》［EB/OL］.（2022-08-16）［2022-10-20］.http://www.gov.cn/zhengce/2022-08/16/content_5705612.htm.

[6] 郝丽梅.公共图书馆跨界合作分析：以吉林省图书馆为例［J］.河南图书馆学刊，2020，40（1）：7-8，11.

[7] 谢春花.公共图书馆推动老年教育发展的实践探索：以文化和旅游部老年大学国家图书馆分校为例［J］.河北科技图苑，2021，34（6）：39-43.

[8] 柯平.将全民数字素养教育作为图书馆新的信息与教育使命［J］.图书馆论坛，2022，42（3）：9-11.

广西壮族自治区图书馆古籍善本藏书印的整理与思考

莫争春 ①

（广西壮族自治区图书馆，广西 南宁 530022）

【摘要】中华民族素有爱书、藏书的传统美德，这对于保存中国的文化典籍、继承和弘扬中华优秀传统文化起到了非常重要的递传作用。许多藏书家对藏书都有留下印记的习惯，这就构成了中国古代典籍常见藏书印的一大特色。本文以广西壮族自治区图书馆馆藏古籍善本藏书印为主要探讨对象，通过分类整理，明晰其源流和文化意蕴，以此推动馆藏古籍的深入研究，为研究本地区藏书史、藏书文化提供参考；同时，利用图书馆公共文化服务职能，全方位、多维度地展示古籍独特的历史文化。

【关键词】藏书印；古籍；藏书文化

【中图分类号】G255.1 　　　　【文献标志码】B

书籍是人类物质文化与思想文化的重要合成物，是华夏文明的重要标志之一。中华民族素有爱书、藏书的传统美德，这对于保存中国的文化典籍、继承和弘扬中华优秀传统文化起到了非常重要的递传作用。许多藏书家对自己阅读或收藏的书籍都有留下印记的习惯，这就构成了中国古代典籍常见藏书印的一大特色。

藏书印是将印章钤盖于书籍之上，以表明所有权，兼以表达藏书者的个性爱好、生活志趣。广西壮族自治区图书馆（以下简称"广西图书馆"）共有古籍善本 435部 5 455 册，其中钤有藏书印的善本就有 196 部。在这 196 部古籍中所钤藏书印的印面形状各异，大小不一，篆刻方式多样，印文内容寓意深远。本文以馆藏古籍善本藏书印为主要探讨对象，通过分类整理，明晰其源流和文化意蕴，以此推动馆藏古籍的深入研究，为研究本地区藏书史、藏书文化提供参考；同时，利用图书馆公共文化服务职能，全方位、多维度地展示古籍独特的历史文化。

---

① 莫争春（1971—），女，本科，馆员，就职于广西壮族自治区图书馆。

1　藏书印的分类

通过对广西图书馆馆藏善本藏书印进行逐字辨识，可以辨认出绝大部分藏书印的印文内容。就印文内容而言，藏书印按照归属可分为皇家藏书印、机构藏书印和私人藏书印。

1.1　皇家藏书印

皇家藏书印，顾名思义，就是皇家藏书所钤盖的印章。如钤在清《四库全书》写本的《文苑英华》的"古稀天子之宝""乾隆御览之宝"。《文苑英华》原来藏于清乾隆年间，为珍藏《四库全书》而建造的全国七大藏书阁之一的文澜阁。清咸丰十一年（1861年）太平军攻入杭州时，文澜阁被毁，藏书散佚。当时杭州的丁丙、丁申两兄弟竭尽全力抢救并回收书籍，但仍有一部分流落各地，《文苑英华》就是其中之一。

1.2　机构藏书印

机构藏书印指官府、寺庙及近代书院的藏书印。清代官府藏书印的文字多为满汉文合璧。如"广西巡抚关防"钤于清嘉庆刻本《嘉庆广西通志》上。该志"载录详明，体例雅饬"，被学者誉为"各省志书之冠"[1]。清光绪十五年（1889年），马丕瑶任广西巡抚，创建官书局，将所刻之书的封面钤盖"广西巡抚关防"印，并分发至广西各府书院以供学子研读。寺院藏书印，如钤在清顺治十一年（1654年）嘉兴楞严寺刻本《佛果圆悟禅师碧岩集》的"南宁府乌龙禅寺藏经"。近代书院藏书印，如钤在清乾隆刻本《黄诗全集》的"广雅书院藏书""广雅书院经籍金石书画之印""西江图书馆藏书印"。

1.3　私人藏书印

私人藏书印按内容可分为记人印、记书印、记事印三类。

1.3.1　记人印。

记人印以藏书者的个人信息为内容入印，直接显示藏书者的姓氏、名号或郡望、籍贯或书斋名等。

表示藏书者的姓氏、名号的记人印，如钤在清康熙刻本《诗经》的"顾嗣立印""侠君"，清康熙刻本《温飞卿诗集》的"盛百二印""相舒"等。表示书斋名的记人印，如钤在明嘉靖刻本《四书集注大全》沈知方的"粹芬阁"，钤在清道光二年（1822年）刻本《贮香小品》黄裳的"草草亭藏""木雁斋"等。还有一些藏书者将多种内容合刻于一印，如钤在清康熙刻本《明诗综》的"卢文弨字绍弓"为姓名和字合刻；将籍贯、姓名、别号全部合刻于一印，如钤在《明诗综》"鄱阳陈宇字曰叔安"、明刻本《分类补注李太白诗》的"善善居士侯人松字邦贞号砺霜一号森万之章"、明刻本《通鉴地理通释》的"吴江桐华里袁栋六世长孙德舆之图记"、明内府刻本的《资治通鉴纲目集览》"刘承干字贞一号翰怡"等。这些印对研究藏书家的生平家世极为有用。

1.3.2 记书印。记书印反映藏书者对图书进行收藏、赏玩、鉴定、判定价值等活动。印文多为某某藏书、珍藏、阅过、经眼等。

反映对书的收藏的记书印，如钤在明天启刻本《四六法海》的刘承干"吴兴刘氏嘉业堂藏书"，钤在清乾隆刻本《毛诗名物图说》周作人的"苦雨斋藏书印"等；反映对书的鉴定的记书印，如钤在明隆庆刻本《尺牍清裁》沈知方的"沈氏粹芬阁所得善本书"等。

1.3.3 记事印。记事印，又称闲章，多为反映藏书者藏书经历及得书时间、诗文吉语、成语警句等内容，表达内容丰富，由书及人，既有爱书、惜书的告诫，亦有劝学、好学的自勉，兼及个人修养、处世态度、志趣情怀的寄托。

反映藏书者藏书活动经历的，如钤在明刻本《乐律全书》的"漱绿楼藏书记""顺德温漱梁栋臣氏鉴藏"、明万历刻本《秦汉文钞》的"合肥龚氏兵燹后所得之书"；将夫妻名号共同入印，作为共赏书籍的见证，如钤在明刻本《洪武正韵》的"董康暨侍姬玉奴珍藏书籍记"；记录得书时间的，如钤在明刻本《谷音》的"叶启芳丁酉六十藏书"等。抒发藏书者内心的情趣，表达对人生的期望或自己喜欢的诗词等，如钤在清雍正刻本《陆宣公集》的"黄金白璧买歌笑，一醉累月轻王侯"，清乾隆刻本《全唐诗钞补遗》的"天地与我并生万物与我为一"等。

2 藏书印的学术价值

2.1 丰富地方历史、人物的研究内容

文献目录学家郑伟章先生认为藏书印"本身就是重要文献史料"[2]。藏书印记载的内容属于第一手资料，为历史研究提供了重要的线索。如明万历至清中期陆续刊刻的大藏经《径山藏》。书中钤有"南宁府乌龙禅寺藏经""南宁图书馆藏"两方印。《径山藏》，又称《嘉兴藏》，是我国收录内容最多的一部佛教典籍，也是我国第一部方册本的大藏经，由于刻印时间长，随刻随印，因此各地寺院的藏本各有差异。

南宁乌龙寺始建于北宋皇祐年间，明万历年间重建，颇具规模。1995 年修纂的《广西通志·宗教志》对南宁乌龙寺记载为"明末至清，南宁佛教以此为中心……光绪三十一年办新学时，开设为师范传习所，寺产被缴"[3]。《广西通志·宗教志》未提及乌龙寺有藏书。从"南宁府乌龙禅寺藏经"这方藏书印可以看出，乌龙寺不但有藏书，而且藏书量颇多，仅广西图书馆藏《径山藏》有 538 种 656 册，版本从明万历至清乾隆年间均有，善本库中还钤有此藏书印的其他佛经 10 种 31 册，非善

本库也藏有乌龙寺的藏书。此外，在广西古籍普查工作中还发现其他馆藏有乌龙寺的藏书。作为中国古代藏书体系之一的寺院藏书，能拥有如此版本精良及大规模的藏书量，足以证明南宁乌龙寺在明清时期的兴盛及在南宁佛教的中心地位，为广西宗教文化的历史研究提供了新的内容。"南宁图书馆藏"则见证了乌龙寺的寺产被缴后，部分藏书转由南宁图书馆保存的事实。

藏书印为藏书者拥有的凭信，能准确无误地指明其所拥有的藏书，对于未有书目行世的藏书者则可辑录其藏书书目，为其藏书思想、读书习惯的研究提供材料，如"柱尊陈柱""守玄阁"的印主陈柱。陈柱（1890—1944），民国时期广西籍知名学者，著书上百种。陈柱爱书成癖，家中有藏书楼，然并无藏书书目流传。通过对藏书印的识别，在善本库陈柱旧藏共有 19 部，其中明刻本 9 部，清刻本 10 部。在 9 部明刻本中，入选国家珍贵古籍名录的有 3 部，如明万历刻朱墨套印本《四书参》、明万历凌濛初刻朱墨套印本《李诗选》等。从其藏书的分类来看，经史子集兼收并蓄，并偏向于收藏自己研究范围内的古籍。这些书中记录有陈柱写的题跋、批校、读书时间、过录名人的批校等。陈柱作为广西地方名人，近几十年来有众多学者对其生平、著作及学术思想进行了多方面的研究，而对其藏书则鲜有研究，通过对陈柱的藏书印识别，整理其藏书目录，从藏书的角度研究陈柱，可丰富研究内容，对深入研究陈柱具有促进意义。

2.2　助力古籍版本的鉴定

古籍版本的鉴定一般根据书的刻书风格、序跋、牌记、内容、行款、纸张等因素进行综合判断。而作为流传过程中收藏者钤盖的印章，可作为版本鉴定的辅证，当然这已确定不是伪印而言。通过藏书印的内容判断最早的藏书者，依据藏书者的生活时代，大体可知该书的版本不会晚于藏书者生活的年代。如清康熙刻本《温飞卿诗集》中有"盛百二印""相舒"两方印，盛百二生活在清乾隆年间，因此该书不是在清嘉庆之后刊刻。

一般而言，对藏书印进行考证的藏书者，其学识丰富，经眼的古籍颇多，由他们钤盖的鉴定藏书印大多为精刻之善本，如"沈氏粹芬阁所得善本书""绥珊收藏善本"就属于鉴定藏书印。在版本鉴定时先借鉴藏书者的鉴定意见，然后根据藏书者编撰的藏书目录而获得该书的版本信息，如《三苏先生文粹》钤有民国藏书家沈知方"沈氏粹芬阁所得善本书"，经查沈知方编撰的《粹芬阁珍藏善本书目》[4]，著录本书版本情况为"明初精刊白棉纸初印本"，结合本书的纸张、刻书的版式风格即可确定为明初刻本。

2.3 见证古籍的递藏源流

一部书钤有多人多方藏书印，通常情况下，书的最早拥有者将藏书印钤于正文卷端最下方，易主后，逐次由下往上钤盖，直至天头栏外。掌握此规律，便可知晓该书由谁传谁、再传谁，然后参考藏书者生活的年代、藏书活动等便可梳理出藏书的递藏源流。以明初刻本《三苏先生文粹》为例，该书钤有"韶州府印""独山莫氏铜井文房藏书印""莫棠楚生甫印""沈氏粹芬阁所得善本书""研易楼藏书印"。其中，"韶州府印"为满汉文合璧的官府藏书印。韶州府为明代时设置的府，属广东省，民国元年（1912年）废置。"独山莫氏铜井文房藏书印""莫棠楚生甫印"的印主为莫棠。莫棠（1865—1929），字楚生，贵州独山人，晚清版本目录学家莫友芝的侄子，"铜井文房"为其晚年寓居苏州的斋名。幼承家学庭训，早年游宦广东、广西十余年，曾任广东韶州知府，通目录学、版本学。民国后寓居苏州，与民国时期的藏书家缪荃孙、张元济、徐乃昌、傅增湘等多有往来。民国初年，张元济组织编纂的大型丛书《四部丛刊》，莫棠是发起人之一。"沈氏粹芬阁所得善本书"的印主为沈知方（1883—1939），字芝芳，浙江绍兴人，自署粹芬阁主人，祖上是藏书世家，早年涉足出版业，为世界书局的创始人，好藏书，编有《粹芬阁珍藏善本书目》。"研易楼藏书印"的印主为沈仲涛（1892—1980），号研易楼主人，浙江绍兴人，沈知方的族弟，早年承父业在上海经商，后来到商务印书馆、启明书局供职多年，随后又经商颇爱购书收藏，所建藏书楼为研易楼。

根据以上的藏书印钤盖规律和藏书史史料记载，可整理出《三苏先生文粹》递藏情况为清末莫棠出任韶州知府，因有"藏书家以官印兼作自家藏书之印，当是在其任上"[5]的情况，可知莫棠在清末已拥有此书，而且莫棠的藏书活动在清末早期已开始。民国初期，莫棠寓居苏州，此书钤有"独山莫氏铜井文房藏书印"。莫棠去世后，他的藏书便很快散失，此书由沈知方所得，书目编入1934年出版的《粹芬阁珍藏善本书目》，并记录有钤印"独山莫氏铜井文房藏书印"。1939年沈知方病逝后，他的藏书转为沈仲涛收藏[6]。

厘清一部书的递藏关系，"其版本鉴定也往往坚实可信"[7]。同时，经过多名藏书者的递藏，其背后的故事还可以继续完善，图书的文献价值还可以继续提升，对古籍文献研究有着重要意义。

3 广西图书馆藏书印整理开发的思考

藏书印是我国古代藏书文化的特定产物。藏书印与书籍、鉴藏活动的联系，与艺术的结合，以及文人在方寸间以文字表达自己的情怀，这些都是当前古籍整理工作应该挖掘的时代价值。

3.1　建立广西图书馆藏书印图文数据库

藏书印数字化是开发利用馆藏藏书印资源的最有效途径。将馆藏古籍（也可扩展至民国时期线装书）中的藏书印数字化后录入数据库，并著录其详细信息，如释文及钤印的类型、形状、尺寸，加入已考证的印主、制印人的信息等。通过对藏书印的集中汇总，并关联到全国古籍普查平台中馆藏对应的书，以获取钤印在书中的位置，揭示馆藏中某一位藏书者的多方印及多部藏书，形成某一位藏书者的旧藏书目，以此了解本单位其存世藏书的数量、质量及分类情况，也可对馆藏古籍来源进行梳理。建立集藏书印、印主小传、古文字等相关材料在内的特色资源库，可弥补广西目前此类型数据库的空白。数据库开放后，可满足读者资源共享的需求，还可利用互动平台，对印文进行评价、纠错、补充、更正等，促进资源的开发共建。

3.2　整理广西藏书家及藏书机构的藏书目录

笔者在对本单位古籍进行普查时，通过对藏书印的释读，了解到一些广西籍的藏书家及近现代成立的广西藏书机构。从藏书印入手考察藏书家的庋藏情况，虽然难以获取全貌，但可以通过这一研究途径，辑录藏书书目，了解藏书家的藏书活动、藏书理念，并进一步补充对广西藏书家的研究。清末至民国时期是中国藏书文化从私家藏书楼转型至近代图书馆及图书馆事业蓬勃发展的时期，研究机构藏书印，可了解近现代广西藏书机构的兴起、演变、更替或消亡，进一步摸清其藏书的数量、质量、规模等情况，从而补充广西藏书史，并作为研究地方历史文化的切入点，进一步发掘更多的史料，丰富广西地方历史文化的研究成果。

3.3　多维度展示古籍独特的历史文化

藏书印是一门独特的篆刻艺术，是用"书法、构图、刀法表现纯艺术的形式美感"[8]，其本身具有极高的艺术价值。藏书印的实物大多湮没于历史，但通过古籍可继续观赏和展读。广西图书馆馆藏的藏书印大部分为清代至民国所制，这个阶段正好是篆刻艺术在审美和技法上强调个性的时期。这些藏书印不乏有上乘之作，如王懿荣"福山王氏正孺藏书"[9]为清末篆刻家赵之谦于清同治十一年（1872年）所制，"广雅书院经籍金石书画之印""广雅书院藏书"[10]为清末篆刻家黄士陵的作品，王绥珊"九峰旧庐珍藏书画之记"[11]为现代书法篆刻家、西泠印社创始人之一王福庵的作品。此外，藏书印中的记事印是藏书者用以表达和宣泄个人情感的重要渠道，"绥珊六十以后所得书画""合肥龚氏兵燹后所得之书""洛诵之孙""碧梧栖老凤凰枝""东皇染云为锦绣，大块假我以文章"，这些文人与书籍之间的种种故事、情怀心志在方寸之间得以记录。广西图书馆可利用阅读推广活动的形式，通过公众号、展览或融入文创产品，将藏书印与藏书者、古籍相结合，对读者进行藏书印知识普及，培育读者的藏书品位，全方位、多维度展示古籍独特的历史文化。

参考文献

［1］雷坚.广西方志编纂史［M］.南宁：广西人民出版社，2007.

［2］郑伟章.文献家通考：清－现代（上）［M］.北京：中华书局，1999.

［3］广西壮族自治区地方志编纂委员会.广西通志：宗教志［M］.南宁：广西人民出版社，1995.

［4］沈知方.粹芬阁珍藏善本书目［M］.上海：世界书局，1934.

［5］王玥琳.妙无余：中国藏书印的历史与文化［M］.北京：国家图书馆出版社，2021.

［6］中国人民政治协商会议全国委员会文史资料委员会.文史资料存稿选编：23文化［M］.北京：中国文史出版社，2002.

［7］李致忠.古书版本鉴定（修订本）［M］.北京：北京图书馆出版社，2007.

［8］孙慰祖.中国印章：历史与艺术［M］.北京：外文出版社，2010.

［9］吴瓯.赵之谦印风（附胡钁）［M］.重庆：重庆出版社，2011.

［10］李刚田.黄牧甫流派印风［M］.重庆：重庆出版社，2011.

［11］余正.赵叔孺·王福庵流派印风［M］.重庆：重庆出版社，2011.

泛在知识环境下广西北部湾海洋文化
信息资源的构建研究
——地方特色资源建设研究系列

潘丽君①　龚军慧②

（北部湾大学，广西　钦州　535000）

【摘要】广西北部湾有着丰富的海洋文化信息资源，泛在知识环境下，海洋文化信息资源建设具有重大的意义。构建广西北部湾海洋文化信息资源的途径主要包括加强对广西北部湾海洋文化信息资源的采集，创建专题阅览室，加大特色数据库建设力度，建立网络导航和网络服务平台，实现资源共享。

【关键词】广西北部湾；海洋文化；信息资源；泛在知识环境
【中图分类号】G250.73　　　　　　　【文献标志码】B

中国是一个海洋大国，东南两面濒临辽阔的海洋，大陆海岸线自鸭绿江口至北仑河口，长达1.8万多千米，岛屿海岸线长达1.4万多千米，海域面积约473万平方千米，海岸线曲折绵延，较大海湾大约有150个[1]。中国大陆海岸线跨越了3个气候带，物种丰富，得天独厚。沿海先民依海而居，以渔业为生，形成了具有海洋特征的文化。广西北部湾东接海南和广东的雷州半岛，西邻越南，因位于南海西北部而得名[2]。广西北部湾海洋文化源远流长，其源头可追溯至新石器时代。考古工作者在广西北部湾经济区的防城港市、钦州市和合浦县等地分别发现了马兰嘴山、杯较山、芭蕉墩和上洋角等多处海滨贝丘遗址。海滨贝丘遗址是古代遗址的一种类型，此类遗址的文化堆积以贝类为主体[3]。海滨贝丘遗址是远古时代北部湾有古人类聚集、繁衍生息的见证。广西北部湾丰富的海洋资源为新石器时代原始居民的生活提供了丰富的生活资源，古人类在生产活动中开创了独具北部湾特色的海洋文化。南

---

① 潘丽君（1968—），女，副研究馆员，就职于北部湾大学。
② 龚军慧（1965—），女，本科，副研究馆员，就职于北部湾大学。

宁顶蛳山文化，唐代的钦州坭兴陶，宋代的钦州博易场，明代的城古街[4]，都是广西北部湾海洋文明的瑰宝。据东汉班固《汉书》卷二十八下《地理志》中记载，自日南障塞、徐闻、合浦船行可五月，有都元国；又船行可四月，有邑卢设国；又船行可二十余日，有谌离国；步行可十余日，有夫甘都卢国。这是有关海上丝绸之路的最早记载，也是一条古代航海路线图，航海途经的国家和需要的时日都一一标明。从《汉书》可以看到，汉朝商船载着黄金、丝绸等物品从北部湾的合浦、徐闻等地开往海外进行国际贸易。东汉班固《汉书》卷二十八下《地理志》中记载："入海市明珠、璧流离、奇石异物，赍黄金。"其中"璧流离"即玻璃，"奇石异物"即在合浦等古汉墓中发现的玛瑙珠、琥珀珠[5]。由于国际贸易繁荣，环北部湾沿岸成为中国古代最早的对外开放的沿海地区及汉王朝在南方的政治、经济和文化的中心[6]。直至唐朝，广西北部湾海域是一条国际通道，在海上丝绸之路上始终扮演着重要的角色。通过海上丝绸之路，外国商船从广西北部湾的合浦登陆后，便可直达中原各地，广西北部湾成了中原与海外交往的重要通道。日益频繁的商业来往，促进了当地经济的发展，也使广西北部湾、中原与海外文化得到了交流和融合。在长期的交会中，中原文化与海洋文化相互包容，形成了广西北部湾绚丽多姿的独特的海洋文化。

1 广西北部湾海洋文化的特征

海洋文化是人类关于海洋的文化认识[7]。海洋文化具有开放性、进取性、神秘性等特点。广西北部湾海洋文化是本土文化、外来文化和中原文化的交会与融合，浓厚的南疆地域特色文化与外来文化、中原文化融合，形成了具有鲜明地域特色的广西北部湾海洋文化，呈现出中西合璧、土洋结合、大气包容等特征。

2 广西北部湾海洋文化的分类

海洋文化信息资源在内容上涵盖航海历史、区域人文、地理、文化发展、海图、古文物、历史、宗教、移民、古船、古港商埠、建筑、祭海场及与之相关的民俗文化活动和民间艺术、海事记录、口述历史等多个方面[8]。广西北部湾有着久远的海洋文化历史，我们以广西北部湾经济区的历史和文化为主干，以海洋经济的发展和地方文献为根本，将海洋文化信息资源分门别类进行收集和整理，为开发利用海洋信息资源做好准备。

2.1 船舟航海文化

早在 2000 多年以前，广西北部湾沿海地区就是海上丝绸之路的始发港。港口贸易促进了造船业的发展，隋唐时期是广西北部湾造船业最兴盛的时期。隋唐时期的宁氏家族是当时钦州、合浦的地方官，他们十分重视海外贸易，制造了大量的运输船，还为当时的水军打造了高大又坚固的楼船。宁氏家族造船的类型有独木舟、楼船和拼板船等。目前，广西北部湾出土的独木舟居全国首位，钦州市博物馆就收藏有6艘，是国内收藏独木舟最多的博物馆[9]，古代造船业历史和古代航海图集是收集航海文化信息资料的内容之一，能够直观地反映当时的航海技术水平地区特色。目前，北部湾大学下设海洋学院、海运学院、机械与船舶海洋工程学院等，对海洋船舶文化十分重视。

2.2　南珠文化

南珠文化是广西北部湾海洋文化的奇葩。"北有白马寺，南有夜明珠"，广西防城港至合浦沿海渔场盛产珍珠，有"南珠之乡"的美称。自古以来，合浦就以珍珠作为贡品，南朝梁任昉在《述异记》中记载，越俗以珠为宝，合浦有珠市。近年来，北海市先后举办了多次国际珍珠节，以珍珠招商，取得了很好的经济效益，同时还出版了《中国南珠》《南国珠城——北海》等珍贵文献。

2.3　海洋民俗文化

独特的海洋民俗文化资源是广西北部湾最具开发潜力的文化资源之一。沿海渔民在世世代代的繁衍生息中孕育了丰富的海洋民俗文化，形成了与海洋相关的饮食文化、风土人情、节庆活动、服饰建筑等，如京族文化、疍民文化等，而京族文化中的哈歌又颇具特色。哈歌是研究和传承京族文化的一个重要视角，哈歌的采集包括歌集或影视资料的收集。另外，广西北部湾经济区的方言较多，堪称全国之最，流传比较广的语种有6种[10]，主要有粤语、客家话、平话等。

2.4　北部湾名人文化

在海洋文化发展的历史长河中产生过无数的文化名人。这些历史名人有本土的，有外来的，有古代的，有现代的，他们是北部湾历史文化长河中一颗颗璀璨的明珠。如冯子材、刘永福、孙中山、李宗仁、邓小平、韦拔群等一批近现代历史名人，是广西历史名人文化资源的重要组成部分[11]。

3　广西北部湾海洋文化信息资源建设的意义

3.1　广西北部湾经济发展的需要

广西北部湾经济的发展不仅需要海洋文化作为导向，通过文化的传播和影响，对外界产生巨大的影响力，得到更多的外援，还需要海洋文化为海洋科技、经济的持续发展提供信息资源。通过整合广西北部湾海洋文化特色资源，建立海洋文化特色资源库，为广西北部湾的生产和生活服务，才能把潜在的广西北部湾海洋文化资源转化为现实信息财富，服务地方经济，成为地方经济强有力的文化支撑。

3.2 传承文化的需要

广西北部湾拥有丰富的海洋历史文化资源，但广西在关注、开发海洋文化，利用海洋文化和传播海洋文化方面，与广东、浙江等先进沿海地区相比仍然有很大的差距，与古代海上丝绸之路所产生的影响和地位不相称。因此，我们应重拾蓝色文明，挖掘、整合先人留下的宝贵的海洋文化遗产，构建海洋文化特色资源体系，开展全方位、深层次的富有地方特色的信息服务，只有这样，才能更好地传承、保护和发展广西北部湾海洋文化。

3.3 广西北部湾图书馆自身谋求发展的需要

21世纪是海洋的世纪，快速发展的海洋经济与独特的海洋文化相得益彰，共同发展。广西北部湾海洋文化是广西北部湾社会和经济发展的原动力，泛在知识环境下，海洋文化特色信息资源的构建应加强图书馆的开放性，拓展图书馆的服务空间，为广西北部湾经济发展提供信息服务。

4 泛在知识环境下广西北部湾海洋文化信息资源现状及发展对策

泛在知识环境就是利用信息技术和网络技术，实现信息资源无处不在的、信息服务无所不能的、优于信息本身且提供知识的环境，是全新的信息和知识环境，也是新型的信息基础设施，更是数字图书馆未来的发展目标和趋势[12]。广西沿海属于欠发达地区，北部湾大学图书馆的海洋信息资源建设相对落后。总体上看，广西北部湾海洋资源建设起步晚，信息采集力度小，信息资源馆藏总量不足，基础较薄弱，广西北部湾海洋文化方面的高质量研究成果相对发达地区少，研究的深度与广度有待加强。此外，广西北部湾海洋文化还存在信息数字化程度较低、共建共享的步调比较慢等问题。与蓬勃发展的广西北部湾海洋经济相比，海洋文化信息资源建设相对滞后。因此，要加大信息采集力度，实施数字化和智慧化建设，实现信息资源共享。

4.1 加强对广西北部湾海洋文化信息资源的采集

纸本馆藏和网络资源构成了广西北部湾海洋文化信息资源的两大组成部分。由于信息资源分布较分散，因此要多方面、多渠道收集信息资源，具体有以下几种方式。

4.1.1 关注广西北部湾海洋文化图书动态。与各类出版商保持联系，多方面了解广西北部湾海洋文化文献出版发行的最新动向，做到及时征订。此外，利用网上书店为图书馆文献查缺补漏，如在亚马逊和当当网，特别是老夫子旧书店，可以购买一些地方文献[13]。

4.1.2 有计划、有目标地与撰写地方志的相关部门和地方知名人士保持联络，掌握他们创作的新动向。撰写地方志的相关部门主要有博物馆、地方志办公室、地名办公室、文物保护处、文化局、档案局等，图书馆应积极、主动与这些部门保持联络，并上门搜集相关文献[14]。

4.1.3 网络资源的采集。网络资源是海洋文化资源收集的目标之一。网上海洋资源采集形式多样，有文字、图片、影音等。北部湾官方网站上有大量免费的海洋文化信息资源可供采集。此外，利用网络搜索软件也可挖掘有关广西海洋文化的信息。

4.1.4 组织专家、学者抢救和保护海洋文化遗产，并撰写相关著作。如北部湾大学曾成立由各学科带头人和海洋文化研究专家构成的海洋文化团队，致力于挖掘和保护海洋文化遗产，并出版了与广西海洋文化相关的著作，如《南国珠城——北海》等。为挖掘和发展北部湾的陶瓷艺术，北部湾大学开设了陶瓷艺术专业，陶瓷与设计学院的师生们潜心研究古代传统艺术，不断创新，设计出精美的作品。又如在沥尾和巫头岭仍盛行京族歌圩，歌圩日在每周星期天[15]，图书馆可派人员到现场采集相关信息，具体工作包括现场录音、翻译、校对、整理等。

4.2 创建专题阅览室

现代图书馆大多采用借阅合一大开放的格局，随着馆舍面积的不断扩大和文献的不断骤增，传统的排架模式让读者感到难以适从，查找文献变得更加困难。为方便读者阅读，可借鉴书店的布局，突破传统的管理方式，将采集到的海洋文献按门类归纳入藏，并根据文献的内容分成几个专题区，且分布成相对独立的空间加以标识。为方便读者查阅资料，北部湾大学图书馆曾成立海洋文献阅览室、北部湾文献阅览室等海洋专题阅览室。专题阅览室内借阅人数相对较少，适合读者做专题研究，有相同研究方向的读者还可以共同交流和探讨学术问题[16]。

4.3 加大特色数据库建设力度

首先，建立广西海洋文献联合书目数据库。通过建立联合书目数据库实现资源共享。图书馆与图书馆之间可以相互了解海洋文献的布局和收藏地点，最终实现馆际互借和文献传递，以及信息资源互补和交流。其次，建立广西海洋文献信息资源全文数据库。广西海洋文献信息资源全文数据库可分为北部湾海洋历史文化资源、船舟航海文化资源、生态文化资源、海洋民俗文化资源、北部湾历史人文资源等，有利于用户检索。此外，筹建海洋文化数据库，包括刘永福和冯子材数据库。潜在的可建资源还有钦州坭兴陶数据库、京族海洋文化数据库、广西沿海族谱数据库等多个子数据库。

4.4 建立网络导航和网络服务平台

建立网络导航系统，将网络上有价值的海洋资源进行采集、筛选、分类，并有序整合，最后实现动态链接。为方便师生有效利用网络海洋资源，北部湾大学曾建立了两个重点学科的网络导航，分别为海洋学学科导航和航海学科导航。这两个学科的网络导航设有相关院校、海洋教育、海洋气象、航海书刊教育、研究机构等多个网址链接，这些网址分布在全世界的各个地方，代表了海洋学科领域的先进水平，对了解海洋学科最新研究动态具有重要的指导意义。国内关于研究海洋的网站有中国海洋信息网、中国海洋网、中国海洋经济信息网、中国海洋在线等。网络服务平台为海洋信息的泛在化服务提供了可能性，应加大参考咨询的力度，提供实时虚拟参考咨询服务。

4.5 实现资源共享

在如今的信息时代，海量信息使图书馆日益负重，资金和人力不足是图书馆普遍存在的问题。资源共享可避免重复建设，弥补馆藏资源不足的问题[17]。广西北部湾图书馆应加强馆际联盟，合作发展，实现海洋信息资源的共建与共享。

参考文献

[1] 胡大雷，张利群，黄伟林，等.桂学研究（第2卷）：桂学理论［M］.桂林：漓江出版社，2020.

[2] 周中坚.周中坚集：北部湾与大西南的开放开发［M］.北京：线装书局，2010.

[3] 王巍.中国考古学大辞典［M］.上海：上海辞书出版社，2014.

[4] 蒋开科，江彦君.北部湾海洋文化论坛论文集［C］.南宁：广西人民出版社，2010.

[5] 广西壮族自治区科学界联合会.首届广西社会科学界学术年会优秀论文集［C］.南宁：广西人民出版社，2007.

[6] 潘琦.广西环北部湾文化研究［M］.南宁：广西人民出版社，2002.

[7] 河海大学《水利大辞典》编辑修订委员会.水利大辞典［M］.上海：上海辞书出版社，2015.

［8］蒋冬英."一带一路"与创新岭南海洋文化资源建设研究［J］.图书馆界,2016（6）：23-26.

［9］王锋.北部湾海洋文化研究［M］.南宁：广西人民出版社,2010.

［10］蒋开科,江彦君.北部湾海洋文化论坛论文集［C］.南宁：广西人民出版社,2010.

［11］广西社会科学院.2010年度广西社会科学院科研成果选编［M］.南宁：广西人民出版社,2011.

［12］林培发.数字资源整合与图书馆服务［M］.北京：国防工业出版社,2015.

［13］钱薇.高校图书馆地方文献采访模式研究［J］.浙江档案,2013（1）：56-57.

［14］谢智勇.温州民间历史文献征集工作的探索：以《温州通史》暑期信息收集工作为例［J］.图书馆学研究,2013（2）：62-65,84.

［15］蓝武芳.京族海洋文化遗产保护［J］.广东海洋大学学报,2007（2）：5-9.

［16］张艳琦.专题排架区域阅览模式：一种适合于高校图书馆现刊排架阅览的新模式［J］.图书馆建设,2010（5）：63-64,67.

［17］蔡莉静.现代图书馆特色资源建设［M］.北京：海洋出版社,2012.

说明：本文系广西教育厅立项项目（项目编号为SK13LX426）、广西哲学社会科学研究课题（项目编号为15FTQ001）。

推动地方文献创造性转化的思考

——以广西山歌为例

覃艳云①

（柳州市柳江区图书馆，广西　柳州　545100）

【摘要】本文以广西山歌为研究案例，采用内容分析法、文献研究法，研究广西山歌地方文献在转化使用方面存在的"四多四少"问题并进行分析，提出创造性转化地方文献的探索思路，同时整合资源，跨界创新，加大地方文献的推广力度，彰显吸睛亮度，挖掘价值深度，展示艺术美度，拓宽传播广度，打造山歌品牌，实现广西山歌地方文献的时代价值。

【关键词】地方文献；山歌；创造性转化

【中图分类号】G253　　　　　　　【文献标志码】B

"文献是记录知识的一切载体"，这是 1985 年国家标准局对文献的定义，到了 2009 年，国家标准修订，文献被进一步定义为"在文献工作过程中作为一个单位处理的记录信息或实物对象"。地方文献是记录某一地方知识的载体，这些载体包括记录信息、实物。狭义地说，地方文献就是地方史料。

地方文献能够综合反映一个地区的政治、经济、文化、教育、历史、地理、风土人情、人物传记、物产资源、名胜古迹等重要内容。"地方文献是地方文化的重要载体，是服务地方社会的知识宝库，是研究地域发展的可靠资料。加强地方文献的收集、整理、开发和利用，对传承地方记忆与文明，彰显地方文化魅力，促进地方发展乃至弘扬中华传统文化等都有着重要意义。"[1] 历史具有不可分割的内在传承性，一个地区当下的政治、经济、文化、社会发展的进程，必然需要地方文献发挥其不可替代的作用。本文以广西山歌为例，试图从地方文献的创造性转化、实现地域创新发展的角度，探索和研究地方文献的时代价值。

---

① 覃艳云（1971—），女，本科，馆员，就职于柳州市柳江区图书馆。

自古以来，广西各族人民喜欢唱山歌，广西山歌影响甚广。2006 年，"刘三姐歌谣"被国务院批准列入第一批国家级非物质文化遗产名录。以唱山歌为主要表现形式的"三月三"（壮族"三月三"），原来是广西南宁市武鸣县（现武鸣区）的壮族民俗，2014 年被列入第四批国家级非物质文化遗产名录；同年，"壮族三月三"经广西壮族自治区人民政府批准成为广西的法定假日。关于广西山歌的地方文献得到了各级政府的重视，专家、学者对广西山歌文献进行收集、整理和研究。在广西各地图书馆的地方文献中，山歌、民歌成了一项新的成果。但是如何有效地利用山歌地方文献，创造性地为本地的经济建设和社会发展做出贡献，仍存在着许多的现实问题和巨大的成长空间。

1　山歌地方文献运用的现状

1.1　收集整理的多，思考转化的少

目前，广西各地文化部门，特别是图书馆系统，收集、整理的山歌文献材料比较多，部分学者从非物质文化遗产、民俗文化、民间文学的角度对山歌地方文献进行研究，但缺乏对山歌地方文献转化和创新发展的思考。思想要先行，行动才能跟得上。许多文化战线上的同仁囿于本系统、本部门、本岗位的条条框框，无法真正思考地方文献应如何转化，缺乏经费的投入，无法预见成效，自然就偃旗息鼓了。

1.2　常规做法的多，创新思路的少

虽然山歌地方文献较多，但是相关负责人对山歌地方文献研究不深，视野狭窄，再加上经费投入不足，创新思路明显不足。一些常规的做法，如将山歌地方文献融入旅游景区的活动中，结合山歌地方文献进行法律、法规的宣传等实践缺少新意。常规的做法比较稳妥，但得不到有力的推动，更别说创造性转化了。

1.3　唱山歌的老年人多，年轻人少

目前，国家非常重视非物质文化项目的传承，希望非物质文化遗产项目后继有人。广西很多"歌王"年龄偏大，广西年轻"歌王"较少，很多年轻人认为唱山歌比较俗气，还不如去 KTV 唱歌，年轻人不太喜欢唱山歌这种民间文化活动。

1.4　泛泛研究的多，深度研究的少

山歌地方文献看上去比较普通，没有太多高深的含义，一些人不屑于研究，有的人研究山歌地方文献也只是为了完成某项工作任务，或发表论文而已。此外，山歌项目很难产生经济效益，导致部分人缺乏深入研究的激情。改革开放以来，图书馆人员在地方文献、民间文艺田野调查、山歌收集和整理方面下了很大的功夫，出版了不少山歌汇集本，还有少量山歌专题研究成果，但这对于山歌地方文献的研究

还远远不够。

2 广西山歌地方文献转化现状的分析

2.1 视野和思维受限，难以找到创新的思路

创新的亮点往往在两个毫不相关的领域边界产生。很多按部就班的工作会使人的视野和思维受限。山歌地方文献的创新转化不能用线性思维来思考，而需要用跳跃思维、跨界思维、网状思维来思考。因此我们有必要改变、突破，寻找创新的思路。

2.2 广西山歌地方文献转化需要一种情怀

地方文献是最接地气的史料，充满了鲜活的历史感，是一个地方人文历史浓缩的体现。我们需要对地方文献予以重视，赓续地方文脉，是我们的责任，也是我们的使命，图书馆人员应责无旁贷。情怀是一种担当，更是一种突破自我的力量。广西山歌地方文献的转化是一场持久战，非一朝一夕就能实现，但只要有情怀，才可能实现广西山歌地方文献的有效转化。

2.3 不断增强对时代发展形势的定位和把控

"民歌的发展非是依赖于继承而发展的，而是在创新和改革中发展的，民歌的生命和价值也是在创新和改革中实现的。"[2]山歌地方文献同样需要在时代的变革中顺应形势并创新转化，因此我们需要关注时代变革的发展趋势、社会文化的潮流、人们审美风格的变化过程。

现阶段的自媒体时代、短视频时代，以及未来可能跨入的中视频时代、音像美声技术、视频技术的"傻瓜式"操作，给山歌节目的拍摄及剪辑制作与传播推广带来更多便捷条件。例如，南宁国际民歌艺术节依托广西丰富的少数民族民歌艺术资源，结合现代人的审美品位和审美情趣，把原生态民歌改造成舞台民歌，如《山歌好比春江水》是 1999 年南宁国际民歌艺术节的一首经典民歌，经考证，这首歌的原型是解放战争时期流行于广西柳州的一首民歌《石榴青》。这两首歌在歌词内涵、调式等方面没有太大区别，但在曲式结构、节奏等方面却发生了很大变化，但《山歌好比春江水》更符合现代人的审美观念、审美心理，使民歌更能融入现代社会，适应社会发展的需要[3]。

3 创造性转化，实现山歌地方文献的时代价值

山歌地方文献创造性地转化及运用，既要脚踏实地地延续前期的普及与推广工作，又要大胆创新设想，突破常规，另辟蹊径，实现跨越、跨界的目标。

3.1 撒网普及，加大山歌地方文献的推广力度

山歌地方文献在收集、整理之后需要普及推广，这是一项长期的工作。普及推广的方式包括主题讲座、地方文献展览、非物质文化遗产展演、读书会、地方文献进校园和进社区（街道、村屯）等。

3.1.1 举办山歌地方文献主题讲座。举办主题讲座是图书馆的传统活动之一。根据受众对象的不同，主题讲座可分为普及性讲座和专业性讲座。一般的讲座很容易让听众感到枯燥、乏味，因此讲授者在举办山歌地方文献主题讲座前需进行精心准备，如制作 PPT，设计互动环节，尤其是准备大量的山歌地方文献的图片、视频和音频材料。现在已经进入视频时代，信息传播广泛，如果没有精心准备，山歌地方文献主题讲座将会流于形式。

3.1.2 山歌地方文献进中小学校。山歌地方文献是一个地方的优秀文化传承，是践行习近平总书记文化自信的重要内容。2022 年 9 月开始实施的《义务教育课程方案和课程标准（2022 年版）》将中华优秀传统文化全面覆盖所有课程，以语文、历史、道德法治三门课程为主导，其他课程有机融入。同时，还增加了乡土文化内容。此外，教育部明确提出加大对中华优秀传统文化的教学力度，通过多种形式考查中华优秀传统文化非物质文化遗产传承内容。

> 年轻悲鸿来学画……啊，人人都说他坏话……啊，
> 自知争辩无效果……哦，变成画家人人夸，
> 哎呀我的老师，哎呀我的同学，变成画家人人夸……
>
> 数学公式有奥妙，体积容积莫混淆；
> 占用空间是体积，物体容量容积小。
>
> 分数乘法很简单，计算简便不一般；
> 先约分后再计算，得出数目并不难。

以上 3 首山歌[4]是柳州市柳邕路第三小学将山歌引进语文、数学课堂的一个插曲。柳邕路第三小学将山歌引进学校课堂已经十几年，不论是语文课、音乐课、数学课，还是其他课，该校老师都会适时地插入动听的山歌，让学生在轻松、快乐的山歌氛围中学习和成长。学校还专门编写了山歌校本教材，每年举办"三月三"

歌圩节，开设山歌擂台赛，邀请广西山歌研究专家黄晓平、广西"歌王"郭秀莲等来传歌、打擂台等。该校科研课题"关于柳州山歌进课堂对民族地区文化的传承研究"获得了广西"十二五"规划课题立项。2016年，柳邕路第三小学被广西歌圩协会授予首个"广西校园示范歌圩"荣誉称号。

柳邕路小学将柳州山歌引入学校，使民族传统文化与日常教学相结合，开创了一条"山歌进校园、促教学、传文化"的新路子。寓教于乐，寓学于乐，在山歌中学习文化知识，在山歌中传承中华优秀传统文化，不仅激活了校园特色教育，还提升了师生的文化素养，使学校声名远扬。

3.1.3 山歌地方文献进社区及村屯。山歌地方文献进社区已经司空见惯。2022年11月，柳州市柳江区成团镇同乐村竹达屯举行2022年柳州市各族群众互嵌式发展暨"石榴红"乡村振兴主题活动，柳江区石榴花开一家亲壮欢歌唱节目以及各项民族民俗特色活动的现场热闹非凡。

3.1.4 山歌地方文献促进文化旅游事业发展。山歌地方文献记载了特定区域发展过程中不为人知的历史、生活，这些独特的山歌地方文献在一定条件下可以转化为旅游产业的文化内核，从而形成文化旅游项目的生命力、吸引力和竞争力。在柳州市百朋镇连续举办了11年的柳江区荷花文化旅游节几乎每年都有山歌表演，成为群众、游客喜欢的保留节目。

3.2 跨界创新，彰显山歌地方文献的吸睛亮度

跨界创新是文化活动策划、艺术创作的最佳思路，如中国民乐演奏西方音乐世界名曲就是一种跨界的音乐艺术创新方式。山歌作为一种地方文献，要实现创造性地转化，必须走跨界创新之路，这需要一种很强的策划能力。首先，从思想上跨界。地方文献研究人员、图书馆管理人员需要突破文献学、图书馆学的专业思维，换一个身份思考山歌，如从普通观众、学生家长、企业家、外国游客、山歌爱好者、影视导演等身份，置身"庐山"之外，思考应该如何弘扬和传播山歌，让人们更加喜欢山歌，以及如何让山歌产生更大的经济效益和社会效益。不要给自己设限，天马行空地想，往往在没有本位条框限制的状态下才能找到山歌地方文献创造性转化的灵感契机。其次，在唱山歌的相关节点上进行跨界思考，包括内容、形式、规模、剧本（歌词）、制作、服装、舞台、延伸节目等方面。一旦突破常规，就能达到新奇的效果，实现吸引眼球的目的，最后达到宣传推广的效果。如前几年的万人对山歌活动，规模宏大，意义非凡。

4　专题研究，挖掘山歌地方文献的价值深度

重视山歌地方文献的理论研究，培养与造就一批广西山歌地方文献的研究专家和学术带头人。广西应挖掘山歌地方文献的教育价值。山歌具有赋比兴和语义双关的艺术特点，甚至可以上溯到《诗经》。真正会唱山歌的人，一方面需要积累深厚的人文历史、生活常识、民俗传统等相关知识，另一方面需要熟练掌握赋比兴和语义双关的艺术表现手法，以山歌为载体进行中小学语文和写作教学、思维表达教学。

从地方文献的角度来看，挖掘山歌的深度价值，实现更有价值的转化，是地方文献研究的目的。正如柳州的一首山歌这样唱：

> 歌海文化几千年，源远传唱到今天；
> 山歌价值金不换，留给后辈当良田。

5　鼓励创作，展示山歌地方文献的艺术美度

重视山歌民间文学的创作，深度展示广西山歌的艺术美，包括文学的美、音乐的美、民俗的美。当前的山歌根植传统，相对而言比较分散，趋于平俗，难有几首广为传唱的山歌。关注这一现象的人似乎不多，从理论的角度能看出此类问题的人，自己不会唱山歌，而山歌唱得好的"歌王"对艺术传播和艺术美学的思考较少，较难突破自己的艺术瓶颈。

传统的山歌需要在整理的过程中萃取精华，然后通过各种合适的活动、渠道、平台进行传播和推广，不断展示优美的山歌，引导人们欣赏山歌的美，从而学习和传唱山歌。此外，组织山歌学者、"歌王"、"歌仙"创作具有时代内涵的新山歌。清代画家石涛提出"笔墨当随时代"的美学论断，后人延伸出"艺术当随时代"的至理，得到了美学、文学、艺术等领域的众多名家推崇，奉为圭臬。同时，各地政府应引导、鼓励山歌爱好者成立山歌协会、山歌研究会等民间组织机构，搭建各种山歌传播平台。

6　打造品牌，重现《刘三姐》电影的传播广度

《刘三姐》是 1978 年由广西电影制片厂出品的一部著名影片，但之后的几十年，广西就再也没有出现过具有较大影响力的山歌题材艺术品牌，而是湖南广播电视台推出以《小戏骨刘三姐》为代表的《小戏骨》系列戏剧节目在全国引起了强烈的反响，成为蜚声国内的品牌栏目。该栏目在全国首创"小孩演大剧"和"演经典、学经典"

的节目模式，让 6 ～ 12 岁的少年儿童表演经典影视作品中的经典人物（如刘三姐、焦裕禄等）和片段，萌态尽显，让人耳目一新。

广西的"文学桂军"已经崛起于中国文坛，如果能够引导"文学桂军"关注山歌题材，可为他们提供便利的条件。作家和编剧创作出类似《刘三姐》这样的艺术作品，通过当代影音新科技再现一个具有鲜明地域特色的艺术高潮，必将成为广西山歌地方文献的一抹重彩。

7　结语

创造性转化，实现山歌地方文献的时代价值，图书馆必将是一个非常重要的核心平台。图书馆是地方文献的起点，也是地方文献的终点，只是由起点到终点，中间经历的一系列事件、活动、创新，就是山歌地方文献由粗放型收集、整理到精细化创造性转化的过程。在这个过程中，图书馆需要整合许多跨界资源，并突破已经定性的思想意识和文化视野，对蕴藏着文史生命的山歌地方文献给予时代的关注和考量，用一腔情怀重塑山歌地方文献的新生。

参考文献

［1］湖南图书馆.全国地方文献工作与研究［M］.北京：国家图书馆出版社，2020.
［2］王杰.寻找母亲的仪式：南宁国际民歌艺术节的审美人类学考察［M］.桂林：广西师范大学出版社，2004.
［3］廖国伟.审美人类学视阈中的民歌文化［M］.北京：人民日报出版社，2014.
［4］胡来彦.柳州山歌进课堂 校园歌圩传文化［EB/OL］.（2016-01-05）［2022-05-12］.http://news.gxnews.com.cn/staticpages/20160105/newgx568af293-14214795.shtml?pcview=1.

数字人文视域下桂学文献共建共享现状及策略

王　琼①

（广西师范大学图书馆，广西　桂林　541004）

【摘要】桂学文献是桂学之本，桂学文献数字化是桂学研究持续深入发展的基础。通过对桂学文献主要收藏单位如公共图书馆、高校图书馆、地情系统进行调查发现，桂学文献数字化建设存在体量庞大，结构复杂；机构多元，持续性低；单向输出，互操作性弱等特点。结合数字人文理念和技术，桂学文献数字化共建共享应采用数字人文技术进行资源整合，机构协同合作，强调知识导向，鼓励用户参与的模式，实现桂学文献从数字化向数据化、语义化、知识化转变，更好地利用桂学文献为广西社会经济文化发展服务。

【关键词】桂学文献；数字人文；共建共享

【中图分类号】 G250.73　　　　　　**【文献标志码】** B

1　导言

党的二十大报告提出要实施国家文化数字化战略，健全现代公共文化服务体系[1]。"十四五"规划强调要完善公共文化服务体系，提出"推进公共图书馆、文化馆、美术馆、博物馆等公共文化场馆免费开放和数字化发展"[2]。广西"十四五"规划将国家文化大数据工程（广西）作为现代公共文化服务重大工程。所谓"桂学"，即以广西地域为核心的历史与现实的一种系统知识、学问学说的总和[3]。桂学研究是提升广西文化软实力、推动广西经济社会文化发展的重要学术诉求。桂学文献是各种形式的桂学研究资料，是桂学研究之本。"桂学研究有必要建立地方资料学、文献学、史料学及其资料库，对桂学研究资料进行专门和专业的研究。"[4]桂学文献数字化是信息时代的必然要求，将有效推动桂学研究的进一步深入和拓展。随着信息技术发展，桂学文献数字化持续推进，但目前桂学文献数字化共建共享工作推进缓慢。桂学文献共享平台建设希望依托先进的数字化技术和网络化信息手段，对

---

① 王琼（1983—），女，硕士，副研究馆员，就职于广西师范大学图书馆。

丰富的桂学研究文献资源进行更全面、更广泛、更深层次的整合。桂学文献共享平台建设有利于保存和利用桂学文献资源；有利于整合各种社会资源，提升桂学文献数字化效率，避免重复建设；能全方位、高效率地为社会各行各业及各界人士提供方便、快捷、准确的桂学文献信息，有利于宣传桂学文化，扩大桂学影响力。在数字技术高度发达的今天，桂学文献仍停留在数字化层面，与数据化、语义化、知识化还有很大差距。

数字人文是随着信息技术发展而形成的信息技术与人文社会科学相结合的一种新的技术和实践。2008 年，《数字人文宣言》指出："数字人文不是一个统一的领域，而是一系列的融合实践，探索一个不再是知识产生和 / 或传播的排他性或规范性媒介的宇宙"[5]，是"应用信息技术来帮助完成人类记录保存、重建、传输和解释的基本任务"[6]。在大数据时代，以现有的桂学文献数字化成果为依托，运用数字人文的理念和技术成果，推动桂学文献共建共享，从而推动广西经济社会文化发展，是本文所要探讨的问题。本文以广西区内文献收藏单位如公共图书馆、高校图书馆、地情系统为调查对象，考察桂学文献数字化建设情况，包括建设主体、内容及体量、服务模式、经费项目、宣传和利用等，以调查为基础，探索桂学文献数字化多源整合并实现共建共享的可行性路径。

2 桂学文献整理及数字化共享平台相关项目情况

2.1 桂学文献整理现状

文献整理是数字化的基础，桂学文献在整理出版等方面历史悠久，成效显著。1934 年，广西统计局编纂《广西省述作目录》。1988 年，《广西地方史志文献联合目录》共收录广西地方图书近 3 000 种，还收录 1911—1949 年广西出版的报纸 296 种（含副刊、增刊 12 种）、1898—1949 年广西出版的中文期刊 832 种，包括广西籍人在外地出版的期刊，并注明收藏单位[7]。2009 年，广西壮族自治区图书馆与广西壮族自治区桂林图书馆合编的《广西文献名录》出版，著录现存广西文献并撰写提要。2016 年，由彭子龙整理出版的《广西历代经籍志（汉—明）》，参照《温州经籍志》体例，以辑录体体裁的形式，按传统四部分类法，著录有汉至明末广西历代经籍 226 种[8]。近 30 年来，广西地方文献整理出版卓有成效，先后整理出版了一系列广西地方文献丛书，包括《桂苑书林丛书》《广西史志资料丛书》《广西少数民族古籍丛书》《壮学丛书》《桂学文库·广西历代文献集成》《广西地方古籍整理研究丛书》《抗战时期桂林文化运动资料丛书》等。以广西桂学研究会发起、广西师范大学出版社整理出版的《桂学文库·广西历代文献集成》为例，该丛书自 2013

年以来陆续出版，目前已出版数十种。在特色文献整理研究方面有《广西方志编纂史》《广西方志提要》《桂林石刻》《广西石刻人名录》《广西石刻总集辑校》等。在域外文献整理方面，域外人士记录在广西见闻的文献如《入华行纪》《燕行文献》《开路先锋在广西》等被发现，中越两国学者合作收集、整理的《越南汉喃文献目录提要》《越南汉文燕行文献集成》收录了诸多广西材料。广西少数民族古籍工作办公室收集、整理、出版了《苗族古歌·融水卷》《仫佬族地区文书古籍影印校注》《壮族麽经布洛陀遗本影印译注》等广西少数民族古籍文献，这些文献都具有鲜明的广西地方特色和民族特色。

过往桂学文献的整理，从类型来看，包括影印本、校点本、目录索引、研究专著等；从内容来看，包含广西历代文集、方志、历史资料等各种类型；从编纂者来看，包括政府机构、高校、社会团体等。但从目前的情况来看，桂学文献的整理缺乏系统性和全面性，没有将广西地方文献进行全面的收集、整理、出版。很多广西丛书整理出版项目虽然取得了一定成果，但仍存在一些问题：一是受经费等原因限制，整理工作没有完成，如《桂苑书林丛书》所收录的《粤西三载》暂付阙如；二是古文献原文与研究文献同时收录，难免杂糅，由广西师范大学出版社出版的《桂学文库》便属于此种情况。因此，在前人工作的基础上，系统、全面地收集、整理和出版广西地方文献势在必行。

2.2　广西地方文献数字化共享平台相关项目情况

广西地方文献数字化共享平台相关项目建设是桂学文献数字化建设的重要内容。2000 年以来，自治区人民政府重视广西文献资源共享平台建设，通过大型项目开展文献资源共享平台建设。2002 年，以广西壮族自治区图书馆和广西壮族自治区桂林图书馆为中心的"广西文化信息资源共享工程"成果丰硕。此项目建设注重广西特色文献资源挖掘，关注数据库资源的公益性和实用性[9-10]。2006 年启动了广西科技文献共享和服务平台项目。2007 年启动了广西人文社会科学文献资源保障体系与共享网络平台项目。2008 年，广西师范大学图书馆在自治区人民政府"人文强桂"项目的支持下，建立了广西人文社科文献资源共享平台，整合了广西壮族自治区图书馆、广西壮族自治区桂林图书馆、广西大学图书馆、广西师范大学图书馆、广西民族大学图书馆、桂林工学院（现桂林理工大学）图书馆等单位的馆藏文献资源共享平台[11]。2013 年，河池学院图书馆"桂西北地方资源文献数据库"获得 CALIS 三期专题特色数据库立项资助，河池学院在此项目的资助下建设了一系列桂西北特色文献数字资源[12]。2022 年 8 月，由广西教育出版社和广西壮族自治区少数民族古籍保护研究中心联合打造的"广西古籍文库"数字平台上线[13]。该数字平台收录了100余部古壮字古籍底本和近千份民族地区文书，以及与广西民俗相关的图片、音频和视频，支持在线阅读、快速检索、文图对照等功能。"广西古籍文库"数字平台建设具有鲜明的广西区域特色，能够持续投入建设，开放共享，是桂学文献数字化共享平台建设的有益尝试。

3 各收藏单位桂学文献数字化建设情况

公共图书馆、高校图书馆、地情系统是桂学文献收藏的主要单位，也是数字建设的主要单位。因此，本文主要调查了广西公共图书馆、高校图书馆、地情系统的桂学文献数字化建设情况，包括桂学文献数字化内容、建设单位、服务方式、开放程度等。

3.1 公共图书馆

广西公共图书馆桂学文献数据库调查主要以广西省级图书馆和市级图书馆为调查对象（见表1）。桂学文献数据库建设成果最突出的是广西壮族自治区图书馆和广西壮族自治区桂林图书馆，广西壮族自治区图书馆的专题数据库建设了统一检索平台，实现一站式检索；广西壮族自治区桂林图书馆的专题数据库，其内容丰富、类型多样，具有较强的学术性。市级图书馆基本建设了地方文献数字化平台，通过统一检索平台实现地方文献的收集、整理、数字化及检索等功能。

表1 广西公共图书馆桂学文献数据库

数据库名称	建设单位	类型	阅览权限
广西旧方志	广西壮族自治区桂林图书馆	文字、图片	互联网访问
桂林石刻	广西壮族自治区桂林图书馆	文字、图片	局域网访问、读者证访问
桂林抗战文化	广西壮族自治区桂林图书馆	文字、图片	互联网访问
广西红色历史文化	广西壮族自治区桂林图书馆	文字、图片	互联网访问
桂林旧影	广西壮族自治区桂林图书馆	文字、图片	局域网访问、读者证访问
刘三姐文化	广西壮族自治区桂林图书馆	文字、图片	互联网访问
听遍桂林	广西壮族自治区桂林图书馆	文字、图片、音频	互联网访问

续表

数据库名称	建设单位	类型	阅览权限
广西地方文献全文数据库	广西壮族自治区桂林图书馆	全文影像	局域网访问、读者证访问
桂林旧影	广西壮族自治区桂林图书馆	图片	局域网访问、读者证访问
文化兴安	广西壮族自治区桂林图书馆	文字、图片、音频、视频	互联网访问
民国广西教育期刊	广西壮族自治区桂林图书馆	全文影像	局域网访问
广西土特产	广西壮族自治区桂林图书馆	文字、图片	互联网访问
广西名菜集萃	广西壮族自治区桂林图书馆	文字、图片	互联网访问
广西地方特色文献全文数据库	广西壮族自治区桂林图书馆	全文影像	互联网访问
广西非物质文化保护遗产	广西壮族自治区图书馆	文字、图片、音频、视频	互联网访问
八桂诗词库	广西壮族自治区图书馆	文字、图片	互联网访问
广西文坛	广西壮族自治区图书馆	文字、图片	互联网访问
广西音乐	广西壮族自治区图书馆	文字、图片、音频、视频	互联网访问
广西戏曲动漫	广西壮族自治区图书馆	音频、视频	互联网访问
广西戏剧（舞台）	广西壮族自治区图书馆	音频、视频	互联网访问
广西民国照片	广西壮族自治区图书馆	文字、图片	互联网访问
广西民国人物	广西壮族自治区图书馆	文字、图片	互联网访问
广西游记	广西壮族自治区图书馆	文字、图片、音频、视频	互联网访问
广西民族民俗	广西壮族自治区图书馆	文字、图片、音频、视频	互联网访问

续表

数据库名称	建设单位	类型	阅览权限
梧州市文旅资源共享平台（包括政务信息、地方史志、本地报纸、视频讲座、文化名人、网事典藏）	梧州市图书馆	文字、图片、音频、视频	互联网访问
柳州市图书馆自建数据库（包括柳州传统戏剧剧照、柳州老照片、柳州民间山歌、民间美术、场馆、景区、三江农民画、奇石文化、名城柳州）	柳州市图书馆	文字、图片	局域网访问、读者证访问
北海经济参考资料	北海市图书馆	文字、图片	互联网访问
全国刊载北海资料	北海市图书馆	文字、图片	互联网访问
东盟资料全文数据库	北海市图书馆	文字、图片	互联网访问
百色市文旅资源共享平台（包括政务信息、本地报纸、视频讲座、地方文献）	百色市图书馆	文字、图片、视频	互联网访问
防城港市图书馆地方特色文化资源库（包括防城港全景、光荣传统、历史印记、民族民俗）	防城港市图书馆	VR全景	互联网访问
防城港市文旅资源共享平台	防城港市图书馆	文字、图片、视频、音频	互联网访问
南宁市图书馆文旅资源共享平台	南宁市图书馆	文字、图片、视频、音频	局域网访问、读者证访问
南宁故事游	南宁市图书馆	文字、图片、音频	局域网访问、读者证访问
河池地方文献（包括河池史料、县志、年鉴等）	河池市图书馆	题录信息	互联网访问
来宾市文旅资源共享平台（包括政府信息、地方史志、本地报纸、视频讲座、文化名人、网事典藏）	来宾市图书馆	文字、图片、视频、全文影像	互联网访问

续表

数据库名称	建设单位	类型	阅览权限
贺州市特色资源共享平台（包括政务信息、地方史志、本地报纸）	贺州市图书馆	文字、图片、全文影像	互联网访问
地方文艺（包括综艺会演、宣传片、舞台艺术）	玉林市图书馆	视频	互联网访问
崇左市图书馆特色资源平台（包括政务信息、地方史志、本地报纸、视频讲座、文化名人、网事典藏）	崇左市图书馆	文字、图片、视频、全文影像	互联网访问

广西公共图书馆桂学文献建设呈现新的特点。第一，在公共图书馆的数字化建设中，桂学文献是一个比较宽泛的范围。从内容来看，桂学文献涵盖了广西古今的各类信息，甚至还涵盖了广西的政府信息、新农村建设等内容。从类型来看，桂学文献包含了全文影像、文字、图片、音频、视频等。广西壮族自治区桂林图书馆桂学文献数字化建设主要集中在地方文献，而广西壮族自治区图书馆桂学文献主要集中在广西文化，包括广西非物质文化保护遗产、八桂诗词库、广西文坛、广西音乐、广西戏曲动漫、广西戏剧（舞台）、广西民国照片、广西民国人物、广西游记、广西民族民俗。第二，桂学文献数据整合和统一检索已经实施。如广西壮族自治区图书馆整合了馆内所有数字资源，建设了广西图书馆地方资源网。梧州市、百色市、防城港市等图书馆建设了文旅资源共享平台、地方特色文献资源库等。第三，在数字化文献服务方面，开放性较强，大多数能在互联网访问，少数需要在局域网或用读者证访问。根据各馆的实际情况和不同数据库的特点，采用了分级开放服务模式。广西壮族自治区桂林图书馆单库访问，用户对每个数据库的访问权限不同，绝大部分可以用互联网访问。广西壮族自治区图书馆通过检索实现开放分级，统一检索平台可以检索所有数据库资源，单库资源访问则有限制。各市图书馆如梧州市图书馆的梧州市文旅资源共享平台可以用互联网无障碍访问。第四，使用全新的技术手段，如防城港市图书馆地方特色文化资源库采用了 VR 全景模式，实现了全方位、互动式观看，真实场景还原展示。

3.2　高校图书馆

据统计，截至 2022 年 5 月 31 日，广西有高等院校 85 所，其中公办本科院校

26 所，其他为民办高等院校和专科院校[14]。目前，民办高等院校和专科院校较少关注广西地方文献资源数字化建设，故本次调查以广西 26 所公办本科院校为调查对象。从调查情况来看，在广西 26 所公办本科院校中，仅有 4 所建设了桂学文献数据库（见表 2）。这些数据库主要倾向于广西人物专题文献、民族文献、文学专题文献等，内容涵盖地域、历史、文化、民族、人物和其他专题数据库，且主要与学术研究相关，与高校职能相吻合。从文献类型来看，主要为图书、期刊数据库，音频、视频资源较少。从服务模式来看，高校图书馆较为封闭，全部为校园网阅览，使用的范围和效果受到限制。从经费来源来看，这些数据库大多来自横向项目经费支持，广西师范大学图书馆 4 个数据库主要依托广西科学研究与技术开发计划项目"广西人文社会科学文献资源共享平台建设"（桂科能 06116001）。河池学院图书馆的数据库主要依托 CALIS 项目建设。

表 2　广西高校图书馆桂学文献数据库

类别	数据库名称	建设单位	阅览权限
民族文献	壮学文献信息库	广西民族大学图书馆	校园网阅览
民族文献	壮侗语族语言文学数据库	广西民族大学图书馆	校园网阅览
民族文献	广西世居民族视频库	广西民族大学图书馆	校园网阅览
文学文献	广西作家库	广西民族大学图书馆	校园网阅览
史志文献	馆藏广西旧地方志	广西师范大学图书馆	校园网阅览
民族文献	广西民族民俗资料库	广西师范大学图书馆	校园网阅览
语言专题	广西语言资料库	广西师范大学图书馆	校园网阅览
民国文献	馆藏民国广西图书	广西师范大学图书馆	校园网阅览
民族文献	仫佬族文献数据库	河池学院图书馆	校园网阅览
文学文献	桂西北作家研究专题文献数据库	河池学院图书馆	校园网阅览
人物专题	刘三姐研究专题文献数据库	河池学院图书馆	校园网阅览
人物专题	韦拔群研究文献数据库	河池学院图书馆	校园网阅览
人物专题	刘永福与冯子材数据库	钦州学院图书馆	校园网阅览

3.3　地情系统

以广西方志办为主的地情系统一直致力于以方志为中心的广西地方文献建设，

并且卓有成效。广西地情网有俯瞰八桂、地情资料库、史海钩沉、方志论坛、桂海影像、图说八桂 6 个专题，包括广西地方志全文影像以及与广西地方相关的文字、图片、音频、视频和学术研究资料等。广西地情网的内容主要为地方志，兼及其他地情文献。广西下辖各市方志办的地情网站大多有地方志书、地情文献等内容。地情资料库较之图书馆更为开放，广西地方志类图书大多有全文影像本资源，且能在全网公开使用，部分需要身份验证才能够使用，如南宁市方志办的地情全文数据库。广西地情系统桂学文献数据库见表 3。

表 3　广西地情系统桂学文献数据库

数据库名称	建设单位	类型	阅览权限
俯瞰八桂	广西方志办	文字、图片	互联网访问
地情资料库	广西方志办	全文影像	互联网部分访问
史海钩沉	广西方志办	文字、图片	互联网访问
方志论坛	广西方志办	文字、图片	互联网访问
桂海影像	广西方志办	文字、图片、视频	互联网访问
图说八桂	广西方志办	文字、图片	互联网访问
地情全文数据库	南宁市方志办	全文影像、视频	互联网注册访问
虚拟方志馆	南宁市方志办	虚拟空间	互联网访问
地方史志	柳州市方志办	文字	互联网访问
综合年鉴	柳州市方志办	全文影像	互联网访问
文献资料	柳州市方志办	全文影像	互联网访问
地情资料库	桂林市方志办	全文影像	互联网访问
志鉴天地	北海市方志办	全文影像	互联网访问
钦州年鉴	钦州市方志办	全文影像	互联网访问
志书博览	钦州市方志办	全文影像	互联网访问
地情文献	钦州市方志办	全文影像	互联网访问

4　桂学文献数字化共建共享的不足

桂学文献数字化成果显著，但系统性和整体性仍存在不足，制约了桂学文献共建共享，也不利于桂学研究的开展及国内外影响力的提升。

4.1 资源层面：体量庞大，结构复杂

公共图书馆、高校图书馆、地情系统的桂学文献数字化在建设内容方面注重广西区域特色和民族特色，着力发掘了一批具有广西区域特色的文献资源。广西方志办所属地情网数字化内容以广西新修地方志和新整理出版的广西旧志为主。广西壮族自治区图书馆则包括广西文坛、广西新农村建设、广西民国人物、八桂诗词库、广西戏剧、广西民国照片等。桂学文献数据库的数量较多，内容丰富，但诸多繁杂的数字资源缺乏统一规划，建设内容较为随机。

数据内容包括文字、图像、音频、视频等，以及防城港市图书馆地方特色文化资源库的 VR 全景模式，但数字资源的著录格式、图像及音频、视频格式没有统一标准，不利于统一检索及数据整合。

4.2 主体层面：机构多元，持续性低

目前，已建成的桂学相关数字资源建设主体主要为省级公共图书馆、高校图书馆、地情系统，三者分别属于自治区文化和旅游厅、自治区教育厅和广西方志办 3 个不同职能部门管辖。正是如此，广西区内各单位大多基于特色馆藏及单位职能开展数字化建设工作。因为各自为政，在桂学文献数字化建设内容上有重复建设的情况，如广西壮族自治区图书馆、广西壮族自治区桂林图书馆均建设广西民国照片数据库；广西壮族自治区桂林图书馆、广西方志办、广西师范大学图书馆均建设广西地方志数据库，部分内容完全一致。很多桂学文献数据库在项目建设期间能够持续增加文献资源，然而在项目建设结束后，数据库建设也随之停止，可持续性较差。

4.3 服务层面：单向输出，互操作性弱

上述数字资源访问方式包括互联网访问和局域网访问，半数以上只能在局域网内检索和使用。公共图书馆和地情系统在数字化资源方面更具开放性，而高校图书馆则稍弱。这些数字资源建设所产生的应用效益没有明显的体现，基本上没有用户参与数据库的建设，导致有些数据库没有按照用户的需求来建设。

5 数字人文视域下桂学文献多源整合路径

目前，桂学文献整理及数字化成果已比较丰富，然而如何让整个社会充分享有桂学文献数字化成果，推动广西经济社会文化发展，是目前亟待解决的问题。"广西古籍文库"数字平台为桂学文献共建共享提供了一个良好的范例，然而这只是在古籍这一层面，要建立桂学文献共建共享的平台，还有很长的路要走。目前，国内外已经有诸多运用大数据和数字人文技术进行共建共享建设的实践成果，桂学文献

数字化已经有了良好的基础，可以吸收先进的理念和技术，实现弯道超车，使已有的桂学文献数字化成果能得到更好的利用。

5.1　资源整合：技术先行，知识重构

随着数字化技术变革，通过数据管理、可视化等手段打造的数字人文共享平台已投入使用，如上海图书馆家谱知识服务平台以知识组织的方法和关联数据技术重构上海图书馆收集、整理的家谱数据。上海图书馆家谱知识服务平台"设计了基于 BIBFRAME 的本体，提取姓氏、人、地、时、机构等实体并赋予 HTTP URI，将 CNMARC/RDB 数据转换成 BIBFRAME/RDF 格式，采用 RDF Store 存储数据，利用了 Apache Jena、语义可视化技术、GIS 技术作为开发框架"[15]。通过调查可见，现有的桂学文献数字资源体量已经非常庞大，需要借助语义关联等技术手段进行资源整合和知识重构，实现面向特定主题的知识发现。在资源整合和共享平台构建过程中，除了智能检索、大数据分析，还须重视关联数据方案设计、可视化呈现[16]及知识发现，将元数据应用纲要扩展为知识本体应用纲要[17]。

5.2　机构融合：协同合作，统筹规划

文化记忆机构（如展览馆、博物馆、图书馆、档案馆）是公共文化服务的主体。对于桂学文献而言，除上述图书馆、地情系统外，还需要博物馆、档案馆等单位协同合作，这需要政府来组织和协调。在政府规划和投入的同时，通过导向明确、影响力大的社会活动来引导社会团体、企业、个人参与桂学文献数字化工作。同时，桂学文献数字化共享平台建设是专业性较强的工作，要广泛吸收广西地方研究的专家、学者参与，包括政府机关、研究机构、高校、图书馆、出版社等单位的专业人员。

5.3　用户服务：知识导向，用户参与

桂学文献数字化共享平台建设的目的是应用于学术研究和推动社会经济文化发展，而非仅仅是传统的存储和检索。在用户服务方面，一方面是在知识存储的基础上实现基于语义关联和可视化的知识发现，帮助用户挖掘所需知识；另一方面是用户参与平台构建，在文化资源关联和机构融合的基础上，社会大众通过数字叙事等方式共同分享、构建和传播文化集体记忆。

桂学文献本身就是珍贵的历史文化遗产，是广西历史文化的载体，在一定程度上起着继承、弘扬、传承地域历史文化的作用。桂学文献数字资源的持续建设及全社会共享，能够打造具有广西鲜明特色的数字文化品牌，进而推动广西文化软实力的提升。

参考文献

［1］习近平：高举中国特色社会主义伟大旗帜 为全面建设社会主义现代化国家而团结奋斗：在中国共产党第二十次全国代表大会上的报告［EB/OL］.（2022-10-25）［2022-11-09］.http://www.gov.cn/xinwen/2022-10/25/content_5721685.htm.

［2］中华人民共和国国民经济和社会发展第十四个五年规划和2035年远景目标纲要［EB/OL］.（2021-03-13）［2022-11-09］.https://www.12371.cn/2021/03/13/ARTI1615598751923816.shtml.

［3］胡大雷.桂学研究的意义与学术构成：国家社科基金重大招标项目开题报告［J］.桂学研究，2014（1）：2-15.

［4］张利群.论桂学研究的文献学理论与方法论基础：桂学理论与方法论研究之二［J］.广西教育学院学报，2013（2）：7-13，24.

［5］The digital humanities manifesto 2.0 2008［EB/OL］.（2022-10-20）［2022-12-13］.http://humanitiesblast.com/manifesto/Manifesto_V2.pdf.

［6］FRISCHER B.Art and science in the age of digital reproduction: from mimetic representation to interactive virtual Reality［J］.Virtual Archaeology Review，2011（4）：19-32.

［7］莫乃群.广西地方史志文献联合目录［M］.南宁：广西人民出版社，1988.

［8］彭子龙.广西历代经籍志（汉—明）［M］.桂林：广西师范大学出版社，2016.

［9］徐欣禄.广西文化信息资源共享工程建设实践与探索［J］.图书馆界，2011（2）：21-23，27.

［10］徐欣禄，黄艳.广西文化信息资源共享工程资源建设思考［J］.图书馆界，2007（1）：34-36.

［11］蒋继平，姚倩.文献资源整合中的统一检索系统应用研究［J］.大学图书馆学报，2011，29（1）：72-76.

［12］徐军燕，王珊.广西高校图书馆特色资源建设调查与分析［J］.河南图书馆学刊，2014，34（12）：53-55.

［13］广西古籍文库［EB/OL］.（2022-10-20）［2022-12-14］.http://www.gxgjwk.com/index.

［14］全国高等学校名单［EB/OL］.（2022-10-18）［2022-12-15］.http://www.

gov.cn/xinwen/2022-07/03/content_5699066.htm.

［15］藏以致用，以技证道：上海图书馆家谱知识服务平台 Beta 版发布说明［EB/OL］.（2022-10-18）［2022-12-16］.https://jiapu.library.sh.cn/#/about.

［16］赵宇翔，张妍，夏翠娟，等.数字人文视域下文化记忆机构价值共创研究及实践述评［J/OL］.中国图书馆学报，2023，49（1）：99-117.

［17］夏翠娟.文化记忆资源的知识融通：从异构资源元数据应用纲要到一体化本体设计［J］.图书情报知识，2021（1）：53-65.

元宇宙视域下西部省级公共图书馆地方文献资源建设的思考

王永金①

（广西壮族自治区桂林图书馆，广西 桂林 541119）

【摘要】 元宇宙是科技发展的新阶段，为在虚拟世界探索社会各领域数字化转型提供新路径。图书馆与元宇宙在理念、技术和应用方面相融相通。通过对西部省级公共图书馆地方文献网上服务内容及形式的调研，在元宇宙发展视域下思考图书馆地方文献资源建设理念、技术、服务模式等发展转型新变化。

【关键词】 元宇宙；公共图书馆；地方文献；资源建设

【中图分类号】 G253　　　　　　**【文献标志码】** B

1 引言

在飞速发展的现代社会，信息技术快速迭代，从 Web2.0、大数据、云计算、人工智能到区块链等方面推动社会各领域进入转型升级新发展阶段。2021 年被认为是"元宇宙"元年。随着 2018 年电影《头号玩家》中科技对现实与虚拟和商业模式的探索，以及 2021 年 10 月扎克伯格对 Facebook 公司更名为 Meta 等，社会高度重视元宇宙。图书馆等其他各领域也开始关注元宇宙背景下的服务和技术的转型与应用问题[1]。地方文献作为图书馆重要馆藏资源组成部分，元宇宙理念和技术等为图书馆地方文献资源建设与发展带来新的发展机遇。

2 解读元宇宙

2.1 元宇宙的概念

元宇宙（metaverse）的概念源于 1992 年一本科幻小说《雪崩》中提出的"metaverse"（元宇宙，汉译本译为"超元域"）和"化身"（avatar）这两个概念[2]。

---

① 王永金（1986—），女，硕士，馆员，就职于广西壮族自治区桂林图书馆。

元宇宙是一个新兴的科学概念，目前没有一个标准的定义。清华大学新媒体研究中心发布《2020—2021 年元宇宙发展研究报告》中对元宇宙的定义是整合虚拟现实、区块链、云计算、数字孪生等多种新技术而产生的新型虚实相融的互联网应用和社会形态，将虚拟世界与现实世界在经济系统、社交系统、身份系统上密切融合，并且允许每个用户进行内容生产和世界编辑[3]。当前，元宇宙主流定义为其全面融合了新型信息科技，创造了一种虚拟现实、平行且独立于现实物理世界的虚拟社会信息空间[4]。

2.2　元宇宙的特征及应用

元宇宙本身不是一种技术，而是一种理念和概念，整合了信息技术对现实世界的一种虚拟化、数字化的内容。它在很多工具、平台的融合和基础硬件设施、标准协议下融合而成，具有增强现实技术、数字孪生镜像技术、区块链技术等搭建虚拟世界，以及身份认证、社交、沉浸感、低延迟、多元化、随时随地、经济、文明[5]等特点。目前，元宇宙已渗透到工业领域，制造工业应用数字孪生技术虚拟实践改变工业流程和代替物理测试；拓展到文化旅游领域，尤其是受疫情影响不离开家就能"环游世界"，到达诗和远方；互联网元宇宙促进信息检索方式、语言和知识呈现智慧化；在游戏领域应用拓展了体验方式等。因此，元宇宙能改变图书馆的发展与服务生态。

2.3　元宇宙与图书馆的融合关系

我国图书馆领域诸多专家探讨了元宇宙与图书馆的关系，其融合表现在以下方面：一是技术融合。刘炜[6]、张兴旺[4]等学者分析了图书馆元宇宙需应用 5G/6G、大数据、云计算、人工智能、数字孪生、区块链、AR / VR / MR / XR 等，实现多维交互、高速通信、高效计算、智能运营的高效果。二是能力融合。图书馆通过信息技术应用，将图书馆"人 – 机 – 物 – 环境"的现实与虚拟数据进行准确映射，建立多元异构数据关联、时空协同、可视化等的融合机制，提升沉浸式运营管理效益[7]。三是服务融合。面向元宇宙图书馆发挥虚拟与现实空间互动匹配[8]，可打造虚拟现实服务空间、提供虚拟人咨询、增强读者现实体验等。四是发展趋势融合。我国图书馆正面临着传统与智慧的转型发展，智慧图书馆应积极应用元宇宙数字技术，实现沉浸式体验创新发展及智慧化服务升级[9]。五是实践探索。麦克马斯特大学图书馆、加州大学伯克利分校、哈佛大学、斯坦福大学等大学图书馆在虚拟世界"第二人生"平台成功开展虚拟数字图书馆服务，采用 VR/AR、人工智能和数字孪生等技术提升图书馆服务的现实可行性[10]。

3 西部省级公共图书馆地方文献资源建设的现状

公共图书馆从传统图书馆到数字图书馆的转型，当下正迈向智慧图书馆发展新阶段。面对新生发展机遇，公共图书馆面临着资源、空间、设施、服务智慧化转型困境，而元宇宙思维模式和技术等为破解公共图书馆资源建设与管理难题带来新的启发。

3.1 地方文献发展概述

地方文献是图书馆重要的馆藏资源，是反映一个区域政治、经济、文化、社会等各方面载体的记录，具有时代性、区域性、真实性、多样性和稀缺性等特点[11]。地方文献来源广泛、内容丰富、载体形式多样，目前各个图书馆根据地方文献的著作形式划分为地方志、家谱、地方史料、年检、拓片、资料汇编等，具有重要的史料价值、学术价值、政治价值、经济价值和文化价值。地方文献资源的开发、利用和服务方式随着图书馆发展的客观环境的变化而变化（如图1所示）。《中华人民共和国公共图书馆法》在地方文献工作的收集、整理、研究和开发等方面有明确规定，但地方文献的发展呈现不平衡、不充分的现状，在制度建设、人员配置、馆藏建设水平和整理开发研究成果等方面存在较大差异及相对匮乏的局面[12]。西部地区因经济、科技、文化等发展相对缓慢，但其地域辽阔、人文资源丰富，具有大量的地方文献，在地方文献资源建设和发展方面仍有很大的提升空间。

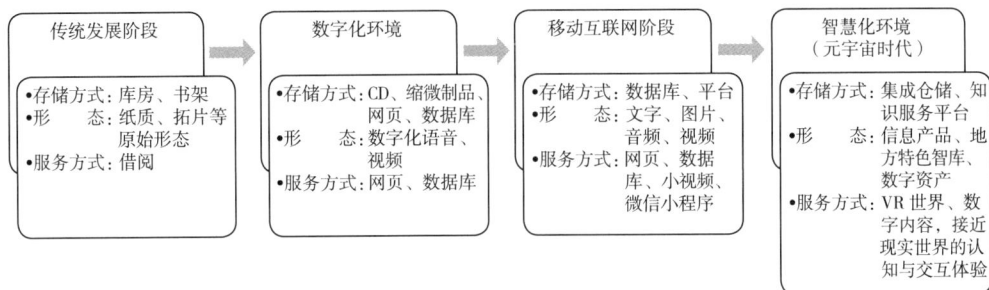

图1 地方文献在不同发展时期的保存、开发与服务

3.2 西部省级公共图书馆地方文献网络资源建设现状

在新的图书馆业态环境下，公共图书馆重视馆藏资源，由图书、期刊、录音、录像等模拟形态转变为数字形态，数字馆藏在馆藏体系与图书馆服务中的作用日益凸显。通过网络调研，我国西部地区13个省级公共图书馆地方文献网络服务情况见表1。

表1　我国西部地区13个省级公共图书馆地方文献网络服务情况

序号	图书馆名称	地方文献开发情况	特色服务
1	重庆图书馆	地方特色文化专题片（视频库）及各种工具书	视频、阅读、复印、代查、咨询
2	四川省图书馆	多媒体数据库（地方特色文化）特藏平台（家谱、线装书）	专题数据库、目录、在线展览、AR互动阅读
3	云南省图书馆	《云南省珍贵古籍名录》、珍品展示、古籍数字图书馆、少数民族古籍数据库平台	在线展示、主题展示（包括职官表、地名表、纪年表）、专题数据库
4	陕西省图书馆	中华数字书苑、自建专题数据库（24个）、特色馆藏资源专题目录、视频资源（专题文化）	数据库（跨库检索）、书目检索、视频讲座、线上展览
5	贵州省图书馆	《贵州历代自然灾害年表》、《贵州省珍贵古籍名录》、缩微目录、贵州府县志辑数据库等	专题数据库（包括全文、目录、图片等，只提供馆内检索）
6	甘肃省图书馆	特色资源：西北地方文献资源数据库（特色资源）、西北民族宗教史文摘数据库等	专题数据库建设
7	西藏自治区图书馆	—	—
8	青海省图书馆	青海民俗风情特色资源数据库	网上展厅、数据库
9	新疆维吾尔自治区图书馆	—	视频、讲座、听书音频（较多）
10	宁夏回族自治区图书馆	古籍平台（试用）特色数据有精准扶贫——塞上江南多媒体资源库	古籍平台（较简单）
11	内蒙古图书馆	特色馆藏数据库、内蒙古红色革命纪念场所网上展厅、宁夏数字方志、太原市地方文献特色库	专题数据库、网上展厅
12	广西壮族自治区图书馆	珍贵古籍修复名录、整理出版各种名录和图录、网上展厅、广西地方资源网（政治、历史等多个专题）	目录、网上展厅、音频、视频、专题数据库、特色资源网
13	广西壮族自治区桂林图书馆	广西特色资源专题数据库（31个）	专题数字库（包括2个智慧化知识服务平台）、目录、全文检索、网上展厅

3.2.1 普遍重视二次文献开发。在 13 个省级公共图书馆中，有 12 个省级公共图书馆有地方文献开发业务，大多数省级公共图书馆通过传统的二次文献开发，向社会提供深层次文献服务及文献目录查询，为地方查史修志及编制各种专题书目、文献等，二次文献开发都具有地方特色的资源。云南省图书馆、贵州省图书馆、广西壮族自治区图书馆、陕西省图书馆等省级公共图书馆均编制了本省（区）珍贵古籍名录，西藏自治区图书馆还开设了藏文专题数据库，使文献服务更加专业化。

3.2.2 地方文献特色资源建设内容丰富。西部省级公共图书馆拥有丰富的地方特色馆藏资源，通过自主建立专题特色数据库来提供文化宣传和服务。专题特色数据库资源内容广泛、类型繁多、形式多样。从选材主题来看，具有政治、历史、文化、艺术等特点，侧重揭示特色馆藏，开展内容挖掘建设，如陕西省图书馆、广西壮族自治区桂林图书馆等根据自身馆藏数字资源，自主建立数十个具有地方特色的数字资源库。其中，陕西省图书馆红色主题的自主建立特色资源有 8 个专题数据库，丝绸之路系列的有 3 个专题数据库。广西壮族自治区桂林图书馆自主建立 31 个广西特色资源专题数据库，覆盖了历史、地理、政治、文化等方面，提供全文检索、视频点播、目录查询、动画观赏等服务，专业化开发特色资源，为不同读者群提供多方位的信息服务。

3.2.3 新媒体环境下资源开发形式多样性。新媒体环境下，各个公共图书馆对地方文献资源的开发，除传统的查阅、咨询、复印等服务形式外，向系统化、多元化发展。通过调查发现，除西藏自治区图书馆、新疆维吾尔自治区图书馆两个公共图书馆外，其他公共图书馆均建有地方特色资源库，而且这些资源库建设的内容具有系统化特色，聚焦某一领域特色主题系列推出文献、音频、视频等内容。广西壮族自治区图书馆开设了专题网站，专题网站划分为政治、文化、艺术专题特色资源库。此外，广西壮族自治区桂林图书馆 2022 年正式上线的地方志知识资源服务平台、报纸知识资源服务平台采用了智慧化知识服务理念，运用知识图谱、关键词等为读者提供报纸库、资源库、事件、地理、机构、人物、物产、图片等相关知识的资源智能化、知识化的服务。

3.3 存在的困境

西部省级公共图书馆行业在新的信息技术环境下，主动作为、积极研究和探索元宇宙中的角色与服务模式，但构建虚拟社会的意识不强。图书馆服务的核心是以物理空间和实体馆藏为主，网络服务作为图书馆地方文献数字环境下的有效延伸，仍然存在一些问题和困境：①客观因素导致"吃紧"的图书馆经费对先进信息技术项目投入不够，信息基础设施跟不上技术发展要求；②各种实体资源的不断扩张导致绿色发展理念不能有效开展；③很大部分馆藏地方文献资源未能数字化，且在数字资产确权、服务边界等方面存在法律和技术保障难题；④服务内容过于单一，大多通过网络开展一次文献的呈现、二次文献的检索，将数字化的文献转变为知识服务或情报服务等方式较少；⑤服务推广还尚未形成新模式，阅读推广、新技术体验、地方文化活动拓展等吸引读者的类型还不够广泛；⑥缺少在信息环境下信息素养能力强、综合素质好的图书馆员，据调查发现，西部省级公共图书馆地方文献开发能力较薄弱，平均每个省级公共图书馆有 8 名馆员从事文献开发工作，硕士研究生及以上学历者仅占 23%，本科及以下学历者占 77%。

4　元宇宙视域下西部省级公共图书馆地方文献资源建设的思考

元宇宙是互联网进化的终极形态，是人类数字化生存的最高形态，在其全息虚拟空间里，随着进驻"居民"的增加，元宇宙中的图书馆也将是一个信息生命体[13]。在当下图书馆传统与转型发展的境遇下，以元宇宙为视野可以更好地迈进发展新阶段，为未来元宇宙图书馆奠定基础。

4.1　把握历史机遇：大力加强地方文献资源建设

地方文献具有丰富的地方文化特色，是中华优秀传统文化区域性沉淀的重要载体。党的十八大以来，图书馆应传承文明，服务社会，文化界要推动中华优秀传统文化创造性转化、创新性发展。元宇宙汇集多种技术，推动了社会各领域数字化、网络化、信息化的变革与发展。随着国家大力推动全国智慧图书馆体系建设，省级公共图书馆以特色文化项目为契合点，促进地方文献资源建设。省级公共图书馆在文化强国战略背景下，践行《中华人民共和国公共图书馆法》中对地方文献和古籍的保护要求，以及各省级公共图书馆制定、完善区域性工作条例内容[14]（如陕西、四川、贵州、广西、重庆等）中，明确图书馆对地方文献保存、开发与利用的规定。新时期，省级公共图书馆应抓住机遇，应用新的思维模式与技术设备加强地方文献资源建设，建立线上线下相结合的文献信息共享平台，加强数字网络服务和数字化产品生产，为社会公众提供优质的服务。

4.2　理念创新：从元宇宙视角开展馆藏资源建设

元宇宙世界的理念是"共建、共治、共享"，对图书馆地方文献工作的启发主要表现在地方文献馆藏数字化、服务知识化、成果共享化等方面，应用元宇宙视角促进馆藏文献结构的完善，有利于适应当下传统图书馆向智慧图书馆的转型发展。

图书馆在馆藏文献数字化、数据化等过程中应注意行业标准的使用，尤其是在全国智慧图书馆体系建设过程中，运用国家图书馆统一标准和行业技术标准能促进本馆数据与全国平台的对接，以及本馆与本区域其他公共图书馆数据成果的共建共享。此外，在服务方式方面，从线上线下相融合的服务更多地转变为线上服务；在服务内容方面，从文献信息服务到文献内容服务；在服务态度方面，从被动的读者服务转向主动的馆员服务。同时，从馆藏文献资源到"数字资产"的概念转变，符合智慧图书馆新阶段对数字文献产品的重视，也更能适应未来元宇宙世界图书馆业态的新趋势，特别是元宇宙中的区块链技术，作为智慧图书馆建设的底层技术之一，能解决图书馆地方文献数字化产品的确权问题、服务跟踪及全程监控的过程，确保图书馆数字资产的保存和使用。

4.3 资源开拓：构建地方文献资源业态新模式

西部省级公共图书馆在元宇宙影响下重视资源建设，加强地方文献共建共享平台，实现区域文献共享联盟，为加入全国智慧图书馆体系建设做好充足准备。首先，其资源建设注重来源多元化、管理运营平台化，即采用自建、征集、社会化合作等方式，将多源异构数据进行数据化处理和智能化管理；将"人－机－物－环境"的现实与虚拟数据进行精准映射，促进多元异构数据库、可视化系统管理运营，构建高效计算、高速运行、多为交互的地方文献平台。其次，应用 5G/6G网络、大数据、人工智能、区块链、数字孪生等信息技术，对地方文献的大量数据信息进行细颗粒度内容标识、知识标引等内容进行挖掘并与数据关联，构建结构化语义知识库，为知识内容智慧化服务奠定基础。最后，实现地方文献资源整合力度，新媒体环境下西部省级公共图书馆已尝试专题化、网页化的服务，但还需在深度、广度、力度上加强知识的集散地，强化数字信息资源的整合力度，建立完备的地方特色数据库，实现非结构化的、复杂的地方信息资源的共建共享。学习和借鉴上海图书馆"古籍区块链"项目，采用联盟链方式，将古籍目录确权，鼓励社会大众遵循规则情况下上传资源到云端，让加盟者共享资源，甚至还会按合约智能分配利益。

4.4 业态重塑：创新地方文献服务的模式

西部省级公共图书馆运用元宇宙发展理念创新服务方式，使图书馆服务更具人性化和个性化。首先，要高度重视读者的服务需求，对读者的借阅查询需求进行大数据分析，描绘读者画像，精准推送地方文献信息内容和服务。其次，结合虚实融合和沉浸式交互体验是元宇宙的重要特点，图书馆应重点打造特色阅读空间。通过调研发现，四川、重庆、广西、贵州等部分省级公共图书馆都设有特色数字服务空间，运用 LED 大屏和 VR/AR 等设备为读者提供沉浸式互动体验，吸引了大量的青少年读者到馆体验。再次，西部省级公共图书馆在元宇宙低延时、随地、沉浸式享受等特性影响下，提升地方文献的高质量内容服务，通过让读者使用智能手机、穿戴装备等，体验主题阅读推广、馆藏特色资源推介、虚拟教育课程等主题内容，感知虚拟现实全景视频、增强现实场景呈现、混合现实内容制作和虚拟漫游导航服务。人工智能在图书馆的广泛应用，促使图书馆分拣、客服咨询更加智能，也促使图书馆地方文献资源智慧检索、智慧服务及系统分析与管理更加合理[15]。最后，注重与数字资源制作方合作出版本单位地方文献中传统经典文化，并将其作为 VR/AR 材料库资源。同时，结合微博、微信、抖音、快手等新媒体平台，多维度、多方位宣传推广优秀地方特色文献和特色文化。此外，西部省级公共图书馆地方文献资源开发信息价值较高的产品和服务，在元宇宙塑造的国家数字经济的新格局中，为政府提供科学的信息咨询服务，也为企业和其他社会组织提供增值服务。

4.5　人才储备：建立新型人才队伍

在新时代新的信息背景下，西部省级公共图书馆应充分认识人才的关键作用，高度重视馆员综合素质的提升，以此推动图书馆事业的转型发展。一方面，丰富人才队伍，建设一支拥有图书馆学、历史学、文献学等专业知识背景的专业技术人才；另一方面，吸取一批计算机软件、摄影摄像、多媒体运营等人才。此外，促进馆员与发达地区图书馆进行业务交流与合作，实现智慧环境下人才深度互动。西部省级公共图书馆还应启发馆员面对技术变革和创新，主动思考元宇宙带给智慧图书馆发展的积极作为，在元宇宙视域下给所从事的业务工作带来变化，用创新思维模式推动地方文献向数字化、智能化、智慧化方式转变。

5　结语

在国家大力提倡科技创新和文化强国的背景下，西部省级公共图书馆在信息化环境中也应加快转型发展步伐。元宇宙理念和元宇宙世界为西部省级公共图书馆所面临的现实困境带来了新的发展思路，在实现地方文献馆藏布局、信息技术、资源构建和人员配置等方面提供了新的思考范式，以促进公共图书馆资源体系化建设，实现公共文化为社会提供高质量智慧化优质服务。

参考文献

［1］辛海霞．从技术概念到研究议题：元宇宙图书馆走向何种未来［J］.图书与情报，2021（6）：90-95.

［2］喻国明．未来媒介的进化逻辑："人的连接"的迭代、重组与升维：从"场景时代"到"元宇宙"再到"心世界"的未来［J］.新闻界，2021（10）：54-60.

［3］张志伟．清华大学新媒体研究中心发布《2020—2021年元宇宙发展研究报告》［EB/OL］.（2021-10-26）［2022-11-01］.https：//baijiahao.baidu.com/s?id=17114658282730354191.

［4］张兴旺，毕语馨，郑聪．图书馆与元宇宙理论融合：内涵特征、体系结构与发展趋势［J］.图书馆与情报，2021，41（6）：81-89.

［5］朱嘉明．朱嘉明："元宇宙"和"后人类社会"［EB/OL］.（2021-06-21）［2022-11-01］.https://baijiahao.baidu.com/s?id=1703670935406331906&wfr=spider&for=pc.

［6］刘炜，祝蕊，单蓉蓉．图书馆元宇宙：是什么、为什么和怎么做？［J］.图书馆论坛，2022，42（7）：7-17.

［7］李洪晨，马捷．沉浸理论视角下元宇宙图书馆"人、场、物"重构研究［J］.情报科学，2022，40（1）：10-15.

［8］王效岳，高旭，白如江．面向元宇宙图书馆的增强现实系统设计研究［J］.山东理工大学学报（社会科学版），2022，38（4）：62-69.

［9］田丽梅，廖莎．元宇宙视域下智慧图书馆的创新发展研究［J］.图书馆，2022（5）：54-59.

［10］杨新涯，钱国富，唱婷婷．元宇宙是图书馆的未来吗？［J］.图书馆论坛，2021，41（12）：35-44.

［11］周力英．关于地方文献若干问题的探析［J］.河南图书馆学刊，2009，29（2）：99-100，113.

［12］窦鹏，梁琪，王亚莉．"十四五"时期省级公共图书馆地方文献开发对策［J］.图书馆学刊，2021，43（8）：24-32.

［13］赵国栋，易欢欢，徐远重．元宇宙［M］.北京：中译出版社，2021.

［14］陈汝模．我国地方性公共图书馆法规中有关地方文献条款内容分析与启示［J］.图书馆理论与实践，2019（4）：28-33.

［15］傅云霞．人工智能在智慧图书馆建设中应用研究［J］.图书馆工作与研究，2018（9）：47-51，79.

阅读推广

"双减"政策下公共图书馆优化未成年人阅读服务路径研究

——以贺州市图书馆为例

陈碧玉①

（贺州市图书馆，广西　贺州　542899）

【摘要】文章阐释了"双减"政策下公共图书馆开展未成年人阅读服务的优势，以贺州市图书馆为例，介绍了公共图书馆开展未成年人阅读服务的实践探索，从场馆空间、文献资源、阅读品牌、人才培育等方面提出了优化公共图书馆未成年人阅读服务的路径，以期为公共图书馆开展未成年人阅读服务提供参考。

【关键词】"双减"政策；公共图书馆；未成年人；阅读服务

【中图分类号】G252.0　　　　　　　【文献标志码】B

1　背景

2021年7月，中共中央办公厅、国务院办公厅印发《关于进一步减轻义务教育阶段学生作业负担和校外培训负担的意见》（以下简称《意见》），提出要切实提升学校育人水平，持续规范校外培训（包括线上培训和线下培训），有效减轻义务教育阶段的学生作业负担和校外培训负担（以下简称"双减"）。《意见》还提出，学校和家长要引导学生在课余时间开展适宜的体育锻炼，开展阅读和文艺活动；充分利用社会资源，发挥好少年宫、青少年活动中心等校外活动场所在课后服务中的作用[1]。"双减"政策的出台引起了社会的广泛关注和热烈讨论，诸多学者对此开展研究，但研究成果在教育界较多，在图书馆界较少。以维普期刊官网为数据源，用"双减+图书馆"作为关键词进行检索，截至2022年10月，检索到相关文献25篇。而《中华人民共和国公共图书馆法》明确了政府设立的公共图书馆应

---

①陈碧玉（1989—），女，本科，馆员，就职于贺州市图书馆。

当开展面向少年儿童的阅读指导和社会教育活动，并为学校开展有关课外活动提供支持[2]。因此，开展"双减"政策下公共图书馆在未成年人阅读服务方面的研究具有重要的意义。本文以贺州市图书馆开展未成年人阅读服务为例，对"双减"政策下公共图书馆优化未成年人阅读服务路径进行分析、探讨，以期为图书馆界开展未成年人阅读服务提供参考。

2　公共图书馆开展未成年人阅读服务的优势

公共图书馆作为重要的公共文化设施，不仅能提供丰富的文献资源，还能提供舒适、安静的阅读空间，是未成年人学习知识、实践探究的重要文化场所。

2.1　场地空间优势

公共图书馆拥有一定面积的阅读场地，可以为未成年人提供学习、交流、活动的空间。传统的图书馆有阅读区、活动区、展览区等多个阅读体验区域。近几年，随着政府对文化事业的重视程度不断增强，对公共图书馆的投入力度不断加大，许多公共图书馆打造了特色鲜明的主题阅读新型空间，如视听阅读空间、亲子手工馆、科普体验空间、艺术绘画空间等，这些空间在布置上往往舒适、精巧，可以满足未成年人在轻松、愉悦的环境中听、说、读、写、看多方面的阅读需求，契合了"双减"政策注重未成年人实践探究的要求。

2.2　文献资源优势

各地公共图书馆是一个地区的文献资源中心，拥有非常丰富的图书、期刊、报纸等纸质、电子文献资源，而且在图书馆界通过信息技术手段正逐渐形成图书馆集群，实现了跨区域的文献流通、资源共享功能。"双减"政策实施后，公共图书馆作为藏书最丰富、信息最广泛、电子资源最便捷的阅读中心，可以为未成年人提供更多、更全的纸质资源选择，以及更广、更精的电子资源选择，满足不同年龄段、不同教育层次的未成年人对阅读资源的需求[3]。

2.3　专业人员优势

公共图书馆有开展社会教育的职能，也有专门开展阅读服务的馆员。馆员有从事图书馆工作的专业知识，以及具备引导未成年人健康阅读的教育学、心理学知识，还非常有责任心，能以自身的专业知识为未成年人开展各式各样的阅读活动[4]。此外，大多公共图书馆还有一支由热心文化公益事业、包含多个行业的专业人员组成的志愿者团队，这些志愿者有的是作家，有的是画家，有的是书法家，有的是歌唱家，有的是主持人，还有的是人民教师，他们可以发挥自身的特长，培养未成年人的阅读兴趣、爱好，为未成年人提供专业指导。

2.4 阅读品牌优势

2014 年，"全民阅读"第一次写入政府工作报告，各地公共图书馆掀起了打造阅读品牌的热潮。近年来，阅读品牌的打造、推广成了公共图书馆的重要业务，通过多年的努力，各地公共图书馆均形成了一定数量的阅读品牌，而且在当地甚至在全国都有一定的知名度和影响力。这些品牌内容丰富多彩，涉及诗词、书画、服饰、手工艺等；形式多种多样，包括阅读沙龙、讲故事、演讲比赛、讲座、展览等，可为未成年人参与实践探究活动提供多种渠道。公共图书馆打造的阅读品牌不仅注重品质、内涵，还注重连续性，对未成年人德、智、体、美、劳全面发展起到非常重要的作用。

3 "双减"政策下贺州市图书馆开展未成年人阅读服务实践探索

3.1 提升阅读资源服务

"双减"政策出台后，义务教育阶段的学生在校作业负担减轻，课外培训负担减轻，拥有更多涉猎课外读物的时间，贺州市图书馆从丰富阅读资源出发，加强适合未成年人阅读的资源建设，不断优化馆藏结构，采购了少儿类纸本书籍 2 270 册，其中文学类 1 643 册；在微信公众号平台、网站为未成年人提供免费电子书籍阅读、听讲座、看展览、有声听书等服务，免费提供数字资源 3 052 个，包括电子图书、音乐课堂、故事屋、健康百科等模块，线上讲座、展览 500 场，视频、音频 1 000 集，数字期刊 520 种，少儿绘本资源 380 部，慕课资源 120 门，并且每月更新，为未成年人课后阅读提供丰富、实用的文献资源。

3.2 开展书目导读服务

"双减"政策实施后，很多家长认为孩子课后作业负担减轻了，不用每天在家上演一写作业就"鸡飞狗跳"的场面。同时，很多家长也在焦虑，虽然"双减"政策减轻了课后作业负担及课外培训负担，但是应试教育没有改变，孩子的学习应该从哪里抓起，如何保证孩子的阅读量，做到"减负不减分"成了他们关注的焦点。为引导未成年人会读书、读好书，养成良好的阅读习惯，贺州市图书馆推出了书目导读服务，聘请了贺州市青少年学生校外活动中心的教师为导读讲师，带领青少年儿童从作者简介、导赏、主要内容介绍、"他说"等方面重点解读名家名著。该项服务十分重视青少年儿童的年龄分层问题，为不同年龄段的孩子开展不同需求的导读服务，如为 6～8 岁的孩子推荐阅读《一块巧克力》《大象的旅程》等简单而又富有哲理的故事绘本；为 13～15 岁的孩子推荐阅读《傅雷家书》《钢铁是怎样炼成的》等有深度、有内涵、有力量的著作，从而激发孩子的阅读兴趣，为孩子找到正确的阅读方式和方法。

3.3　增强实践探究服务

"双减"政策鼓励学校布置探究性和实践性作业，引导学生培养广泛的兴趣及参加社会实践。在"双减"政策下，学生少了书面作业，多了新颖实践，有了更多思考、创新探索的时间与空间。作为未成年人文化活动的重要场所和实践基地，贺州市图书馆非常注重培养未成年人的想象力和创造力，注重开展面向未成年人的实践探究活动，如在春节组织未成年人赏春联、写春联，在元宵节包汤圆、做灯笼，在端午节包粽子、做香囊，在中秋节吟诗词、制香膏等，通过开展实践探究类活动，带领未成年人共同了解节日习俗，共同品读中华民族的优秀传统文化，领略中华文化的魅力，实现"寓教于乐、教学相长"的社会教育效能，取得了良好的社会效益。

4　"双减"政策下公共图书馆优化未成年人阅读服务的路径

4.1　优化场馆空间环境

现在的未成年人成长在物资较为丰富的时代，对生活、学习的环境有了品质方面的要求。公共图书馆应充分考虑这一特点，根据空间的功能及不同年龄段孩子的喜好，对阅读区进行精心设计、布置，打造特色的主题阅读空间，为未成年人营造良好的阅读环境，激发未成年人的阅读兴趣和热情。例如，贺州市图书馆在空间建设上，充分考虑了未成年人追求舒适的阅读环境的因素，在新打造的城市书房里专门划分了少儿区、绘本区，并请专业设计师对空间进行设计、装扮，打造一个有设计感的舒适、愉悦的阅读空间，吸引了众多未成年人到图书馆阅读。同时，公共图书馆还可以利用数字技术，打造 VR 虚拟现实、3D 打印实验室等智慧化和数字化阅读空间，满足未成年人对新技术的体验需求。

4.2　优化馆藏文献资源

在"双减"政策驱动下，未成年人对公共图书馆馆藏资源的阅读需求日益增加。公共图书馆应根据新背景下未成年人阅读的需求变化，优化馆藏文献结构，从未成年人健康成长，德、智、体、美、劳全面发展的角度出发，增加历史、地理、文化、科学、教育、文学、艺术、语言、文字等类别的图书藏量，精选心理学、写作和经典名著等书籍入库，逐渐拓展未成年人阅读资源的选择范围；同时，应加强与其他图书馆、学校、书店、书城的合作，并建立长远的合作关系，提高馆藏文献的资源存储量。例如，贺州市图书馆开辟了读者荐购图书渠道，及时采购小读者荐购的好书、新书，不断增加文献资源购置量；同时积极加入由广西壮族自治区桂林图书馆搭建的桂北片区图书馆集群，与广西 35 家公共图书馆签订文献传递协议，并与贺州学院图书馆建立长期的合作关系，实现图书资源的合理配置，以满足不同年龄段、学龄段孩子的阅读需要，为青少年品德、智力发展提供丰富的文献资源保障。

4.3 优化未成年人阅读活动品牌

近年来，全民阅读的关注度不断增加，"全民阅读"连续 9 年列入了政府工作报告，深入推进全民阅读成了图书馆的重要任务，各大公共图书馆纷纷在"世界读书日"、读书节、全民读书月等重要节日组织开展大型品牌阅读活动，以及一系列未成年人喜爱的阅读品牌活动，有效促进了未成年人阅读服务工作的开展。

4.3.1 打造书目导读服务类品牌。在"双减"政策下，各大公共图书馆在打造活动品牌的过程中应注重未成年人多层次、差异性的阅读需求，根据不同年龄段未成年人的认知、兴趣，制作动态书目导览手册，指导未成年人选书、读书。公共图书馆可为婴幼儿选择颜色丰富、情节生动、篇幅短小的绘本图书进行导读；为小学低年级学生选择图文并茂的拼音读物进行导读；为小学高年级学生选择装饰精美、以文字为主，辅以插图的、故事性强的图书进行导读；为初中生提供以文字为主、反映现实的小说传记以及各门学科知识性读物进行导读。通过长期性、进阶式的导读服务，让图书馆变成未成年人的"第二课堂"。

4.3.2 塑造实践探究型活动品牌。"双减"政策鼓励学校布置探究性和实践性作业，鼓励学生培养广泛的兴趣以及参加社会实践等。公共图书馆是学生假期阅读、实践的重要公共文化场所，最受学生青睐。公共图书馆在假期组织开展未成年活动应创新主题内容，增强阅读活动的趣味性、探究性和实践性，如贺州市图书馆组织策划的"科普知识大讲堂""寿城读书秀"品牌活动以激发孩子阅读兴趣为主要目的，注重孩子的体验感、参与度；开展的"乐儿课堂""漫时光手作"品牌活动均设置动手操作环节，让孩子在学中玩、玩中学，极大地满足了"双减"政策下少儿阅读的新需求。

4.3.3 拓展线上阅读服务品牌。新时代的未成年人是与互联网共生的一代人，公共图书馆开展未成年人阅读服务应注重发挥互联网和新媒体的作用，建设线上绘本故事有声阅读及戏剧、动漫、连环画等资源，开设未成年人线上阅读专题库，联合教育、科技等行业的力量，提供覆盖各年级、各学科的优质学习资源，并通过未成年人所熟悉的微信、微博、网站等媒体平台推广各类线上资源，做强做优免费线上学习服务。

4.4 优化未成年人阅读服务人才培育

"功以才成，业由才广"，未成年人阅读服务人才队伍建设对公共图书馆开展未成年人阅读服务具有至关重要的作用。在"双减"政策实施后，公共图书馆应注重提升馆内专业人员的专业素养和服务能力，组织专业人员开展培训，外派专业人员到上级图书馆或先进地区图书馆跟岗学习，让专业人员的思路更开阔、眼界更高远，更好地推动未成年人阅读服务工作。同时，公共图书馆还应引进一批未成年人教育学、心理学等专业的优秀人才，并通过特邀专家、招募志愿者和其他社会组织开展人才合作等多元化方式，建设结构较为完善的人才队伍，为未成年人阅读服务提供人力和智力支持[5]。

5　结语

"双减"政策的出台让公共图书馆成了未成年人阅读的热门选择地，公共图书馆的社会教育职能日益凸显。在这大好态势下，公共图书馆需要根据未成年人的阅读新变化，发挥自身的场馆空间优势、文献资源优势、人才优势和品牌优势，通过不断探索和提升阅读环境，优化馆藏文献资源，开展有针对性的书目导读类、实践探究型品牌活动，应用新媒体、新技术提供内容丰富的线上阅读服务等有效路径，以期为未成年人的健康成长、实践探索、全面发展提供有利的平台。

参考文献

［1］新华社.中共中央办公厅　国务院办公厅印发《关于进一步减轻义务教育阶段学生作业负担和校外培训负担的意见》[EB/OL].（2021-07-24）[2022-02-26].http://www.gov.cn/zhengce/2021-07/24/content_5627132.htm.

［2］新华社.中华人民共和国公共图书馆法[EB/OL].（2017-11-05）[2022-05-16].http://www.gov.cn/xinwen/2017-11/05/content_5237326.htm.

［3］侯旭彤，苏瑞竹."双减"背景下，公共图书馆"家庭阅读"推广研究[J].南宁师范大学学报（自然科学版），2022，39（2）：190-195.

［4］何东凝，梁璞."双减"政策背景下公共图书馆优化未成年人读者服务工作的路径研究：以宁波图书馆为例[J].河南图书馆学刊，2022，42（6）：9-11.

［5］侯习哲."双减"政策下公共图书馆少儿阅读推广服务转型研究[J].河北科技图苑，2022，35（3）：75-80，35.

公共图书馆读者服务创新模式研究

——以玉林市陆川县图书馆为例

陈岳良[①]

（玉林市陆川县图书馆，广西　玉林　537700）

【摘要】公共图书馆读者服务创新是促进公共图书馆实现职能转化、优化服务效能的重要途径。当前，随着信息化社会的发展，读者阅读渠道的多元化，公共图书馆只有持续加强读者服务创新，才能实现全面转型发展，吸引更多的读者参与公共图书馆的阅读服务活动。基于此，本文探讨和研究了公共图书馆读者服务创新模式，并以玉林市陆川县图书馆为例，对该县图书馆在县域领域实施图书馆读者创新服务的实践活动进行了研究和梳理，最终针对玉林市陆川县图书馆读者服务创新模式带来的启示进行总结和研究。

【关键词】公共图书馆；读者服务；创新

【中图分类号】G252　　　　　　　　**【文献标志码】**B

1　引言

公共图书馆读者服务创新是新时代有效利用公共服务资源，实现图书馆能力优化的方法。如今，随着公共图书馆资源配置的多元化、丰富化以及公共图书馆职能的转型，怎样吸引更多的读者参与公共图书馆活动，成为公共图书馆需要思考的重要问题。因此，针对创新服务的核心架构进行梳理，使公共图书馆读者服务创新纲举目张，能够以实践化的方法持续推进下去。

2　公共图书馆读者服务创新的主要核心架构

公共图书馆读者服务创新的主要核心架构是由服务思维创新、服务项目创新、服务方法创新、服务覆盖领域创新等多个维度共同构成。

---

① 陈岳良（1968—），男，大专，馆员，就职于玉林市陆川县图书馆。

2.1　公共图书馆读者服务思维创新

公共图书馆读者服务思维创新强调的是以理念先行的方法来拓展公共图书馆读者服务创新思维。公共图书馆应当时刻牢记自身的发展目的和职能作用，只有从思维理念上加深创新行为思考，探索创新服务模式设计，才能使公共图书馆切实深入读者一线，以思想指导行动，开展多元化、丰富性的阅读与创新活动模式[1]。

公共图书馆在日常管理和提供读者服务的过程中，必须秉持创新性思维，加大创新性能力，以更加多元化、丰富性的创新思维为先导，开展创新性服务活动。只有这样，才能使公共图书馆以高效的服务思维、创新的服务方法来指导高质量的读者服务活动的开展。

2.2　公共图书馆读者服务项目创新

公共图书馆读者服务项目创新是公共图书馆进行读者服务的重要核心组成。公共图书馆在进行读者创新服务时，需要持续开展读者服务项目创新，针对读者的所思、所想、所求，有计划、有方案地开展各种创新型阅读服务项目。只有这样，才能使公共图书馆以实实在在的项目创新来吸引更多读者[2]。

在实施公共图书馆读者服务项目创新时，应积极探索针对不同维度的项目创新。根据阅读受众的群体不同，针对老年人开展"夕阳红"公共图书馆读者创新服务，针对儿童开展"儿童读书节"公共图书馆读者服务，针对夫妻双方开展"宝爸宝妈阅读专项服务"，针对白领工作人员开设工作技能图书专区。通过这种专业化、有针对性地服务维度的拓展，可以使阅读服务项目丰富化、多元化、创新化。

与此同时，公共图书馆可以向多元化服务项目的各领域延伸，开展更多的图书文化旅游活动。例如，与旅游景区搭配协调，实施文化旅游阅读创新项目；与博物馆、科技馆等合作，实施"博物馆阅读项目"，还可以以儿童、中小学生为主要对象，实施"图书馆读者游学＋阅读服务"创新项目拓展，通过各种多样化的读者服务项目拓展，可以有效地实现个性化的读者服务供给[3]。

2.3　公共图书馆读者服务方法创新

公共图书馆读者服务创新是服务方法的创新。公共图书馆在实施服务方法创新的过程中，需要拓展服务方法，延伸服务领域。一方面，公共图书馆在开展读者服务创新时，需要借助多元化的方法进行服务创新，如积极利用线上化、智能化阅读服务资源设备，开辟"第三空间阅读服务专区"，实施"咖啡＋阅读"服务方法创新，推行读者线上"打卡"读书活动，延伸读者线上化网络阅读交流活动[4]。

另一方面，公共图书馆还可以实施读者服务下沉，通过阅读服务下沉，将更多的基层阅读书目供给有专业需求和阅读需求的人群。例如，开展乡村读者服务型活动，以更多乡村农村、农业、农民的经营活动为主要特征，实施图书馆读者服务创新，开辟更多的种植、养殖技术专业书籍服务活动，实施多彩化、智能化的阅读服务供给，通过丰富的读书服务方法来拓展图书馆的读者服务领域和活动内容[5]。

2.4 公共图书馆读者服务覆盖领域创新

公共图书馆读者服务覆盖领域创新是重要的创新结构。公共图书馆要想最大程度地拓展影响力，就必须实现最广泛领域的阅读覆盖。为此，公共图书馆可以与铁路部门、机场等实施共同的阅读服务开发。例如，在火车站开辟更多的读者阅读等待专区，在机场也可以开辟读者服务专区图书馆，还可以积极地与大型商场、大型娱乐服务领域的商家进行广泛的合作，开辟专门的阅读专区、休闲等待专区等，以更加多元化的阅读场景来拓展自己的服务领域，实现功能性创新[6]。

3 公共图书馆读者服务创新实践——以玉林市陆川县图书馆为例

玉林市陆川县图书馆是县域图书馆之一。近年来，玉林市陆川县图书馆大力实施读者服务创新，以实践化的读者创新服务经验，为公共图书馆读者服务创新提供了新的发展样板。

在具体的图书馆读者服务创新活动中，玉林市陆川县图书馆借助馆内阅读图书资源和阅读图书功能多元化拓展途径来实现阅读阵地的巩固。通过实施智慧化阅读来实现线上线下融合性阅读服务的供给；通过探索特色化阅读形式，导入乡村阅读模式，开展图书馆阅读服务下沉活动；借助丰富多彩的节假日活动，拓展多领域的阅读服务创新空间，构筑全面、高效的图书馆读者服务创新架构，实现较强的图书馆读者服务创新。

3.1 巩固阅读阵地，丰富文化粮仓

玉林市陆川县图书馆经过努力向上级争取到50多万元资金投入图书馆建设，不断提档升级，馆内基础设施进一步升级改造，庭院环境得到美化、亮化，现有建筑面积4 044平方米。每年财政划拨单列购书经费10万元，馆内现有藏书（纸质）188 707册，电子图书资源超4 TB，书刊文献年流通量11万多册次。馆内综合服务功能完备，设置图书外借室、综合阅览室、儿童借阅室、多媒体视听室、地方文献室、视障阅览室、多功能展厅、读者自修室、休闲书吧和读者沙龙活动区等10多个功能区，形成"阅读+"的多功能模式。

3.2　拓宽智慧功能，线上服务不打烊

为适应新时代的快速发展，玉林市陆川县图书馆与时俱进，努力打造数字阅读体验区，配备数字图书馆设备5台，读者可扫码免费下载数字资源。利用微信公众号整合资源，为读者搭建资源共享桥梁，读者可线上免费阅读3万多册电子图书，同时还有听书、朗读、专家视频讲座等功能。线上参考咨询服务年接待300多人次，提供资料190多份。

在疫情闭馆期间，玉林市陆川县图书馆为满足读者的阅读需求，推出一系列线上活动和展览，每月一期电子新书推荐，每周一期主题书单，设置超星名师讲坛、防疫公益讲堂，开展"书香陆川、全民阅读"红包答题有奖活动和文化下乡，文化进校园、进景区、进军营、进社区等服务宣传活动，以及形式多样、内容丰富的阅读推广活动，营造"云上悦读"的浓厚氛围。

3.3　探索特色模式，提升乡村服务

玉林市陆川县图书馆积极探索"文化阅读＋社会力量"的发展模式，导入社会力量，不仅丰富了藏书资源建设，还由社会贤达人士参与公共图书馆建设和村民自办书斋图书馆，拓展延伸图书馆的乡村阅读服务网络，如建设了珊罗镇田龙村德府书斋，点亮了山村人的"阅读梦"。

近年来，为推动县域图书馆总分馆制在乡村、农家书屋建设的实践，玉林市陆川县图书馆带领干部职工先后建成了良田镇高山村、滩面文化站、滩面镇中心校、古城义武经典学校、古城二中等5个分馆，争取县级财政累计投入资金总额14万多元；成立了大桥镇瓜头村、县武警中队、良田镇三联村农家书屋、横山镇清平村农家书屋、温泉镇悦利花园、温泉镇碧桂红色书吧、温泉镇龙福花园、沙坡镇龟岭谷等8个图书阅读点，并在人群密集点沙坡镇龟岭谷、温泉镇东山梨木寨、温泉镇松鹤公园广场等3处旅游景点建设了文化长廊。由玉林市陆川县图书馆组织专业人员对分馆、图书阅读点和旅游景点的文化长廊进行指导及管理，共上架图书3.6万多册，更新书画作品200多幅，开展送书下乡活动，捐赠图书5 000多册，帮助农家书屋进行分类指导，让书香溢满陆川县。

3.4　拓展多彩活动，增加服务内容

玉林市陆川县图书馆充分利用服务宣传周、世界读书日、科技宣传周、节假日等，举办全民阅读推广系列活动和中国流动科技馆广西巡展活动，参与人数达2.8万多人次；积极开展公益活动，以及文化下乡送春联、图书馆创新服务推广等活动；积极融入乡村振兴工作，以及开展文化惠民普法讲座和种植、养殖培训讲座等活动。

以党的百年华诞为契机,在图书馆二楼开设了新的服务窗口——红色书吧。红色书吧藏书2 300多册,配套相应的设施设备,可同时容纳30多人阅览;举办了"中小学生爱党爱国爱读书"红色主题读书活动;组织开展青少年"感悟革命传统,传承红色基因"主题教育活动。

4 玉林市陆川县图书馆读者服务创新模式带来的启示

根据玉林市陆川县图书馆读者服务创新实施的一系列策略,以及构筑的一系列路径,可以有效地给予玉林市陆川县图书馆许多读者服务创新的启示。

4.1 构建图书馆读者服务创新思维

构建图书馆读者服务创新思维是玉林市陆川县图书馆读者服务创新模式带来的重要启示之一。各类图书馆在新时期实施读者服务创新的过程中,首先要强化创新服务思维的拓展。为此,各个图书馆均应实施全员读者服务创新思维改造,通过连续的培训班、定期的服务培训内容等活动来实施图书馆工作人员的服务创新思维培养。此外,图书馆还可以聘请专业的阅读服务专家、学者、先进工作机构等开展合作讲学、联合培训、参观互访、现场学习等,使图书馆工作人员建立服务创新思维,感知外部图书馆读者服务创新思维能力和意识,从而激发图书馆工作人员建立读者服务创新思维。

4.2 搭建图书馆读者服务创新制度

搭建图书馆读者服务创新制度是构建图书馆服务创新模式的重要渠道之一。玉林市陆川县图书馆在实施读者服务创新的过程中,通过搭建制度,建立服务框架,从而明确了图书馆读者服务创新的活动机制,实现了读者服务创新的具体落实。为此,图书馆在读者服务创新的过程中,应当全面加强制度创新,搭建起制度空间结构,实现更多的图书馆读者服务创新制度措施的落实,以制度化、规律化的读者服务创新要求来贯彻读者服务创新活动的开展,同时以创新制度来保障图书馆实施创新的具体路径、具体机制和具体资源的配置,实现创新发展过程中资源相互协调、人员供给明确、方法使用得当的读者服务创新制度框架。

4.3 优化图书馆读者服务创新资源

优化图书馆读者服务创新资源是玉林市陆川县图书馆读者服务创新模式带来的重要思考。为此,公共图书馆应当积极实施多元化的读者服务创新资源开拓。全面加快图书馆的新型信息化、数字化资源供给与配置,全面拓展图书馆高效化的资源储备。强化人力资源的配置及线上资源的开拓,以更加拟人化的思考路径来开辟更多的线上资源。阅读服务创新群体可以通过线上投票、线上问卷调查的方式来制订图书馆读者服务创新方案，了解读者所思所想。同时，公共图书馆应及时进行现代化、数字化设备更新，在图书资源寻找、电子书库建设、电子查阅平台建设方面积极进行资源配置。此外，公共图书馆还应扩大社交阅读领域，实施社交阅读网络建设，打造更多的亲密社交关系网络，开辟更多的微信群，收集读者的阅读意见，活跃读者的阅读探讨度，增加与读者的互动能力，从而实现图书馆读者服务的创新资源优化。

总而言之，新时期公共图书馆阅读服务创新是公共图书馆有效实现公共职能优化发展的重要手段。开展多元化的公共图书馆读者服务创新，将有助于公共图书馆实现高质量发展，有助于公共图书馆实现高服务能力优化。为此，在公共图书馆阅读服务创新过程中，必须坚持创新思维、创新制度、创新资源、创新渠道的多维度延伸。只有这样，才能使公共图书馆加快现代化读者服务创新转型。

参考文献

［1］中国互联网络信息中心.第35次中国互联网发展状况统计报告［R/OL］.
（2015-02-03）［2022-07-18］.https://www.docin.com/p-2451922285.html.

［2］施晨露，诸葛漪.上图读者可在支付宝钱包使用"书目查询"［N］.解放日报，
2015-04-02（4）.

［3］梁光德.智慧服务：知识经济时代图书馆服务新理念［J］.图书馆学研究，
2011（11）：88-92.

［4］游友辉.信息时代中学图书馆读者服务工作创新思考探究［J］.新智慧，2020
（1）：17.

［5］张小艳.浅析网络时代图书馆读者服务的创新策略［J］.发明与创新（职业教
育），2020，820（9）：175-176.

［6］冯贞翔.新时代公共图书馆馆员继续教育问题的新思考［J］.河南图书馆学刊，
2020，40（5）：15-16.

广西高校图书馆阅读推广的困境与突破研究

——以广西9所主要本科高校图书馆为例

褚兆麟①　刘静春②

（广西师范大学图书馆，广西　桂林　541004；柳州职业技术学院图书馆，
广西　柳州　545006）

【摘要】近年来，广西各高校图书馆在阅读推广方面不断加大力度，无论在领导层面的重视程度、人力和物力的投入力度，或是在活动开展的频度、广度等方面都有所提升。但是，目前阅读推广遭遇一个尴尬的境地：深度难以进一步拓展，质量难以进一步提升，效果难以进一步彰显。只有在思维与理念更新、制度与队伍建设、工作方式与方法改进等方面寻求新的突破，阅读推广才能更上一层楼。

【关键词】高校图书馆；阅读推广；困境；突破
【中图分类号】G258.6　　　　　　　　【文献标志码】B

1　广西高校图书馆阅读推广的现状

2022年，"全民阅读"连续九次写入政府工作报告，从"倡导全民阅读"到"深入推进全民阅读"，体现了党中央、国务院对以全民阅读推进文化强国的高度重视。作为国家教育事业重要力量的高等学校，更是在建设世界一流学科、一流高校的过程中发起了前所未有的冲锋。而作为高校重要办学支柱之一的图书馆，为配合和支持学校完成办学目标，肩负着提供文献信息与资源保障的艰巨任务。在此过程中，阅读推广起到了不可或缺的作用。近10年来，广西高校图书馆同全国其他高校一样，在阅读推广实践中采取了很多行之有效的方法和措施，取得了很大的成绩，具体表现在以下方面：一是阅读推广普遍得到了图书馆领导层面的重视。据调查，2012年广西师范大学图书馆在全区高校图书馆中率先成立了以阅读推广为主要任

① 褚兆麟（1963—），男，在职研究生，研究馆员，就职于广西师范大学图书馆。
② 刘静春（1973—），女，本科，研究馆员，就职于柳州职业技术学院图书馆。

务的文化与平台服务部（以下简称"文化服务部"），围绕中外经典大力开展阅读分享活动，聚焦各路"达人"持续开展真人图书馆活动，瞄准桂林地域特色首次倡导读行山水活动，挖掘校内外资源持续开展名师导读活动，等等。广西师范大学图书馆的阅读推广风生水起、有声有色，起到了良好的示范作用。广西大学、广西民族大学、广西财经学院、桂林理工大学、桂林电子科技大学、广西科技大学、南宁师范大学等学校的图书馆先后成立了肩负阅读推广重任的部门（文化服务部、文化建设部、推广服务部、学科与技术服务部等）。二是配备了专职的阅读推广人员，多则 8～9 人（如广西师范大学），少则 1～2 人（如南宁师范大学），一般有 4～5 人，使得阅读推广有了一定的人员保证。三是开展活动的频度、内容的丰富程度有了很大提升。广西师范大学的"悦读经典，师大的力量"阅读分享会创办至今已有 29 期，同时开展的"真人图书馆"已有 24 期；全区性高校学生诵读大赛已连续成功举办 3 届，每届参赛人员达上万人次，开始形成比较大的品牌影响力。四是不少高校的阅读推广逐渐树立了自己的品牌，并开始获得不同层面的荣誉。以广西师范大学为例，其"真人图书馆"获得 2015 年度广西高校图书馆阅读推广案例大赛一等奖和全国高校图书馆阅读推广案例大赛华南赛区三等奖，"独秀书香文化活动月"获得 2016 年中国高等教育学会大学素质教育研究分会"大学生素质教育优秀品牌活动"银奖，等等。

2　广西高校图书馆阅读推广的困境

广西主要高校图书馆的阅读推广尽管取得了不少成绩，获得了不少荣誉，但时至今日，我们以广西 9 所主要本科高校图书馆为例，围绕阅读推广问题进行了相关调查，发现了不少问题。

2.1　在设置专门的阅读推广部门（名称或略有差异）方面参差不一

在广西 9 所主要木科高校图书馆（见表 1）中，有 5 所图书馆设置文化服务部等有关部门，专门从事阅读推广工作；有 4 所图书馆没有成立专门的阅读推广部门，其阅读推广工作包含在其他部门（多为信息服务部或参考咨询部等）中，或没有明确的部门负责。这说明各学校图书馆对阅读推广的重视程度有较大差异。

表1　广西9所主要本科高校图书馆部门设置情况

图书馆名称	部门设置						
广西大学图书馆	办公室	流通阅览部	资源建设部	信息服务与研究支持部	文化服务部	信息技术部	—
广西师范大学图书馆	办公室	读者服务部	资源建设部	学科服务部	文化服务部	技术服务部	古籍服务部
广西民族大学图书馆	办公室	读者服务部	资源建设部	—	文化建设部		
广西医科大学图书馆	办公室	流通部	资源部	信息部	—		
南宁师范大学图书馆	办公室	读者服务部	采编部	参考咨询部	—	技术部	
广西财经学院图书馆	综合服务部	读者服务部	采编部	参考咨询部	文化推广部	技术部	
桂林电子科技大学图书馆	综合服务部	读者服务部	资源建设部	学科与技术服务部	—	—	—
桂林理工大学图书馆	办公室	读者服务部	资源建设部	学科服务部	—	技术服务部	—
广西科技大学图书馆	办公室	流通阅览部	采编部	参考咨询部	推广服务部	技术服务部	信息素养教育教研室

从表1中不难看出，各所高校图书馆设置与不设置专门的部门从事阅读推广工作相比，其工作计划性、稳定性与效率有很大差异。

2.2　缺少一支稳定且强大的队伍

阅读推广工作是高校图书馆的主要业务工作之一，它需要一支稳定且强大的阅读馆员队伍。通过调查发现，很多图书馆口头上都很重视阅读推广工作，但实际上专门从事阅读推广工作的人员并不多（见表2），而且极不稳定。

表 2 广西 9 所主要本科高校图书馆阅读推广部门人数

图书馆名称	广西大学图书馆	广西师范大学图书馆	广西民族大学图书馆	广西科技大学图书馆	广西财经学院图书馆	南宁师范大学图书馆	广西医科大学图书馆	桂林电子科技大学图书馆	桂林理工大学图书馆
阅读推广部门的人数	3	9（最多的时候）	5	4	3	1	0	5	3

由上表可知，在广西 9 所主要本科高校图书馆中，仅有少数图书馆专职从事阅读推广工作的人数达到 5 人或 5 人以上，多数为 3～4 人，个别图书馆只有 1 人，甚至没有。试想，3～4 个阅读推广人面对一个 2 万人甚至 3 万人以上的大学生阅读群体（上述 9 所本科高校的学生人数多数在 2 万人以上），如何开展阅读工作？这样的人员数量要面对全校学生开展阅读推广工作的困难很大。

2.3 缺少长远的工作规划

通过查阅上述各院校图书馆的年度工作报告（或总结）可知，对于阅读推广活动，多数本科高校图书馆只有年度计划，鲜见中长期工作规划，如作为阅读推广的 3 年计划或更长的远期规划难觅踪迹，基本为无。一个本科学生的学制是 4 年，图书馆的阅读推广计划不能仅仅针对大学一年级新生，应该针对大二、大三、大四，甚至毕业以后本科学生的中长期计划或规划。俗话说："人无远虑，必有近忧。"一项工作只有年度计划，没有中长期规划，则是短视的。我们最常见的是图书馆只重于做新生的阅读推广工作，而轻于做老生的阅读推广工作，致使阅读推广工作在针对同一对象时没有延续性，从而导致阅读推广工作不能发挥其长效作用，使图书馆阅读推广工作效果大打折扣。

2.4 缺少沉浸式的工作方式与方法

长期以来，高校的阅读推广工作大多呈现以下情形：一是集中在每年的"4·23"世界读书日前开展，既有校长荐书，又有读书分享；既有名师讲座，又有各种展览，这是春季学期常见的现象。二是在秋季学期，各种阅读活动似乎明显少于春季学期，全学期呈现出一种平稳状态。三是阅读推广人在开展阅读活动时，多数面向全校师生，很少面向特定的学院和专业，更遑论特定的学生，出现了一种容易浮于面而难沉于底的普遍现象。因此，很难见到学生在大学期间一直得到一个或数个阅读推广人或某位导师长期的阅读引导与帮助。

3 高校图书馆突破阅读推广困境的策略与措施

3.1 领导的重视

常言道:"火车跑得快,全靠车头带。"高校图书馆要实施阅读推广,必须得到学校领导的足够重视与支持。高校图书馆的阅读推广部门设置和人员配备可以衡量领导对阅读推广的重视程度。

3.2 建立一支富有活力的全校阅读推广队伍

放眼整个高校图书馆界,在阅读推广工作中,最大的短板就是缺少一支富有活力的全校阅读推广队伍。因此,要强化阅读推广工作,做出阅读推广新成绩,就必须下大力气,建立一支包括学校各学院、各部门、各层级的阅读推广队伍。

3.2.1 全馆动员,发挥图书馆在全校阅读推广中的主体作用。毫无疑问,图书馆在全校阅读推广中起着巨大的主体作用。高校图书馆应该全馆动员,发动尽可能多的馆员成为阅读馆员[1]。据调查,近10多年来,随着高校图书馆入职条件越来越高,图书馆员的学历结构已经发生了根本性的改变,50%以上的人员均拥有硕士以上学历,博士进入馆员队伍已经是寻常事;再加上很多馆员来自不同专业,客观上多数馆员已经具备成为阅读馆员的前提条件。如果我们再从主观上加以动员,从绩效上加以激励,从事业上加以支持,很多普通馆员就会加入阅读馆员队伍,从而壮大高校图书馆阅读推广力量,发挥图书馆在全校阅读推广工作中的主体作用。

3.2.2 全校动员,让更多具备阅读推广能力与水平的人员加入阅读推广队伍中。建设书香校园,仅依靠图书馆的力量是远远不够的,必须动员全校的教师(指专任教师)加入阅读推广队伍[2]。专任教师是高校员工群体中学历最高、知识结构最全面的群体,他们最有资格与能力成为阅读推广馆员(兼职)。以广西师范大学为例,全校教职员工2 500余人,专任教师1 700余人。如果全面动员全校专任教师,鼓励他们兼任阅读推广员;哪怕仅有10%的教师愿意参加,就会有170名教师成为阅读推广员;如果将比例再提高到20%～30%,那么阅读推广员就可以达到300～500人。以这支队伍为依托,在全校大力开展师生阅读指导和阅读实践活动,书香校园建设将是一件水到渠成的事情。

除了图书馆员、专任教师兼职馆员,还有少数辅导员及行政人员可以加入全校阅读推广队伍,使得知识结构几乎涵盖学校所有的专业,职称覆盖中高级别,年龄层次包括老中青年。如果能够将其阅读推介、阅读引领、阅读教育与组织等能量充分发挥出来,全校的阅读氛围营造、书香校园建设将会呈现出前所未有的新面貌。反之,在一所偌大的大学中，如果没有把最广大教师的阅读引领、组织、示范、传帮等阅读推广能量发挥出来，仅靠图书馆阅读馆员单打独斗、小部队作战的方式把学校建设成为一所学风醇厚、书香浓郁的校园是极其困难的。此外，高校的阅读推广队伍建设，如果没有广大教师的参与，也是对高校丰富且优质的教师教育资源的极大浪费。

3.3 创新阅读推广工作的方式与方法

3.3.1 沉浸式方法。多年来，各高校图书馆在阅读推广方面做了很多工作，譬如设立专职馆员负责阅读推广工作。此外，高校图书馆还设立专门的阅读推广部，以专业部门发挥团队力量的方式组织开展阅读推广工作，逐渐彰显图书馆员的阅读组织、推广和引领作用，但效果却极为有限。究其原因，主要是图书馆阅读馆员的工作大多浮于面，没有沉到学院、班级、寝室，甚至个人身上；活动开展以后，没有进行跟踪调查、得失分析、效果评估，影响了对阅读推广效果的研判及后续应采取的改进措施。鉴于此，在今后的阅读推广工作中，阅读馆员有必要像学科馆员一样做好分工，把馆员的阅读推广对象具体到学院、班级、寝室，甚至个人。阅读馆员平时要深入学院、年级和班级，具体了解和掌握学生的课程类别、内容与进度，适时嵌入学生的阅读过程，提出阅读建议，提供贴身性的沉浸式的阅读服务，发挥润物细无声的作用[3]。

3.3.2 阅读跟踪法。以前的阅读推广工作存在一个比较大的缺点，就是缺少阅读跟踪，对学生个人的阅读情况不能及时了解，对学生阅读了什么新书，了解了什么学术研究动态、热点、前沿等问题一无所知，往往根据一己之愿就给学生开展阅读活动，使得阅读推广活动在一定程度上已经脱离了学生的实际，离开了学生的迫切需要，且不受学生欢迎（从客观上学生的实际参与人数和参与比例就可以看出），从而影响了阅读推广的效果。为了克服这一弊端，阅读馆员（含教师阅读推广人）应该与学生建立广泛而密切的联系，随时跟踪、了解他们的阅读情况，并与他们随时交流自己的阅读感悟、阅读体会和阅读建议，让学生切实感受到阅读馆员是随时在他们身边的，也是真心关心他们的阅读与成长的，从而与阅读馆员建立更真挚的互信关系。这不仅有利于阅读馆员开展阅读推广工作，还有利于提高阅读推广工作的针对性、准确性和连续性，最终达到师生在阅读上相互督促、相互进步的双赢效果[4]。

3.3.3 充分挖掘、利用网上资源。如果我们把阅读推广的资源只局限于校内资源（人力资源和文献资源）是远远不够的，我们应该把眼光进一步向网上拓展。近20年来，国家第一大媒体平台——央视网，或围绕进一步传承、弘扬传统文化，或围绕普及最新的科技知识，或围绕立德树人，或围绕提高广大人民群众的文化和科学素养等，推出了很多的文化栏目。这些栏目如果结合大学的课程和大学生素质培养的需要，可以作为优质的教育教学资源纳入阅读推广中。例如，以普及中华优秀传统文化为己任的"百家讲坛"中易中天主讲的《汉代风云人物系列》，康震主讲的《唐宋八大家》《唐诗的故事》，等等；以"戏剧＋影视化"的表现方法，讲述典籍在五千年历史长河中源起、流转及书中闪亮故事的《典籍里的中国》的"论语"；定位于中国首档电视青年公开课，以其年轻化和全媒体的传播特点受到广泛关注及好评的《开讲啦》；还有以"赏中华诗词、寻文化基因、品生活之美"为基本宗旨的《中国诗词大会》，对培养青少年从小热爱中华古诗词，从古人的智慧和情怀中汲取营养，涵养心灵，对青少年的成长有较大帮助。我们都可以组织大学生有选择地收看[5]以上公开课和节目。

此外，高校图书馆还可以收集名校名家的专题讲座视频或慕课资源提供给广大学生观看、学习。名校与非名校的最大差别在于教育资源，名校拥有国家最优质的教师与教育资源。如何缩小普通院校与名校在优质教师与教育资源方面的差距？最好的办法莫过于努力收集名校名家优质的教师与教育资源，如将名师讲座视频或慕课资源提供给普通院校的学生，并且按专业进行精准提供，让普通院校相关专业的学生也可以无偿享受到名校的教师与教育资源。如由清华大学发起的建立面向未来的集中全国高校优质课程的"学堂在线"慕课在线学习平台、北京大学的"华文慕课"、学习强国的"慕课"专栏等，为学生提供了从高校课程到实战技能的在线教育服务。其他如新浪网的《博客》《文化》《读书》，搜狐网的《文化》《历史》《博客》等栏目都有很多好的阅读材料，有利于大学生学习知识和人生成长，非常值得向大学生推荐[6]。

总之，高校图书馆的阅读推广是一个常谈常新的话题，是一篇永远也写不完的文章。我们只要脚踏实地，拓展思路，勇于创新，时时刻刻为学生的学习与成长着想，就一定能找到破解阅读推广困境的好方法，从而为书香校园和双一流高校建设做出新的贡献。

参考文献

[1]杨晓菲.全民阅读背景下图书馆阅读推广人的培育方式及策略[J].图书馆学刊，2017，39（2）：27-30.

［2］张华艳.高校图书馆阅读推广馆员队伍现状及其专业化发展［J］.大学图书情报学刊，2018（3）：14-19.

［3］黄雅麟.沉浸式阅读视域下公共图书馆阅读推广理念和路径探索［J］.图书馆，2022（8）：105-110.

［4］韩艳.以跟踪法指导提高英语学习弱势群体的阅读能力［J］.辽宁教育，2014（1）：67-68.

［5］胡雨佳.图书馆阅读推广新途径探寻：从《中国诗词大会》节目模式入手［J］.新闻研究导刊，2019，10（16）：93-95.

［6］聂慧.基于慕课平台的高校图书馆嵌入式阅读推广服务研究［J］.图书馆工作与研究，2021（11）：110-118.

说明：本文系广西文科中心 2021 年度"高校图书馆建立阅读馆员制度研究"项目（项目编号为 ZXTD202112）成果之一。

《中华人民共和国家庭教育促进法》
与图书馆家庭阅读推广

姜刘英①

（广西壮族自治区桂林图书馆，广西　桂林　541000）

【摘要】家庭阅读推广服务是图书馆读者服务的重要组成部分，《中华人民共和国家庭教育促进法》的颁布在法律层面对图书馆家庭阅读推广提出了明确要求。文章通过分析《中华人民共和国家庭教育促进法》在图书馆事业中所起到的法律作用，解读图书馆阅读推广在家庭教育中的意义，并对《中华人民共和国家庭教育促进法》的内容进行多方面解析，在此基础上提出适用于图书馆家庭阅读推广的建议。

【关键词】家庭教育促进法；图书馆家庭教育；图书馆阅读推广；策略

【中图分类号】G252.1　　　　　　　　【文献标志码】B

社会是由无数个家庭组成的，家庭是建设"书香社会"、实现全民阅读美好愿景不可缺少的部分。2021年10月23日，《中华人民共和国家庭教育促进法》（以下简称《家庭教育促进法》）于中华人民共和国第十三届全国人民代表大会常务委员会第三十一次会议通过，于2022年1月1日起施行。这是在法律层面对家庭教育进行了规范，更进一步体现出家庭教育的重要程度。同时，《家庭教育促进法》明确了图书馆作为公共文化服务部门对于开展家庭教育活动的责任与义务。《家庭教育促进法》第四十六条对图书馆、博物馆、文化馆等公共文化服务机构明确规定，每年应当定期开展公益性家庭教育宣传、家庭教育指导服务和实践活动。

笔者于2022年10月30日在中国知网（CNKI），以"图书馆＋家庭阅读推广"为关键词进行检索，共获得检索结果180条，其中与《家庭教育促进法》相关的学术论文仅有2篇，主要以图书馆为中心进行阅读推广策略的研究，对《家庭教育促进法》的内容解析较少。本文将对《家庭教育促进法》的内容进行整体剖析，以《家庭教育促进法》为中心，分析其法律目的、相关要求及教育标准，然后根据目的、

---

① 姜刘英（1991—），女，本科，助理工程师，就职于广西壮族自治区桂林图书馆。

要求、教育标准发挥图书馆的主体作用提出图书馆家庭阅读推广的建议。

1 《家庭教育促进法》在图书馆事业中的作用

2018 年 1 月 1 日,《中华人民共和国公共图书馆法》(以下简称《公共图书馆法》)是我国公共图书馆领域第一部专门的法律,也是图书馆界的根本大法,对有关图书馆其他法律的立法起到引导和规范作用[1]。《公共图书馆法》在法律层面明确了图书馆公益性原则、政府设立和保障公共图书馆原则、发展社会化原则及公共图书馆自律原则。

《家庭教育促进法》虽然不是图书馆的专门法律,但结合《公共图书馆法》来看,可以作为图书馆家庭阅读推广方面的法律补充。《家庭教育促进法》在《中华人民共和国公共文化服务保障法》《中华人民共和国未成年人保护法》《中华人民共和国义务教育法》的基础上把家庭教育单独提出来,表明了家庭教育的重要地位。《家庭教育促进法》对图书馆也明确提出了相应的要求,其法律条文在家庭阅读推广层面具有一定的可操作性与协调性,在家庭阅读推广层面可以看成是《公共图书馆法》图书馆阅读推广外向功能的补充,有助于促进图书馆事业与社会其他行业同步发展,在公共图书馆家庭阅读推广方面起到风向标的作用,是提出家庭阅读推广活动策划的重要法律依据。

2 图书馆阅读推广在家庭教育中的意义

在联合国教科文组织的《公共图书馆宣言》中提到,公共图书馆是传播教育、文化和信息的一支有生力量,是家庭教育不可或缺的部分。

(1)图书馆是社会公益组织,可以免费为读者提供阅读服务,其服务不受个人经济水平、职业、身体状态等因素影响,读者在享受阅读服务上不存在个体差异性。图书馆阅读服务有利于家庭阅读的全面推广,是促进家庭阅读、营造书香社会和书香家庭、实现全民阅读的重要组成部分。

(2)图书馆具有优质的教育文化资源,图书馆阅读资源的引入经过专门的审核和采购,可以保证资源来源的合法性,内容丰富,形式多样性,可以为家庭阅读提供良好的资源基础。

(3)图书馆有相对安静、安全的阅读环境,良好的阅读氛围可以避免读者受到外界不必要的干扰,给阅读者安全感和舒适感。同时,在公共空间下阅读有助于未成年人构建早期社会化的基本能力。

(4)图书馆的专业馆员可提供专业的阅读指导,组织丰富多彩的阅读活动,为家庭阅读带来更多元化的阅读体验。

3 《家庭教育促进法》的内容解析

通过中国知网的关键词"家庭阅读"进行数据搜索，目前关于家庭阅读的推广理论研究主要集中在对家庭教育实践的探索，以及活动经验的总结研究，基于《家庭教育促进法》的内容分析、探讨阅读推广方式的理论较少。而《家庭教育促进法》的提出对图书馆家庭阅读有不可估量的作用。在此背景下，图书馆要做好家庭教育，首先要对其内容进行全面分析，了解家庭教育在家庭阅读推广方面的新要求。

《家庭教育促进法》是第一个将家庭教育提升到法律层面的专门法律，一共分为6章，分别是总则、家庭责任、国家支持、社会协同、法律责任和附则。总则明确了发扬中华民族文化，重视家庭教育的优良传统，引导全社会注重家庭、家教、家风，增进家庭幸福与社会和谐，培养德智体美劳全面发展的社会主义建设者和接班人的法律目的、教育要求，以及家庭教育的内涵[2]，确立了家庭责任，家庭教育以立德树人为根本任务，对家庭教育执行人提出了教育方面的要求。家庭教育执行人要施以促进未成年人全面健康成长，对其实施的道德品质、身体素质、生活技能、文化修养、行为习惯等方面的培育。可见，家庭"教育人"具备一定的教育知识和文化素养。教育知识更有助于家庭教育的实施，完成和遵循此法规定的家庭教育的根本任务与家庭教育标准。《家庭教育促进法》对各机关行政单位、企业、社会团体等提出开展公益教育活动、家庭教育服务等社会支持。鼓励培养家庭教育服务专业人才，开展家庭教育服务人员培训，同时，关注特殊群体的家庭教育，为有困难的家庭提供家庭教育支持服务等。图书馆可根据《家庭教育促进法》的制定目的、任务、标准，结合实际情况采取相应的措施。

4 《家庭教育促进法》背景下图书馆家庭阅读推广的策略

4.1 加强图书馆人及家庭对家庭阅读的理论学习和思想引导

思想是行动的指南，理论是实践的先导。要想较好地完成家庭阅读推广，一方面，要提升阅读推广人知识素养及阅读推广能力。《家庭教育促进法》于2022年开始实施，图书馆界在此背景下的相关理论和实践相对匮乏，图书馆行业可为家庭阅读推广人搭建学习平台，以供家庭阅读推广人交流和分享图书馆家庭阅读推广经验，发现、讨论家庭阅读推广中存在的问题，提升馆员能力，探讨家庭阅读推广的新思路、新方法。例如，开展家庭阅读理论研讨会、馆员优秀案例分享会、优秀学术论文征集等。各图书馆应积极组织馆员学习《家庭教育促进法》，引导馆员结合以往经验，学习国内外先进经验，并在家庭阅读推广领域进行理论探索和实践，可定期举办家庭阅读推广人培训，让更多的人熟悉家庭阅读推广，并加入家庭阅读推广人的队伍。

另一方面，要保证家庭阅读健康可持续发展，图书馆要以家庭为主体，帮助家庭成员提升阅读素养，树立家庭是第一个课堂、家长是第一任老师的责任意识。了解读者家庭情况，并给予特色的家庭阅读指导，帮助家庭成员形成良好的阅读能力。根据《家庭教育促进法》第二章"家庭责任"部分对家庭教育执行人提出的要求和任务，图书馆可以通过推荐文化、法律、教育等书籍的方式给予家庭教育执行人教育理论指导，提升家庭教育执行人的家庭教育能力，为形成良好的家教和家风、增进家庭幸福与社会和谐打下理论基础。

4.2　推动优秀文化知识与家庭阅读推广相结合

《家庭教育促进法》的总则提出，社会要重视优秀传统文化知识，加强阅读知识内容的引导，帮助未成年人树立正确的价值观、劳动观，对未成年人实施道德品质、身体素质、生活技能、文化修养、行为习惯等方面的培育。图书馆在家庭阅读推广方面要重视推广内容的选择，要引导孩子们读好书、读经典，契合《家庭教育促进法》对家庭教育的要求。

4.2.1　加强爱国主义教育，培养家国情怀，培育良好的道德品质。图书馆可以充分挖掘馆内的红色、家风、家教、德育等相关资源，并嵌入阅读推广活动中，如广西壮族自治区桂林图书馆线上红色故事会和家风、家教主题图书推荐，将优秀传统文化知识送到每一个书香家庭，帮助和培养未成年人良好的爱国情感、社会公德、家庭美德、个人品德，以形成良好的家风，为增进家庭幸福与社会和谐提供文化支持。

4.2.2　开展法律知识普及，增强法律意识。做好法律知识普及，可帮助家长"依法带娃"，解锁正确的"带娃"方式，帮助家庭成员更好地履行家庭责任和义务，有助于未成年人格尊严、隐私权和个人信息的保护，使未成年人学会用法律维护自身安全，纠正自身不良行为，助力未成年人健康成长。例如，开设法律知识讲堂，制作法律知识专题书架，推荐与法律相关的书籍，普及《中华人民共和国未成年人保护法》《中华人民共和国反家庭暴力法》等法律知识讲堂，避免家庭暴力、校园霸凌和欺凌等事件的发生。

4.2.3　宣传正确的教育方法，关注未成年人身体和心理健康。公共图书馆作为家庭阅读的重要推广者，应帮助家长认识家庭阅读的内涵与价值，掌握科学的家庭教育方法，通过对《家庭教育促进法》第十八条中家庭教育对应的方式、方法的解读，以及关于家庭教育阶段性的解读，可根据家庭中不同年龄阶段的未成年人生理、心理特点，对其家长进行分类阅读指导，满足当前家庭的教育需求。同时，帮助未成年人家长理解因材施教的意义、尊重未成年人身心发展规律和个体差异。此外，对未成年人进行精细化阅读指导，在培养其阅读能力与阅读兴趣的同时，注重心理健康、安全知识教育，避免未成年人身心受到伤害；增加生活技能的培养，帮助其树立正确的成长观、劳动观，避免"高智低能"等不良教育现象的发生。

4.2.4　优化阅读空间，提供良好的文化阅读氛围。良好的阅读空间可以给阅读者带来良好的阅读体验，有助于阅读兴趣的培养。目前，多数公共图书馆在探索阅读空间的创新，只有少数图书馆具备专门的家庭阅读空间。有空间条件的图书馆可以借鉴其他图书馆的经验，尝试设立专门的家庭阅读空间，也可以联合社会共同打造家庭阅读空间，营造书香社会的氛围。

4.3　探索图书馆阅读服务新模式，建立社会协同育人机制，开展特色多元服务

在中国图书馆学会发布的《中国图书馆学会关于开展 2022 年全民阅读工作的通知》中明确要求，图书馆应积极与学校和家庭合作互动，将图书馆打造成少年儿童社会教育的主要阵地[3]。图书馆可在政府的指导下，协同妇联、社区、学校，以小区、乡镇、学校等为单位，建立"图书馆 + 社区""图书馆 + 乡镇""书香校园""家庭书屋"等，推进城乡教育全覆盖，为家庭提供更加多元化的阅读方式。"图书馆 +"模式不仅可以为普通家庭阅读提供便利条件，还可以为偏远地区、特殊人群的家庭阅读提供更多的可能性，让偏远地区的未成年读者，尤其是留守儿童、视障与残障等特殊群体得到同等的教育资源，符合《家庭教育促进法》第二十九条和第三十条的相关要求，并与教育平等、公平的原则相契合。例如，江苏常州市钟楼区图书馆与常州市钟楼区妇女联合会、亲子阅读中心共同建立了 38 家"家庭图书馆"，以小区为单位，推广"家庭图书馆计划"，并开展了 10 余场家庭故事会、游园故事会、美食故事会等，活动以点带面带动左邻右舍多个家庭加入阅读活动，形成热爱读书、热爱学习、书香家庭、书香社区的浓厚的文化氛围。

同时，以家庭为单元，开展特色多元服务，转变服务方式，确定读者的活动主体地位，改变以往以"知识输出"为主的单一活动，引导读者主动探索的意识，开展读书讲座、阅读沙龙、家庭阅读指导培训班等。鼓励家庭成员共同参与，发挥家庭与图书馆的教育合力，父母双方共同教育，加强亲子陪伴，在阅读活动中相互促

进，父母与子女共同成长，养成良好的家庭阅读习惯。

5　结语

家庭是社会的单元，是国家发展、民族进步、社会和谐的基点。家庭阅读推广是贯彻落实习近平总书记"要提倡多读书，建设书香社会，不断提升人民思想境界、增强人民精神力量"重要指示精神的具体体现。图书馆具有传承文明、服务社会的使命，以及提供社会文化的义务，因此应紧跟社会发展需要，调整服务措施，为实现书香社会助力。

参考文献

[1] 邓杰明.浅谈公共图书馆法治化建设[J].图书馆工作与研究，2019（3）：62-66.

[2] 中华人民共和国家庭教育促进法[EB/OL].（2021-10-23）[2022-10-29].https://www.gov.cn/xinwen/2021-10/23/content_5644501.htm.

[3] 中国图书馆学会关于开展 2022 年全民阅读工作的通知[EB/OL].（2022-03-21）[2022-10-29].https://www.lsc.org.cn/cns/contents/1383/15456.html.

基于读者需求的公共图书馆报刊资源新媒体服务实证研究

龙 宇①

（广西壮族自治区桂林图书馆，广西 桂林 541002）

【摘要】通过调研国内公共图书馆有关报刊阅读推广服务的现状发现，目前公共图书馆存在服务形式单一、创新性不足、缺乏整体性和延续性等问题。本文对公共图书馆用户开展报刊阅读推广服务需求问卷调查，有针对性地开展线上与线下相结合的新媒体报刊阅读推广服务实践探索，并从近几年报刊阅读推广服务效益总结经验中，提出新媒体时代报刊资源阅读推广服务的可行性建议。

【关键词】公共图书馆；报刊资源；阅读推广

【中图分类号】G255.2　　　　　【文献标志码】B

1 引言

第十七至第十九次全国国民阅读调查显示，近年来，手机和互联网已成为我国成年国民每天接触媒介的主体。包括图书、报刊和数字出版物在内的各种媒介的综合阅读率逐年增长，纸质书和电子书人均阅读量小幅波动，纸质书的阅读时长在2021年有所增长，而纸质报刊的阅读时长和阅读量均逐年下降。目前，公共图书馆大力开展阅读推广服务，但以图书阅读推广服务为主，报刊阅读推广服务较少。以报刊为主的连续出版物具有传播媒介、普及知识、科研教学、社会教育及保存文化等作用[1]，应是公共图书馆阅读推广的重要组成部分。当前，网络知识泛在化，人们的生活节奏不断加快，大量读者转向数字化阅读，报刊资源更适合在碎片化的时间阅读。运用新媒体开展报刊阅读推广服务，增加报刊的利用率，应成为公共图书馆的重要工作之一，值得研究和探讨。

① 龙宇（1980—），男，硕士，副研究馆员，就职于广西壮族自治区桂林图书馆。

2　国内公共图书馆报刊阅读推广服务的现状及存在的问题

2.1　报刊阅读推广活动和学术研究相对较少

通过对国内一些省级、市级和县级公共图书馆实地调研发现，到公共图书馆阅读报刊的读者人数呈下降趋势，以退休人员为主，报刊阅读推广活动较少。用"阅读推广"分别与"连续出版物""报刊""报纸""期刊""杂志"作为检索词，在中国知网的篇名项和主题项进行检索，截至 2022 年 10 月 6 日，检索结果分别见表 1 和表 2。

表 1　篇名项检索结果

篇名包含 "阅读推广"	连续 出版物	报刊	报纸	期刊	杂志
检索结果/条	0	12	0	14	18

表 2　主题项检索结果

主题包含 "阅读推广"	连续 出版物	报刊	报纸	期刊	杂志
检索结果/条	14	92	26	259	75

通过进一步分析发现，实际研究报刊阅读推广的文献并不多。目前，报刊仍是部分群体的主要阅读途径，部分公共图书馆缺乏对当代报刊文化价值的判断，以及对读者阅读报刊需求的洞察，重书轻刊和重藏轻用导致报刊阅读推广工作没有得到重视，报刊资源未能积极融入公共图书馆全民阅读推广的大潮中[2-3]。高校图书馆对在校大学生开展期刊阅读推广实践和学术研究多于公共图书馆[4-7]，我国公共图书馆界亟待加强开展报刊阅读推广活动和相关学术研究。

2.2　国内线上报刊阅读推广服务的概况

2.2.1　网站是公共图书馆传统的线上服务阵地。通过访问包括广西壮族自治区桂林图书馆（以下简称"桂图"）在内的 32 个省级公共图书馆网站，截至 2022 年 10 月 20 日，各图书馆网站首页都设有统一的书刊检索口，能迅速检索到馆藏报刊，电子报刊或数字学术资源的入口链接主要是外购资源。上海图书馆等少数图书馆有自建资源，通常需要读者证登录后才能查看全文。广东省立中山图书馆在网站的主页设有电子期刊在线阅览链接，读者可以直接阅览推荐期刊的全文。有的图书馆开展馆藏纸质报刊网上推荐服务，吸引读者到馆阅览，如贵州省图书馆在网站主页《新书推荐》栏目设置了中文期刊和外文期刊的滚动链接，向读者推荐了16种中文期刊和28种外文期刊。陕西省图书馆在网站主页《资源中心》栏目的《馆藏特色资源》中设置了《民国报纸目录》，向读者提供了61种陕西报纸、99种陕西省外报纸和34种影印报纸的目录。

2.2.2 微信和微博是近年来公共图书馆报刊阅读推广服务的新趋势。通过监测32个省级公共图书馆的微信公众号，了解近年来各个公共图书馆微信公众号服务菜单和微信推文所提供的有关报刊的服务或宣传。各个公共图书馆微信公众号服务菜单栏基本提供了数字报刊资源的在线阅览服务。从2013年10月至2022年10月，在32个省级公共图书馆的微信公众号中，只有28个微信公众号发布推荐报刊的微信推文，表3为各个省级公共图书馆微信公众号首次推送报刊宣传的统计表。

表3　我国省级公共图书馆微信公众号首次推送报刊宣传的统计表

时间	排序	微信公众号	日期	推文标题
2014年	1	湖北省图书馆	2014-03-11	汽车时代，感受驾控乐趣：2014年报刊推荐第二期汽车类杂志
	2	重庆图书馆	2014-07-04	【6月】杂志有约
	3	山西省图书馆	2014-11-24	馆藏资源与服务
2015年	4	首都图书馆	2015-06-03	《数字资源推荐》栏目全新改版，你的数字影音志，更适合文艺的你！
2016年	5	浙江图书馆	2016-03-11	电子刊|Vista看天下（2016年第6期）
	6	河南省图书馆	2016-04-13	推荐|豫图最新期刊杂志
	7	上海图书馆	2016-06-16	微文堂|李世石和阿尔法狗已经相望江湖，更多思考仍在继续……
	8	广西壮族自治区图书馆	2016-07-07	2016/7/7馆藏好书推荐
	9	贵州省图书馆	2016-12-27	期刊推荐：世间唯美食与爱不可辜负
2017年	10	四川省图书馆	2017-08-09	报刊掠影．主题推荐（一）
2018年	11	海南省图书馆	2018-05-17	【微阅读-博看书苑】你的孩子闹书荒了吗？
	12	广西壮族自治区桂林图书馆	2018-07-04	【报刊精选】第一期：暑期推荐
	13	辽宁省图书馆	2018-07-19	【码上阅读】走进本届世界杯冠军，法国
	14	湖南图书馆	2018-08-01	湘图典藏了解《红军日报》，向军人致敬！
	15	南京图书馆	2018-11-09	南图荐读台|荐读台第一期："美之为美"

续表

时间	排序	微信公众号	日期	推文标题
2019年	16	陕西省图书馆	2019-03-01	盘什么最酷？在这里你可以盘世界！
2020年	17	吉林省图书馆	2020-02-15	宅家抗疫，期刊图书免费读
	18	广东省立中山图书馆	2020-04-09	线上听·爱，品读期刊｜悦听服务享不停！
	19	云南省图书馆	2020-04-28	期刊在线读｜足不出户知天下事
	20	新疆维吾尔自治区图书馆	2020-07-20	【微刊·悦读】必备时政新闻类大刊，让你足不出户广知天下事（一）
	21	山东省图书馆	2020-08-31	传承红色基因｜鲁图珍藏——《大众报》《群众报》
2021年	22	青海省图书馆	2021-01-18	数字悦读·数据库有奖问答｜创业就业期刊荐读
	23	黑龙江省图书馆	2021-02-02	【午间读刊】：中国人文名刊荐读（第01期）
	24	安徽省图书馆	2021-07-08	党史主题杂志推荐｜不忘初心，牢记使命，砥砺前行！
2022年	25	甘肃省图书馆	2022-03-20	冬奥过大年　春绿玉门关｜刊海拾珠第一期"回顾冬奥"
	26	内蒙古图书馆	2022-07-12	【内图期刊推荐】经典期刊阅读季01
	27	宁夏回族自治区图书馆	2022-07-15	红色故事绘——"四史"上的今天｜今日推荐《二访牛秀秀》
	28	西藏自治区图书馆	2022-08-12	书香抗疫｜做一个"知食分子"吧！——美食类电子期刊线上推荐活动

　　注：此表采集各个省级公共图书馆微信公众号内容中有具体报刊名称的推荐，包括数字或纸质报刊资源推荐，不含数据库使用介绍，活动预告，讲座、展览宣传，图书推荐，馆办刊物推荐，新闻报道，以及转载的非原创推文，等等。由于各图书馆的推文数量较多，本次调研可能存在遗漏，仅供参考。此外，湖北省图书馆在2014年1月27日之前的报刊推文无实际内容，不作为参考。

　　通过进一步分析各个省级公共图书馆微信公众号报刊推荐的内容、特点、服务效益及推送频率等情况发现，目前国内公共图书馆在微信推荐报刊资源以馆藏纸质报刊和外购数字报刊为主，除个别图书馆仅发布一两期推文外，其余图书馆推文频率为每周一期或每月一期，或不定期，内容从最初的简单图文介绍到详细的文案配动态图片、音乐及相关视频，由几家图书馆自发的零星服务逐步发展成多家图书馆相互学习和借鉴，推文阅读量和点赞数量均有所增加。各图书馆也不满足于受数据供应商的内容限制，希望走出自己特色的报刊推广之路。微信推荐报刊资源已经开始逐步得到业界的认可和重视。

在微信公众号推荐报刊资源的部分图书馆，在新浪微博上也推荐了报刊资源。其中，重庆图书馆、陕西省图书馆等在微博上的报刊推荐有别于在微信上的报刊推荐，微博上的报刊推荐经常变换形式，内容比较丰富、有新意，阅读量较高。虽然个别图书馆将微信上的报刊推荐直接转发到微博，但因两个平台的特点不同，用户喜好也不尽相同，未获得理想的宣传效果。

2.2.3 抖音、哔哩哔哩等新媒体平台的报刊阅读推广服务仍需探索。近年来，以抖音为代表的短视频平台用户的数量持续增加，公共图书馆开始重视短视频显著的传播效应，陆续开通抖音官方账号，发布图书馆宣传、阅读推广、通知公告、工作日常等作品[8]。截至 2022 年 10 月 9 日，32 个省级公共图书馆仅有个别图书馆未开通抖音账号，开通抖音账号的图书馆只有少数开展报刊阅读推广服务，其中重庆图书馆和陕西省图书馆发布推荐报刊的视频点赞数较高。一些公共图书馆虽然积极利用抖音平台开展阅读推广工作，但缺乏对报刊资源的宣传推广，内容与形式也需要加强和创新。从读者的角度来看，一些新颖的题材，哪怕简简单单的几个镜头，只要能引起共鸣，也会掀起一波流量高峰，但如果没有实质的内容，将不会再有观看的热情。抖音是个很好的宣传互动平台，有着众多的用户群体，氛围比较活跃，图书馆应该契合抖音推广形式的特点，持续发力，提高服务效益。

哔哩哔哩是中国年轻一代高度聚集的文化社区和视频平台，吸引大批专业科研机构和高校入驻。在哔哩哔哩搜索用户名包含"图书馆"的账号，将粉丝数由高至低排序，发现公共图书馆寥寥无几，大多数账号是名称含"图书馆"的自媒体用户。在为数不多的省级公共图书馆账号中没有发现关于报刊阅读推广的内容，说明目前哔哩哔哩是一个亟待公共图书馆开辟报刊服务宣传的阵地。

2.3 国内公共图书馆报刊阅读推广服务存在的主要问题

通过上述调研发现，虽然目前国内公共图书馆逐步加强了报刊阅读推广服务，但除学术研究较少、线上线下的活动不多之外，还存在几个突出问题。例如，服务形式比较单一，有的图书馆侧重线下活动，有的图书馆只有线上活动，没有形成线上线下联动开展服务；有些微信推文长期套用一个模板，创新性不足，导致读者的体验从眼前一亮到逐渐失去兴趣；有的推文则像是为了完成任务，累计发布几条甚至只发布一条报刊推荐，未能根据读者需求长期提供服务，且多数读者是被动接受信息，参与性不强，缺乏互动的渠道。再往深层次剖析不难发现，这是缺乏细致的研究、合理的规划和明确的目标，以及应有的人员配置，导致报刊阅读推广服务缺乏整体性、延续性和创新性。因此，我国公共图书馆界亟待加强开展报刊阅读推广活动和相关学术研究，做好阅读导向工作，将期刊中分散的信息资源形成系统知识，对隐含信息之间的联系进行揭示并为读者服务[9]。通过增加期刊资源，加大宣传力度，调动多方力量，发挥期刊特点，丰富阅读推广活动来吸引读者参与[10]。探索在新媒体语境下的推广方式，做好内容挖掘，展示资源特色；紧跟热点时机，拓展宣传方式；借助媒体转发，扩大宣传范围[11]。

3　公共图书馆报刊阅读推广服务的用户需求调查与分析

为了更好地解决上述问题，有针对性地提供服务，桂图采用线上线下相结合的方式向本馆用户发放调查问卷，共 31 个问题，内容涉及年龄结构、文化层次、职业类型，以及阅读报刊的行为特点、需求、爱好等方面，回收有效问卷 195 份。

3.1　用户的基本情况

调查对象男女用户比例均衡，女性占比稍高，占所有用户的 54%。覆盖年龄段比较完整，从 18 岁以下的未成年用户到 81 岁以上的高龄用户均有覆盖，其中 19～40 岁的青年占 58%，是新媒体用户的主流人群。常住地以市区为主，占比为 74%。从低学历的学生到高学历的研究人员均有覆盖，本科学历近半数。职业类型覆盖面广泛，有来自各行各业的人群，以企事业员工和学生为主，中低收入和中低职称占多数。

3.2　用户利用报刊知识的情况

3.2.1　获取报刊资源的途径。用户获取报刊资源的主要途径是通过互联网搜索以及到图书馆阅读，部分用户通过自媒体、专门的应用程序及自己订购，少数用户通过他人赠送或其他方式获取，说明用户获取报刊资源的途径是多元化的。

3.2.2　阅读报刊的方式。用户主要使用移动设备以及到图书馆阅读报刊，部分用户喜欢在电脑上阅读，少数用户到报刊亭或通过其他方式阅读，说明多数用户对传统和新媒体的阅读方式均认可，同时注重便捷性。

3.3　喜欢不同报刊内容的用户特征

在用户比较喜欢的报刊内容中，新闻时事、政治法律、军事类占 56%，主要是 40 岁以上的男性用户；影视、音乐、艺术、文艺类占 45%，以 19～60 岁之间的女性用户居多；科学技术、专业知识、学术理论、教育类占 40%，以学习型、事务型、技能型、研究型用户为主；诗歌、文学、小说类占 38%，年龄和职业分布较为均衡；休闲时尚、动漫娱乐、旅游类占 38%，以 40 岁以下年轻人为主；医药卫生、饮食、健康养生类占 28%，以老年用户居多；运动、体育、健身、棋艺类占 27%，以男性用户居多；思想理论、哲学、宗教、社会科学总论类占 24%，以高学历的学生、教师、公务员居多；金融经济、投资理财类占 22%，以中老年用户居多；农林畜牧业、环保安全类占 7%，以农民和企事业员工居多。

3.4 用户对桂图报刊阅读推广服务体验的反馈

用户可以通过桂图的微信、网站、图书馆员指导，以及熟人介绍等多种途径了解桂图报刊资源，对报刊阅读推广服务工作的满意度为 96%。多数用户在使用报刊资源遇到问题时，十分珍惜时间成本，希望尽快得到解决。

3.5 用户对开展新媒体和其他形式报刊阅读推广服务的需求

超过半数用户关注在桂图微信推送的报刊推荐，并希望优化版面形式，提供全文和更丰富的内容。绝大多数用户希望开展报刊资源讲座，并对图书馆有限提供纸质或电子版文献全文持开放态度，其中 78% 的用户持肯定的态度，还有 12% 的用户认为在图书馆开放获取服务与对知识产权保护问题方面有待商榷，这也是图书馆界一直在探索的焦点。在不侵权的前提下尽量为用户争取利益最大化，提高文献利用率，这是图书馆的责任。

3.6 用户对报刊阅读推广服务的建议

很多用户提出了宝贵的意见和建议，真实反映了他们的迫切需求，剔除一般性表扬、无效内容及与报刊阅读推广服务无关的建议后，用户的建议主要集中在宣传方式、服务内容和服务形式 3 个方面，为报刊阅读推广服务的改进厘清了思路，明确了方向。

4 报刊阅读推广服务的实践探索

为指导广大读者利用好报刊资源，提高人们的阅读兴趣，桂图以新馆开放为契机，从顶层设计作了工作部署，以改变报刊部门被动服务的传统方式。如将图书馆学、档案学、环境科学、机电工程、计算机、艺术设计等学科背景的中青年力量充实到报刊部的各个岗位；在掌握基础业务工作的同时，加强对馆藏纸质报刊和外购数字化报刊资源的深度挖掘，与全馆各部门及社会各界一起积极探索创新线上线下服务形式，提供各类实用的信息知识服务，满足读者的多种阅读需求。

4.1　优化阅读环境，持续开展主题丰富的报刊推荐服务

公共图书馆的报刊阅览室报刊种类繁多，尽管按照科学的分类排架，读者往往还会迷失在书海里。桂图在线上线下及时更新馆藏报刊的分类目录，开辟主题阅读专席，推荐不同主题类型的报刊，如政治法律、影视娱乐、运动健身、文学小说、金融经济、休闲时尚、旅游出行、文化教育、艺术赏析等，更好地展示了馆藏资源，增加了到馆读者捕获到个人偏好资源的机会。针对老年读者的阅读需求，挑选时政新闻、国防军事、家庭生活、健康养生、医药卫生类报刊充实到老年读者阅读专区，方便老年读者取阅。

从2018年下半年开始，桂图按主题收集和展示各种报刊登载的部分精华内容，同时介绍各类报刊资源，开展微信推荐报刊服务，吸引读者到馆阅览纸质报刊，或在线阅览数字报刊。2020年疫情防控期间，加强线上服务力度，结合各类重要时间节点和时事热点进行报刊宣传与阅读推广，形成"报刊精选""热点资讯"等主题多样的报刊阅读推广系列服务。近两年持续丰富微信推文的内容，探索通过文学分享、信息素养、艺术赏析等专题服务推荐报刊。截至2022年10月，共向读者发送报刊推荐和相关服务宣传100多期。

4.2　开展特色服务，运用新媒体积极宣传

为使读者了解报刊的发展历史和重要作用，桂图联合桂林市图书读者协会共同举办了"报刊阅读沙龙"活动。活动邀请了桂林市电视台、桂林市教育局及部分高校和小学的嘉宾，与来自多个中小学的读者家庭畅谈。读者们相互交流，深刻体会到报刊在我国政治经济发展和社会文化变迁中的重要性[12]。

2022年第27个世界读书日，桂图以"阅读桂林"为主题，开启首届阅读节活动，线上线下推出了内容丰富、体验新颖的阅读活动[13]。其中，"喜阅·报刊挖宝"答题、"桂林知多少"信息检索、桂林诗词朗读等主题活动，使读者了解各类报刊资源和查阅方法[14]，指导读者掌握信息检索技能，提高文化品位、放松心情、开阔眼界，帮助广大读者发现阅读的乐趣。阅读节的活动吸引了众多读者的参与，为桂图的微信、微博、抖音等新媒体平台吸引了大量读者用户，文旅中国等多家媒体对活动进行了相关报道，获得了社会的广泛关注。

4.3　将报刊阅读推广服务融入全馆的各类数字化服务中

近几年，桂图根据读者需求，将报刊阅读推广服务融入全馆的各类数字化服务中。例如，设计制作涉及时政民生、财经管理、党政军事、养生保健、旅游文化等内容的电子报刊宣传折页为"两会"服务，并详细介绍了使用方法，"两会"委员

用微信扫描二维码即可在线阅览相应的电子报刊，便捷地获取权威信息。2021年，桂图从3 000多种党政军类电子书刊中挑选出近百种红色书刊，充实桂图红色专题网页内容。桂图"走读广西"微信小程序增加了包括桂林在内的广西多地文化旅游与红色资源，读者可以从这些页面中点击链接，在线阅读相应的电子期刊文献，桂图以丰富的线上特色资源迎接建党100周年。

4.4 桂图报刊阅读推广服务效益分析

4.4.1 桂图新馆纸质报刊阅读推广服务效益分析。桂图新馆于2017年正式对外开放，2018—2021年新馆的期刊外借人次和外借册次总体呈上升趋势，虽然2020年受疫情的影响，有所回落，但仍然高于2018年。2018—2021年，桂图人均借阅册数出现小幅波动，但在疫情防控常态化期间逐步增加。通过对2018—2021年新馆报刊阅览室的服务人次和流通报刊册次分别与上年进行逐年对比发现，2018年这两项数据仍有所下降，通过开展新媒体报刊推荐后，2019年明显增长，但2020年因疫情闭馆数月，导致服务人次与流通报刊册次再次减少。尽管如此，桂图仍然坚持开展各种报刊阅读推广活动，在2021年吸引了更多读者到馆阅览报刊，流通报刊册次较2020年增长了94.67%。通过上述分析表明，桂图的线上线下报刊阅读服务在扭转报刊读者人数下降方面起到了一定的作用，流通报刊册次也相应增加。

4.4.2 数字报刊阅读服务效益分析。某数据供应商为桂图提供的数字报刊，可以通过微信端、APP端、PC端和馆内触摸屏4种方式供读者阅读，桂图在微信公众号指导读者使用该资源，并为读者推荐不同主题的报刊，读者点开封面图片即可链接到相应报刊阅读全文。2018—2021年，桂图在该数据库的用户人数逐年增加，除馆内触摸屏受疫情期间到馆人数下降的影响外，另外3种线上服务的点击量显著提高，阅读时长也相应增加。

再从桂图微信推荐过的报刊中随机选择22种报刊，分别对疫情前和疫情防控期间不同时期的每月点击量进行微观服务效益观察。数据显示，22种报刊在桂图微信推荐当月的点击量均处于波峰，往前数月点击量没有规律，往后数月点击量基本呈现出每月递减的规律，这说明桂图微信推荐报刊当期的内容比较容易受读者关注。

综合上述分析，在线上阅览数字报刊已经成为越来越多读者的习惯，桂图运用新媒体开展报刊阅读推广服务，为读者足不出户提供了阅读便利，达到了预期效果。

4.5 报刊资源阅读推广服务经验

单纯的线上推荐报刊不能完全满足读者的需求，还需要切实的线下服务才能为读者带来更好的体验，优质的线下活动再经过新媒体的大力宣传，才能发挥更积极的作用。例如，在世界读书日、全民读书月、服务宣传周或各类节假日等时间节点开展丰富的线上线下活动，可以提高读者黏度，激发他们的阅读兴趣，再经新媒体广泛宣传，会吸引更多读者到馆参与活动。桂图报刊资源通过线上线下推广活动取得了良好的效果，新媒体阅读推广从报刊推荐、活动宣传向艺术赏析、知识分享、信息服务等方面扩展，纸质报刊的利用率逐步增加，数字报刊的点击量大幅提升，服务成效逐步显现。优质的新媒体原创内容更受读者青睐，在疫情发生后到馆读者数量明显减少的情况下，数字报刊成了继续为读者提供阅览服务的更好选择。

5　新媒体时代公共图书馆报刊资源阅读推广的可行性建议

近年来，公共图书馆的报刊资源阅读推广研究较少，但在实际工作中不应被忽视。当前，公共图书馆阅读活动未能满足读者的实际需求，活动效果不显著，无法充分激发读者的阅读兴趣[15]。公共图书馆应针对读者需求，强化履行使命的能力，充分利用新媒体提升报刊阅读活动的效果。

5.1　坚持正确导向，明确服务目的，开展均等化服务

公共图书馆在报刊阅读服务中存在的各种问题，导致有些图书馆不了解读者的需求，提供的服务不尽如人意；有些图书馆同质化严重，没有自己的特色和方向；有些图书馆的服务内容虽然很好，但是传播效果不佳，容易产生自我否定。归根结底是由于缺乏明确的目的，未能制订合理的服务规划和执行有效的服务措施，无法准确评估服务效益所造成的。因此，明确报刊服务的目的至关重要，建议各级公共图书馆以阮冈纳赞的图书馆学五定律作为指导，明确各自的服务目的。首先，应不断优化馆藏资源，根据自身职责和馆藏特色，结合读者的需求制定相应的服务策略和预期目标，才能有的放矢。其次，细分目标用户群体，以年龄层次、职业类型、常住地点或一些特定属性，以及各种需求特点作为区分依据，区分越细致，就越能精准服务，获得实效，即便是小众的内容也会有其需求群体。再次，运用新媒体、新技术创新传播手段，坚持正确的舆论导向，弘扬主流文化，开展形式多样、内容精彩的服务，发挥图书馆的传播力、引导力、影响力和公信力。最后，通过科学和专业的评估方法，掌握真实的服务效果，不断改进服务。报刊种类繁多、内容量大、出版周期短、时效性强，是整个社会的缩影，不同报刊追求的文化内涵大不相同。根据《中华人民共和国公共图书馆法》均等化服务的要求，为各类需求的读者提供服务。因此，不能只关注热门报刊的阅读推广，而应尽量让馆藏的每种报刊都

发挥作用，才能从整体上起到阅读推广的长远效果[16]。图书馆员在长期坚持传播信息资源的同时，与读者一起不断开阔眼界，提高政治觉悟，丰富科学文化知识，提升文学艺术修养，增强管理能力和服务水平，使图书馆与用户共同成长。

5.2　充分发挥新媒体优势，提供高效、优质的报刊阅读推广服务

第 49 次《中国互联网络发展状况统计报告》显示，截至 2021 年 12 月，我国网民规模达 10.32 亿，互联网普及率为 73%，其中农村网民占 27.6%，城镇网民占 72.4%；手机网民占 99.7%。短视频用户 9.34 亿，占整体网民的 90.5%。网络新闻用户 7.71 亿，占整体网民的 74.7%，网民人均每周上网时长为 28.5 小时[17]。可见，运用新媒体服务的优势在不断扩大，能够对以手机上网为主的城镇和农村网民产生影响。短视频的形式越来越受到认可，以新闻为主的内容更受欢迎，公共图书馆需要仔细研究如何把服务渗透到网民平均每天 4 个多小时的上网时间里。

微信、微博有庞大的用户基础，微信的各种接口和小程序方便、灵活，能够提供较全面的服务，很多读者已养成微阅读的习惯。公共图书馆微信、微博的服务比较成熟，报刊阅读推广服务应坚持以人为本、旗帜鲜明、特点突出、言之有物，准确揭示报刊资源，传播信息知识。微信的推文次数有限，尤其是服务号，有些图书馆每期均须集齐各部门的内容才能统一推送，适合有统一规划的阵地宣传。微博方便、灵活，发布次数不受限制，可对突发热点进行临时宣传。通过长期坚持和不断改进，发布更多的原创作品，打造具有特色的服务品牌，能发挥良好的效益。对于尚未开展报刊阅读推广的公共图书馆，可以根据当前热点从新闻类报刊着手进行宣传。

随着短视频的影响力不断扩大，各种正规机构、新闻单位都已进驻短视频平台。抖音等平台在算法的加持下，克服了微信粉丝只能定向被动接受的缺陷，将视频按类型推送给感兴趣的用户。报刊资源具有连续性、及时性、新颖性、广泛性、容纳性、现实性、市场性，以及有固定读者对象等特点，报刊管理部门应打破传统观念，与时俱进，更高效地发挥馆藏资源的作用。通过了解抖音用户画像、传播规律和内容调性，明确账号的定位，就会精准获得粉丝[18]。风格统一的抖音界面体现出舒适、清爽的视觉效果，配合引人入胜、言简意赅的标题，更能吸引用户，有利于推广。

5.3　持续培养具有创造力的智慧馆员，发挥人才专长，形成新媒体宣传产品线

国际图书馆协会联合会发布的 2021 年版《国际图联趋势报告》指出，在技术飞速发展的时代，图书馆员要适应流行文化，掌握与时俱进的新技能，才能适应图

书馆的转型。我国公共图书馆普遍缺乏专业阅读推广人员，有的临时抽调人员组成活动负责小组，或者由流通部人员兼职开展工作，设置有阅读推广部门的，活动效果也受馆员的专业素养影响[19]。公共图书馆可以将报刊服务融合到全馆的新媒体服务中，并通过业绩考核或课题研究的形式具体落实，发挥所有馆员的力量，持续培养具有创造力的智慧馆员，鼓励各部门喜爱阅读报刊和有相关专长的人员共同参与。例如，由运维人员持续关注新媒体动态，及时了解各个新媒体平台的规则变化情况；由报刊管理人员对敏感性新闻及各种时事热点进行跟踪，收集、整理资料；由写作功底扎实的馆员撰写各种文案、推文或编写剧本，由形象好、气质佳、发音标准的馆员出镜表演；短视频的摄影、摄像和后期制作工作由本馆的行家里手来完成，形成自有的新媒体宣传产品线；最后经业务部门审核，并发布在各个新媒体平台，形成传播矩阵，扩大影响力。

5.4　积极探索创新活动形式，充分调动用户参与的积极性

新媒体时代需要结合线上线下开展服务，才能达到"拉新""留存""促活"的良性循环[20]。图书馆应深入了解读者的实际需求，细心挖掘报刊中蕴含的信息知识，从普通报刊推荐向传播优秀内容发展，把新时代的主流导向生动地呈现出来。针对不同群体推出个性化服务，如以家庭为对象，拓展套餐式服务，为"老中青少"等家庭成员推荐相应年龄段比较受欢迎的各类报刊和信息知识。分析不同类型读者的特点，开展阅读沙龙、知识竞赛等活动，增加读者的互动性，提高读者参与的积极性。报刊管理人员的学识和精力有限，在对各种知识进行分析和整理的同时，应充分发挥读者的兴趣爱好和创造力，促进报刊阅读推广服务的开展。如开展读者推荐报刊的短视频或直播活动，既能施展读者的个人才华和艺术魅力，迎合当下的热门社交潮流，又能吸引不同平台的用户关注图书馆，报刊资源通过人们喜闻乐见的形式进行传播，聚集人气，使图书馆获得更大的社会影响力。

6　结语

公共图书馆报刊阅读推广关键在于明确推荐资源的特性，用适合目标用户的表达方式呈现出具有吸引力的内容，选择相应的媒介做出精准投放。新媒体覆盖人们生活的方方面面，很多平台都拥有各自庞大而忠实的用户群体。公共图书馆应选择优质平台开辟服务阵地，根据平台的属性和用户特点，坚持正确的政治方向，弘扬优秀传统文化，创新服务方式，提供优质的报刊服务，推动全民阅读，更好地满足人民精神文化需求，为建设社会主义文化强国再立新功[21]。

参考文献

［1］赵燕群.连续出版物工作［M］.北京：北京图书馆出版社，2001.

［2］丁轶.公共图书馆报刊工作融入全民阅读推广的实践与思考［J］.晋图学刊，2017（6）：37-42.

［3］侯冰香.公共图书馆报刊工作融入全民阅读推广的思考［J］.传媒论坛，2018，1（24）：147-149.

［4］聂倩莲.高校图书馆期刊阅读推广服务策略研究［J］.图书馆工作与研究，2017（S1）：14-18.

［5］叶琦，周月琴.籍名家影响推广期刊阅读的实践［J］.医学信息学杂志，2014，35（6）：82-85.

［6］吕悦，倪胜.期刊借阅流通统计对于医院阅读推广的参考价值：以广西医科大学附属口腔医学院图书馆为例［J］.中国中医药图书情报杂志，2017，41（6）：48-51.

［7］李静，朱心琪，严映芳.高职图书馆的期刊阅读推广实践：以宁波卫生职业技术学院图书馆为例［J］.河南图书馆学刊，2015，35（10）：74-76.

［8］孙雨，陈凤娟.公共图书馆"抖音"短视频服务现状及发展策略研究［J］.图书馆工作与研究，2021（1）：85-94.

［9］徐海波，高丽平，张云哲.网络环境下的期刊阅读导向工作［J］.内蒙古科技与经济，2013（2）：139，141.

［10］郝天晓.利用期刊载体开展阅读推广活动的新思考：以吉林省图书馆"阅读在身边"系列活动为例［J］.情报探索，2013（6）：103-105.

［11］吴赢雨.新媒体语境下的近代数字资源推广方式初探：以上海图书馆《全国报刊索引》微信公众号运营为例［J］.新闻研究导刊，2019，10（6）：237-238.

［12］广西壮族自治区桂林图书馆.我馆与桂林市图书读者协会共同举办"报刊阅读沙龙"活动［EB/OL］.（2021-08-04）［2022-05-05］.http://202.103.241.70:4237/UserCenter/usercenter?nodeid=20090317170409&querytype=3&viewjbid=55555555555555&treeid=20081107150858&bibid=20210804155948&deptid=00000000000000.

［13］文旅中国.公共｜广西桂林图书馆首届阅读节开启［EB/OL］.（2022-04-24）

［2022-05-05］.https://share.ccmapp.cn/shareDetail?action=opendetail%3Brichtext%3B6265218780f4000007037d64.

［14］广西日报－广西云客户端.多元化传播丰富的优质资源｜桂林图书馆首届阅读节开启［EB/OL］.（2022-04-24）［2022-05-05］.https://resource.cloudgx.cn/files/gxapp/News/202204/24/880248.html?isshare=1&_t=1650816868.

［15］范九江，李桂华.公共图书馆阅读活动价值及效果研究［J］.国家图书馆学刊，2019，28（6）：42-53.

［16］阮健英.阻碍馆藏期刊阅读推广负面因素撷谈［J］.图书馆工作与研究，2016（3）：102-106.

［17］中国互联网络信息中心.第49次《中国互联网络发展状况统计报告》［EB/OL］.（2022-02-25）［2022-04-10］.https://baike.baidu.com/item/%E4%B8%AD%E5%9B%BD%E4%BA%92%E8%81%94%E7%BD%91%E7%BB%9C%E5%8F%91%E5%B1%95%E7%8A%B6%E5%86%B5%E7%BB%9F%E8%AE%A1%E6%8A%A5%E5%91%8A/8278359?fr=aladdin.

［18］郭逸群.融媒时代抖音图书营销策略探析［J］.新闻世界，2020（7）：93-96.

［19］陈剑晖.公共图书馆阅读推广的困境与创新：以广东省立中山图书馆"中图悦读会"为例［J］.四川图书馆学报，2017（4）：70-73.

［20］任运月，李桂华.图书馆阅读推广活动运营策略及运用现状研究［J］.国家图书馆学刊，2019，28（6）：21-30.

［21］中国政府网.习近平给国家图书馆老专家的回信［EB/OL］.（2019-09-09）［2022-03-05］.http://www.gov.cn/xinwen/2019-09/09/content_5428594.htm.

说明： 本文系广西壮族自治区桂林图书馆2018年科研课题项目"新媒体时代连续出版物的读者阅读推广研究"（项目编号为GTKT201803）成果之一。

"双减"政策背景下公共图书馆中小学生阅读推广创新策略探究

——以玉林市图书馆为例

李健民①

（玉林市图书馆，广西 玉林 537000）

【摘要】"双减"政策的推行落地为公共图书馆开展面向中小学生的阅读推广活动带来了新的发展契机，面对新形势下中小学生读者群体阅读需求的变化，公共图书馆应当在夯实原有阅读推广工作的基础上进行创新。本文通过介绍玉林市图书馆在开展中小学生阅读推广活动中的馆校协作、社会合作及美育性提升方面的活动背景、实践探索、面临困境等，探析公共图书馆在"双减"政策背景下开展阅读推广活动的新路径，为公共图书馆创新阅读推广服务提供借鉴。

【关键词】"双减"政策；阅读推广；公共图书馆

【中图分类号】G252.1 **【文献标志码】**B

1 背景

党和政府对全民阅读工作高度重视，党的二十大报告明确提出要"深化全民阅读活动"，2023 年政府工作报告指出，深入推进全民阅读。自 2014 年以来，"全民阅读"连续 10 年出现在政府工作报告中，说明其具有十分重要的战略地位。公共图书馆作为全民阅读的主要阵地，具有社会教育职能，是中小学生课外阅读的重要场所。

2021 年 7 月，中共中央办公厅、国务院办公厅印发《关于进一步减轻义务教育阶段学生作业负担和校外培训负担的意见》[1]（以下简称"双减"政策），"双减"政策的出台与实施受到了全社会的广泛关注。"双减"政策明确要求，学校和家长要引导学生科学地利用课余时间，开展适宜的体育锻炼，鼓励学生参与阅读和文艺

---

① 李健民（1978—），男，本科，国家三级演员，就职于玉林市图书馆。

活动；拓展课后服务渠道，充分利用校外资源，发挥好当地少年宫、青少年活动中心等社会活动场所在课后服务中的作用。

随着"双减"政策的推行，学生得以卸下繁重的课业负担，拥有了更多可以自主支配的课余时间，随之而来的便是文化产品和服务等相关教育资源的需求激增，"双减"政策不仅为教育行业带来了深度变革，还为公共文化领域带来了新的发展机遇。在全民阅读环境的驱动下，公共图书馆如何满足"双减"政策落地后中小学生的阅读需求，全力提升中小学生阅读推广服务工作，已成为一项重要的课题。

2 "双减"政策背景下公共图书馆开展中小学生阅读推广的意义

2.1 "双减"政策的出台为中小学生阅读推广的有效开展提供广阔的空间及有利的契机

公共图书馆不仅是推动和实现全民阅读的主要力量，还在全民阅读中具有重要的引领作用。"双减"政策的颁布在最大程度上保障了中小学生的课余阅读时间，公共图书馆作为具有社会教育职能的公益性机构，其育人目标与学校具有高度一致性，通过馆校协同的方式整合创新中小学生阅读推广活动，拓宽学生"第二课堂"边界，不仅能够提高社会影响力，还能有效提升中小学生阅读素养，充分培养其科学思维与创新能力。

2.2 "双减"政策的实施有助于公共图书馆阅读推广活动品质的提升

"双减"政策的落地让中小学生享受更多自主支配的时间，有更多机会走进图书馆阅读自己喜欢的书籍。公共图书馆作为开展阅读推广活动的重要场所，既要满足学生多元化、个性化的需求，还要不断丰富阅读推广活动的内容，创新活动方式，从而提升阅读推广活动的整体品质，满足社会对公共图书馆提供社会效益及价值的期待。

2.3 "双减"政策的实施为公共图书馆深挖特色资源及提升应用价值提供助推力

公共图书馆作为文化信息的中心，体现了文化的积淀、文化的教育与传播，以及文化的创新、研究和教育，具有极其重要的社会教育与促进阅读的职能[2]。中小学生阅读推广活动能够有效促进学生阅读兴趣的培养与提高，对其终身学习能力的养成及社会适应力的提升大有裨益。在"双减"政策的助推下，公共图书馆通过挖掘馆藏资源，与学生持续增加的阅读及教育需求相结合，为全民阅读工作的深入开展与推进进行实践和探索。

3 "双减"政策背景下玉林市图书馆中小学生阅读推广服务的实践探索

玉林市图书馆是国家一级图书馆,近年来先后获得中国图书馆学会授予"全民阅读示范基地",以及第二届广西壮族自治区服务业品牌、广西壮族自治区第十六批文明单位和广西公共文化服务体系建设先进集体、记集体二等功等荣誉称号。在"双减"政策出台后,为了让更多中小学生充分利用课余时间走进图书馆、利用图书馆,玉林市图书馆开展了一系列中小学生阅读推广服务的实践探索,立足于现有的馆藏资源优势及品牌活动,以传承中华传统文化为主线,积极落实"强国复兴有我""我为群众办实事"等主题要求,结合中小学校的需求,开展了"走读广西 阅享玉林"走进图书馆阅读推广、"绘享童年 相伴成长"亲子绘本故事会等系列阅读推广活动,服务读者近 8 000 人,活动得到了《玉林日报》《玉林晚报》、玉林市电视台的 50 余次报道,为推动全民阅读、践行社会主义核心价值观贡献力量。

3.1 馆校协作形成合力,开展个性化阅读推广活动

在"双减"政策大背景下,学校对拓展学生"第二课堂"的需求强烈,玉林市图书馆积极与玉林市东环小学、古定小学、旺瑶小学等中小学建立联系,共同拓展阅读服务,并结合学校的不同诉求,组织多种形式的阅读推广活动。一是组织学生定期到图书馆开展"走读广西 阅享玉林"走进图书馆阅读推广系列活动,通过参观图书馆,了解图书馆资源概况及服务,实地参与图书馆员职业体验实践,体验阅读氛围,激发阅读兴趣。二是根据不同学校对红色历史文献、中国传统节日文化、社会主义核心价值观等各类主题教育的需求,在现有馆藏文献资源内容挖掘的基础上,结合图书馆知识普及,开展阅读推广活动,通过少儿读书会、亲子故事会、阅读挑战赛等多种形式,为不同学校量身打造拓展课堂。三是将图书馆阅读推广服务带进中小学校园,开展以"全民阅读进校园"为主题的系列活动,将优质图书赠送给博白县、北流市等基层小学,在校园里开展阅读分享会、阅读书目推荐指导的活动。此外,玉林市图书馆还依托粤剧《朱锡昂》开展"戏曲党课进校园"活动,先后走进玉林市锡昂中学、玉林市育才中学、玉林师范学院附属中学、玉林高中、玉林市第一职业中等专业学校、田家炳中学、玉林市第十一中学、玉林财经学校、玉林市实验中学等 9 所学校,现场观看戏曲党课的师生达 6 500 多人。

3.2 开展社会合作,发挥志愿者作用

在面向中小学生的阅读推广活动中,玉林市图书馆进行了各类拓展社会合作的有益尝试,积极搭建社会文化网络,通过引入本地高校专业文化志愿者团队及美术培训机构等文化志愿团队力量和社会机构力量,形成优势互补、合作共赢。

　　玉林市图书馆拥有丰富的馆藏资源及读者资源，而玉林师范学院作为玉林市本土高校，在科研能力、教育教学中具有极大优势，二级学院玉林师范美术与设计学院下设南桂匠行等文化志愿者服务团队，结合玉林地域的民族特色和优势拓展相关的文化志愿服务，华夏义工团队作为玉林市本土非营利性公益组织，经过10余年发展已粗具规模，形成了一支由200余名志愿者组成的服务团队，长期坚持服务孤寡老人、留守儿童等弱势群体。玉林市图书馆通过与本地高校文化志愿团队、本地义工协会团队联动开展阅读推广活动，针对中小学生阅读兴趣及阅读资源内容进行活动内容的延伸与活动形式的创新，如在绘本阅读中融入手工黏土制作、绘制团扇、体验本土特色技艺等，极大地增强了活动的趣味性与创造性，提升了专业度及活动覆盖面，加强了本土文化的创新与融合。

3.3　多种举措提升阅读推广活动的美育性

　　中国现代化教育目标是培养德智体美劳全面发展的社会主义建设者，美育教育已成为现代教育的重要组成部分[3]。公共图书馆在开展美育教育活动中具有极强的优势，拥有丰富的藏书及文献资源，包括各类主题绘本、本土古籍、手稿真迹等审美文化资源，是开展学生审美教育的重要载体。玉林市图书馆非常重视提升阅读推广活动的美育性，不断挖掘馆藏资源，在面向中小学生的阅读推广活动中融入各类美育主题，引导中小学生感受美、发现美。从2017年起，玉林市图书馆开始推广绘本阅读，每周末坚持开展"绘享童年　相伴成长"亲子绘本故事会系列活动，至今已开展了百余场，由专业图书馆员根据权威书目及馆藏资源制作符合本馆情况的讲读绘本书目，充分结合中国传统文化知识、历史知识及岭南地域文化等各类主题，选择内涵隽永、艺术价值高的绘本进行讲读，在绘本讲读之余，还根据参与活动的中小学生的年龄及兴趣，结合开展古籍装帧、"非遗"工艺体验等各类美育活动，极大地提升了阅读推广活动的美育性。

　　在文化旅游融合发展的背景下，以研学方式开展阅读推广活动已成为一个重要方向。玉林市图书馆从2020年开始开展"走读广西　阅享玉林"系列活动，活动充分发挥玉林市图书馆馆藏资源及玉林市民俗文化、健康休闲、侨乡美食等特色文化旅游资源优势，将党史学习、红色文化、清廉文化等主题教育融入活动全过程，如2021年开展了党旗高高飘扬——广西人游广西·走读新时代乡村振兴之旅，带领小读者们实地"走读"红色精品路线，到玉林市玉州区鹏垌村体验八音展演、茶泡制作等国家级、自治区级非物质文化遗产；在北流大容山红色教育基地开展"红色经典及家风家训诵读会"，感悟激发奋进力量；在三环陶瓷小镇实地参观北流陶瓷制作技艺，品读陶瓷之美。2022年，玉林市图书馆开展了"走读广西阅享玉林"——岭南农耕文化研学实践活动，带领小读者们走进五彩田园农业展示馆，了解本地特色果蔬、中草药及农业技术知识，参与农作物采摘，并在活动现场分享岭南文化农耕主题书籍，共读《玉林文化大典》，通过实景式、沉浸式"深阅读"，增强中小学生的美育性。

4 玉林市图书馆中小学生阅读推广服务实践中存在的问题

4.1 活动连贯性有待加强

长期、持续地开展阅读推广活动需要持续的人力、物力投入。目前，由于玉林市图书馆专门从事阅读推广工作的人员不足，财政预算压力较大，在一定程度上对活动的持续开展产生不利的影响。

4.2 活动反馈机制需充分完善

充分了解阅读推广活动的成效是优化实践的重要环节，由于活动开展时间较短，目前尚未形成系统收集成效反馈的机制。

4.3 对馆藏资源的挖掘须进一步加强

玉林市图书馆拥有丰富的馆藏资源，能够满足学生获取知识的需求，但由于目前尚未针对玉林市中小学生阅读需求开展全方位调研，因此与满足其真正需求相对应的馆藏资源有待进一步挖掘和应用。

5 "双减"政策背景下公共图书馆中小学生阅读推广服务的策略

5.1 深挖馆藏资源，打造阅读推广品牌活动

阅读是青少年获取知识和信息的重要途径，对建设一个国家的精神文明具有极其重要的意义。中小学时期是培养阅读习惯及阅读能力的关键时期。"双减"政策实施后，公共图书馆应立足于社会教育大环境之下，积极开展阅读推广的实践与探索，引导青少年儿童走上阅读的"正轨"。公共图书馆以馆藏资源为依托，充分发掘馆藏资源背后的历史、人文等故事，结合中小学生的实际阅读需求及当地教学情况，从中小学生不同年龄层次的认知水平、心理状况及学习能力出发，在阅读推广活动中融合趣味性与知识性，形成独具特色的阅读推广品牌，以开放式的互动环境来提升中小学生读者对图书馆馆藏资源的阅读兴趣，从而真正地发挥图书馆的社会教育职能，传承与弘扬中华优秀传统文化[4]。

5.2 加强馆校协作，探索阅读推广多元化的融合机制

在"双减"政策的大环境下，公共图书馆应当加强与学校的合作，健全沟通合

作机制，借鉴学校成功的教学经验，充分融合和发挥馆藏资源与学校教育的双重作用，积极探索多元化的渠道，不仅让学生走进图书馆参与阅读推广活动，还应让图书馆员定期走进校园，开展阅读推广活动，将优质阅读资源输送到学校，延伸阅读推广服务的范围，拉近与读者的距离，从而提升活动效果。此外，在与学校的协作中，图书馆应建立相关的业务标准，完善活动反馈机制。通过问卷调查、访谈、课堂提问等多种形式，充分了解阅读推广开展的效果。通过常态化跟踪回访，收集学生及老师的反馈建议，并根据反馈的内容调整阅读推广服务。

5.3　提升图书馆员的专业素养，不断优化活动内容质量

中小学生阅读活动的有效推进离不开专业馆员持续的投入。为了适应新时代阅读推广服务的需要，提升阅读推广活动的质量，公共图书馆应为馆员的专业素养提升持续赋能，尤其要培养馆员在中小学生阅读推广方面的专业素养，建立少儿阅读推广人的培育机制，组织馆员参与阅读推广专业培训，激发其创新活力。馆员专业能力的持续提升能够促使阅读推广活动内容高效迭代，为阅读推广活动的品牌化建设贡献力量。

5.4　寻求多方合作，充分发挥志愿者作用

国际图书馆协会联合会在《青少年图书馆服务指南》中提出："高质量的青少年图书馆服务需要一个由社区内其他专业或志愿者机构组成的良好网络体系。为青少年读者开展的文化、教育、社会生活方面的活动必须协调开展，使地方机构之间能从有益于青少年的角度进行合作。"[5]公共图书馆在开展面向中小学生的阅读推广活动中，应寻求多方合作，通过合作方的资源整合创新阅读推广活动方式。公共图书馆具有公益属性，与志愿者服务所倡导的"奉献、友爱、互助、进步"精神相契合，尤其应当充分发挥文化志愿者的作用，通过招募具有心理学、汉语言文学、美术等专业相关知识技能的志愿者开展阅读推广服务，以达到资源整合、全社会参与的目的。

6　结语

"双减"政策的实施给公共图书馆的阅读推广服务创新带来了机遇与挑战。作为公共文化体系的重要组成部分，公共图书馆应当坚持以公益性服务为基本原则，立足于新形势，创新阅读推广活动方式，不断提升阅读推广服务质量，为中小学生读者群体提供优质的"精神食粮"，为"双减"政策的有效推行贡献力量。

参考文献

［1］新华社.中共中央办公厅 国务院办公厅印发《关于进一步减轻义务教育阶段学生作业负担和校外培训负担的意见》［EB/OL］.（2021-07-24）［2022-02-23］. http：//www.gov.cn/zhengce/2021 — 07/24/content __ 5627132.htm.

［2］汪东波.公共图书馆概论［M］.北京：国家图书馆出版社，2012.

［3］张方杰."双减"政策下公共图书馆阅读推广活动探讨［J］.办公室业务，2021（23）：166-167.

［4］宣艺瑶."双减"政策下公共图书馆开展中小学阅读推广创新策略：以国家图书馆"文献背后的革命故事"项目实践为例［J］.图书馆研究，2022（6）：67-74.

［5］李世娟，李东来.图书馆绘本阅读推广［M］.北京：朝华出版社，2017.

传承中华优秀传统文化视域下
民族文献阅读推广路径探索
——以柳州市图书馆为例

欧俊洁①

（柳州市图书馆，广西 柳州 545001）

【摘要】民族文献承载着一个民族发展的历程，凝聚着一个民族文化的精华，是中华优秀传统文化的重要组成部分。公共图书馆具有传播人类文明、开展社会教育的职能，在传承中华优秀传统文化、构建文明和谐社会的背景下，开展民族文献阅读推广是公共图书馆履行公共文化服务职能，发挥以文化人、以文育人的作用，全面推动文旅融合发展，助力乡村振兴，实现中华民族伟大复兴梦想的重要途径。

【关键词】民族文献；阅读推广；公共图书馆；实践

【中图分类号】G252.1　　　　　　　【文献标识码】B

我国幅员辽阔，民族众多，各族人民在 5 000 多年的历史长河中积淀和创造了悠久的历史、灿烂的文化。这些文化被以各种形式记录和保存下来，形成了各民族宝贵的财富——民族文献。在浩如烟海的文献中，民族文献犹如一块熠熠发光的瑰宝，承载着各民族发展的历程，凝聚着各族人民的智慧，是中华优秀传统文化的重要组成部分。民族文献的传承，关乎民族文脉的存亡绝续。如何充分发掘和利用民族文献，弘扬民族文化，构建文明和谐社会，是公共图书馆践行社会主义核心价值观，赓续民族文化基因，传承中华优秀传统文化，实现中国梦的职责所在。

1 民族文献的概述

1.1 民族文献的释义

民族文献是一个民族在特定区域内形成的历史、地理、人文、自然、经济、文化等具有丰富民族特点的文献资料总汇。它可以称得上是一个民族、一个地区历史

---

① 欧俊洁（1970—），女，本科，副研究馆员，就职于柳州市图书馆。

源流、政治、经济、文化等各方面兼容博采的资源宝库[1]。

1.2 民族文献的特点

1.2.1 载体的多样性。在没有文字之前,很多民族文化都是口耳相传的。有了自己民族的文字后,从以前的龟甲、树皮、布帛、白纸,直至现代的音频、视频等,民族文化的载体形式多样。

1.2.2 内容的广泛性。民族文献记载了民族地区各时期历史发展的沿革及社会生活的方方面面,大致可分为历史文献类、宗教类、文学类、天文地理及其他自然学科类。

1.2.3 浓郁的民族特色。各民族受地域、自然条件等影响,在生产、生活中形成的文化都各具民族特色,具体表现在语言文字、宗教信仰、风俗习惯、科学技术等方面,都有浓郁的本民族色彩。

2 民族文献阅读推广是时代赋予图书馆的使命

2.1 弘扬民族文化,培育文化自信

习近平总书记在党的二十大报告中指出,要增强文化自信,发展面向现代化、面向世界、面向未来的,民族的科学的大众的社会主义文化,激发全民族文化创新创造活力,增强实现中华民族伟大复兴的精神力量。民族文献凝聚了民族文化的精华,开展民族文献阅读推广,在广大民众中传承和弘扬民族文化的精髓,有利于各族人民培养和坚定文化自信,增强国家文化软实力和国际竞争力,为中华民族伟大复兴梦想的实现提供强大的精神力量。

2.2 加深文化认同,增强民族凝聚力

民族凝聚力是"一个民族在长期历史发展进程中形成的维系民族情感、团结民族成员的合力,是民族赖以生存与发展的内在精神力量"[2]。长期生活在一个地区的各族人民文化同根同源,有着共同的历史记忆和文化特征,这就使得同一个地区的各族人民更易于形成积极的文化认同和精神凝聚。民族文献中所蕴含的优秀民族文化是一个民族生存发展的精神命脉,也是将各民族紧密联系在一起的强大力量。公共图书馆开展民族文献阅读推广,传承优秀民族文化,能帮助各族人民继承民族文化的特质和各种优良传统,形成强大的民族凝聚力和向心力,为实现民族复兴提供不竭动力。

2.3 推动文旅融合,助力乡村振兴

以文促旅、以旅彰文是推动现代旅游业发展、促进文化传播的必然选择。优秀传统文化中的民族文化是乡村文化旅游的名片,是文旅融合的契合点和发力点。一

方面，民族文化因具有浓郁的地方民族特色而成为乡村文化旅游的亮点，能吸引大批游客前来观光，在游客不断体验和认知不同文化的过程中传播民族文化，有利于推动当地民族文化的交流和价值的实现，增强文化软实力[3]；另一方面，在旅游产品和服务中增加民族文化的元素，能增强乡村旅游的吸引力和竞争力，在弘扬优秀民族文化、传承民族文脉的同时，促进旅游业的发展，增加当地村民的经济收入，实现乡村文化品牌与经济产业的相互促进、合作共赢，从而助力乡村振兴。因此，开展民族文献阅读推广是公共图书馆因地制宜，助推地方民族文化与旅游产业融合发展，巩固脱贫攻坚成果，实现乡村振兴的重要途径之一。

3 痛点直击：民族文献阅读推广中的困难与问题

多年来，公共图书馆在致力于弘扬中华优秀传统文化的工作中十分重视民族文献的收集、保护与传承，尤其是 2016 年中国图书馆学会民族文献阅读推广专业委员会成立后，围绕推进民族文献阅读开展了一系列工作，如开展课题研究、举办学术论坛、培训阅读推广人、开展主题征文活动等。2018 年、2019 年分别在湖北省恩施土家族苗族自治州、吉林省延边朝鲜族自治州召开两届图书馆与民族文献阅读推广学术论坛。在民族文献阅读推广专业委员会的大力推动下，各地民族文献阅读推广受到更多重视，也取得了可喜的成绩[4]，但在实践工作中，仍碰到了不少困难和问题，主要体现在以下几个方面。

3.1 投入不足，资源供需不匹配

因地方政府及公共图书馆对民族文献的开发和利用价值认识不够，对其在资金和人力方面的投入明显不足，比如没有征购民族文献的专项经费或是经费较少，缺乏专业的民族文献征集队伍。同时，由于民族文献范围较广，且具有分散性，加之许多都是非正式出版物，不易被发现和征集，导致民族文献的收集工作成效不佳，文献资源保存较少，广大读者到图书馆找不到自己感兴趣或需要查找、利用的民族文献资源，这种资源供需的不匹配不利于民族文献阅读推广。

3.2 曲高和寡，群众参与度不高

因资源稀少，或重视不够，宣传不足，民族文献犹如"养在深闺人未识"的大家闺秀，加之民族文献种类不完善，阅读推广的内容及形式单一，无法激发广大读者的兴趣。因此，民族文献阅读推广往往曲高和寡，群众参与度不高。

3.3 缺乏协同性和创新性，工作成效不明显

在文旅融合的时代背景下，公共图书馆与旅游、文博及社会其他团体开展多元

化合作是提升阅读推广工作社会影响力的重要途径。但当前很多公共图书馆仍沿袭传统的工作模式，与文旅系统其他单位及社会团体合作意识淡薄，创新创意性活动较少；民族文献推广活动没有统一规划，长效机制缺乏或尚未健全，工作成效不明显。

4 因应之策：民族文献阅读推广路径的选择与优化

4.1 特色数据库：民族文献阅读推广的基础

加强民族文献资源的储备，建立特色数据库，是公共图书馆开展民族文献阅读推广的前提和基础。我们要提高对民族文献价值的认识，加大对民族文献的资金及人力资源的投入，如划拨民族文献征集的专项资金，成立专门的民族文献收集、整理及开发利用的部门或团队，保证民族文献收集和推广的品质。针对民族文献分散性、复杂性及缺乏连续性和系统性的特点，既要注重正式出版物的收集，还要注重非正式出版物的收集，如加强对散落民间的族谱、家谱及名人字画、手稿书信等收集。同时，要建立民族文献特色数据库，运用现代化科学技术将某一专题的内容进行加工整理，使之成为读者可以直接利用的数字信息资料库，实现民族文献资源的共享。柳州市图书馆非常重视对民族文献资源的发掘和利用，由专业的团队负责地方民族文献的收集和整理，从已保存的上万件民族文献中提炼出民族文化主题，搭建了多个极具民族特色的专题数据库，如柳江遗珍、潭中名流、柳州奇石、刘三姐文化、三江农民画、柳州山歌、螺蛳粉文化等；邀请本地专家、学者、"非遗"传承人参与授课，拍摄制作了《柳宗元的柳州诗情》《传统漆画与三江农民漆画》《中国画欣赏与坚持中国特色社会主义文化自信》等公开课视频，为开展柳州民族文献阅读推广、传承柳州民族文化提供了系统性、多样化的丰富资源。

4.2 他山之石："图书馆 + 书院"模式

山东曲阜是我国古代伟大的思想家、教育家、儒家学派创始人孔子的故里，是世界著名旅游城市，也是我国历史文化名城。山东省依托当地丰富的文化资源优势，在全省创新推进"图书馆 + 书院"的公共文化服务模式，并以"尼山书院"命名该省各级图书馆的书院，使图书馆在提供传统公共文化产品的基础上，成为新的民族文化重镇和精神殿堂。近年来，柳州市图书馆与紫荆花书院紧密合作，联合开展了形式多样的民族文献阅读推广活动，如家风家训系列讲座、"阅百年历程 传精神力量"、"滋养民族心灵 培育文化自信"等读书活动均取得了良好的社会效益，这是"图书馆 + 书院"模式的有益尝试。

4.3　多元主题活动：多视角展现民族文献的风采

4.3.1　沉浸式体验活动。公共图书馆应深度挖掘地方民族特色和精神内核，通过综合运用科技、艺术、人文手段，打造融合多元民族元素、颇具民族特色的阅读体验活动，让读者进入特定空间后从视觉、听觉、触觉等全方位感受民族文化的魅力，在精神和情感上产生共鸣，增强对民族文化的欣赏与认知，从而自觉成为优秀民族文化的守护者和传承者。在图书馆设立民族文献阅览室，举办民族文化展览会，或围绕某一个民族文化主题，聘请专家、学者或"非遗"传承人举办公益讲座、专题研讨会、培训班、文化沙龙等交流活动，如开展苗族刺绣、竹编、壮族蜡染、歌舞等培训，让读者在浓郁的民族特色氛围中不仅能直观感受民族文化的韵味，还能亲自动手参与制作和展示，沉浸在优秀民族文化的无限魅力中，让一些濒临失传的民族文化技艺后继有人。近年来，柳州市图书馆举办的民族文献推广公益讲座有"侗族风雨桥建筑与文化"、"桂中商埠洗尽铅华——明清时期的柳州"、柳州山歌、"柳宗元的柳州诗情"分享会等。此外，有条件的图书馆还可以设立真人图书馆，以更加开放、立体和互动交流的方式开展民族文献阅读推广活动，有助于推动民族文献阅读推广活动向多元化发展。

4.3.2　研学式推广活动。读万卷书，行万里路。研学活动有利于促进学生学习书本知识与社会实践的深度融合，培育社会主义核心价值观。公共图书馆针对大中专院校学生开展民族文献研学活动，是履行公共图书馆社会教育职能、深化民族文献阅读推广的有效途径。近年来，柳州市图书馆推出的以大中小学在校学生为对象的系列民族文献研学活动，如"童眼看柳州　童心读家乡"研学活动让未成年读者领略本地区民族风情的独特魅力；"我们的节日·三月三（端午）"民俗文化教育活动结合馆藏资源普及民族节日的由来和相关习俗的知识，展示民族传统技艺，推荐主题图书，激励少年儿童传承地方文脉，弘扬优秀民族传统文化；"走读广西·听见柳州、游柳州·读历史"活动结合节庆文化，以促进民族团结，弘扬民族文化，服务乡村振兴为主题，挖掘地方民族文献资源，传承民族文化基因，坚定文化自信。

4.3.3　民族节庆文化活动。民族节日是承载民族文化元素最多的日子，公共图书馆应紧紧围绕节日主题，突出民族文化的内涵，在广大市民群众中弘扬各种节庆文化。民族文献阅读推广工作应实施品牌运营战略，凸显民族文献的地方特色，提升民族文献阅读推广活动的知名度和影响力，让读者能够留下深刻的印象。柳州是一个多民族聚居的少数民族地区，传统民族活动丰富且形式多样，节日氛围浓厚且热烈。多年来，柳州市图书馆结合各种纪念日、传统节日等举办了许多集知识性、趣味性和教育性于一体的民族节日品牌活动,如在壮族"三月三"、苗族"芦笙节"、瑶族"盘王节"到来之际举办民俗知识竞赛、芦笙踩堂舞、侗族大歌表演、三江农民现场作画及五色糯米饭制作等极具民族文化特色的活动,既传承了柳州民族文化,又增添了节日的乐趣。

4.4　多媒体平台:立体化提升民族文献阅读推广的渗透力

现代多媒体技术因传播速度快,传播形式直观、生动,跨越时空界限且具有互动性而被广泛应用于各领域的信息传播,这就为地方民族文献的传播提供了全新的平台,拓展了公共图书馆的服务空间和服务内容。自媒体主播李子柒的成功经验为公共图书馆利用多媒体平台、传承优秀民族文化提供了可借鉴的思路。公共图书馆要充分借助现代多媒体技术,搭建民族文献立体化推广平台(网站、微信、微博、移动短视频、抖音等),将优秀的地方民族文化推送到基层群众身边,方便他们利用碎片化时间来阅读、了解地方民族文献资源,以提高民族文献的知晓率和利用率。尤其是因疫情的影响,图书馆开放时间、场馆受限,网络媒体传播优势得以凸显。柳州市图书馆前两年推出的"听见柳州·本土有声故事"线上推广一系列品牌活动,从柳州自然风光、传统美食、人文故事等方面对地方民族文献进行挖掘、整理,以"资源 + 推文 + 音频 + 平台"的复合模式进行推送,让民族文献资源得以有效转化,从而达到讲好柳州故事、传播柳州民族文化的目的。同时,公共图书馆还应构建民族文献阅读推广地区联盟模式,形成以省级公共图书馆为导向,各市、县级公共图书馆为龙头的"省公共图书馆—市、县公共图书馆—乡镇文化馆—农家书屋—行业和民办图书馆—家庭藏书室"一体化的民族文献阅读服务网络,实现资源的共建共享[5]。2018 年 12 月,广西壮族自治区地方民族文献中心正式启用,为民族文献阅读推广地区联盟的建立打下了坚实的基础。

4.5　跨领域合作:多维度拓展民族文献阅读推广的辐射面

"互联网 +"时代是一个促进社会各行各业相互交流共建、合作共赢的时代。如今,图书馆行业正处在转型、跨界和融合发展的大趋势之下,应该主动与社会力量合作,形成跨界平台,充分利用多方资源,拓展民族文献阅读推广的辐射面和影响力。公共图书馆在民族文献阅读推广过程中应该积极融入文化跨界和建立"合伙人"制度,实现与社会各领域的合作共赢。一是加强与出版社的合作。公共图书馆应第一时间掌握民族文献出版的信息,并积极采购、收藏民族文献出版物,以进一步充实馆藏资源。二是联合民族文献专家和"非遗"传承人。民族文献专家对民族文化某一个领域的研究比较系统深入,"非遗"传承人则掌握了民族文化中的特殊技能和工艺,这对民族文献阅读推广起到积极的推动作用。图书馆可以邀请他们围绕某一个民族文化主题开展讲座或培训,以提高民族文献阅读推广的专业性和成效性。三是与文化志愿者协会密切合作。文化志愿者作为公共图书馆人力资源的有益补充,能较好地发挥其熟悉文化工作、在各自领域内具备一定专业知识的优势,协助图书馆开展多元化的民族文献阅读推广活动。四是争取社会各界其他团体的赞助与协作。广泛动员各种社会力量,建立友好合作关系网络,以克服图书馆自身的局限性,更好地发挥社会资源的功能。如公共图书馆可以与博物馆、档案馆、艺术馆等兄弟单位相互交换民族文献重复件或复制件,联合举办各种展览、讲座、培训班等;联系教育、企业、媒体等社会团体共同出资举办或协同参与各种民族节庆活动等,使民族文献阅读推广的社会效益得以显著提升。

5 结语

文化兴则国运兴,文化强则民族强。民族文化是一个民族赖以生存发展的源头活水和精神力量。习近平总书记在党的二十大报告中指出,要推进文化自信自强,铸就社会主义文化新辉煌。公共图书馆必须坚守初心使命,大力推进民族文献的阅读推广工作,并顺应时代发展要求,不断探索民族文献阅读推广的新举措和新途径,实现民族文化创造性发展及创新性转化,使民族文化焕发出新的活力,铸就民族文化新辉煌,全面推动民族地区政治、经济、社会发展,为实现中华民族伟大复兴提供智力支持和不竭动力。

参考文献

[1] 李全喜.内蒙古少数民族文献数据库建设思考[J].图书馆理论与实践,2013(5):97-98.

[2] 李新.浅谈中国传统文化的核心价值及现代传承意义[J].中国民族博览,2020(12):6-7.

[3] 云凤丽.文旅融合视域下公共图书馆地方文献阅读推广策略研究[J].河北科技图苑,2021(4):85-89.

[4] 王文娟.少数民族文献阅读推广策略初探:以黑龙江省图书馆为例[J].黑龙江民族丛刊,2019(3):142-146.

[5] 张邺.民族文献阅读与民族文化创新[J].大众文艺,2018(3):190-191.

图书馆指导家长开展家庭阅读的对策浅析

王书炳①

（广西壮族自治区图书馆，广西　南宁　530022）

【摘要】养成良好的家庭阅读习惯对未成年人的健康成长具有重要作用。在家庭阅读中，家长的指导和推动非常重要，但在现实生活中存在家庭教育功能弱化、部分家庭重视不够、家长缺位、家长素养有待提高等问题，不利于未成年人家庭阅读习惯的养成。《中华人民共和国家庭教育促进法》的实施，为图书馆开展家庭阅读推广带来了新的契机，图书馆应利用自身的图书资源、专业团队、良好的群众基础等优势，创新阅读推广、收藏优质图书，通过指导、服务、协助家长培养未成年人良好的阅读习惯，助力他们健康成长。

【关键词】图书馆；家长；未成年人；家庭阅读；对策
【中图分类号】G252.1　　　　　　　　【文献标志码】B

2022年1月1日，《中华人民共和国家庭教育促进法》（以下简称《家庭教育促进法》）正式实施，将未成年人家庭教育从"家事"上升到"国事"层次，着重解决家庭中"养而不教、教而不当"的问题，体现了国家对家庭教育的重视。《家庭教育促进法》提出，"国家鼓励和支持企业事业单位、社会组织及个人依法开展公益性家庭教育服务活动"，要求图书馆等公共文化服务机构"每年应当定期开展公益性家庭教育宣传、家庭教育指导服务和实践活动，开发家庭教育类公共文化服务产品"。该法律的颁布，为图书馆开展未成年人家庭阅读推广提供了良好契机。

　　未成年人作为图书馆服务的重点对象，开展未成年人家庭阅读推广是图书馆重要工作之一，而家长在家庭教育中承担主体责任，对培养未成年人的阅读习惯起到重要的推动作用，甚至主导作用。图书馆在开展家庭阅读推广工作时，除直接针对未成年人开展的各项工作外，还必须抓住家长这个重点人群，通过对家长开展各项家庭阅读指导和服务活动，为家长赋能，在尊重家长的家庭教育自由、发挥家长家

---

① 王书炳（1986—），女，在职研究生，馆员，就职于广西壮族自治区图书馆。

庭教育首要责任主体作用的基础上，给予其最大程度的支持[1]。这是公共图书馆实现社会教育功能的使命。

1　家长对未成年人阅读习惯的养成有重要作用

1.1　家庭阅读需要家长的参与

从未成年人方面来讲，"读书足以怡情，足以博彩，足以长才，使人开茅塞，除鄙见，得新知，养灵性"，家庭阅读对未成年人健康成长具有重要作用，可以培养未成年人养成良好的阅读习惯，获取文化知识，增长才干，树立正确的世界观和价值观，从而明辨是非，不断提高个人的综合素质。一代代未成年人健康成长后，会带动整个民族素质的提高，因此家庭阅读水平的提高对提高民族的精神境界具有积极作用。但是，未成年人心智尚未成熟，受外界的影响大，自制能力较弱，他们良好的阅读习惯需要后天培养及家长的参与。

1.2　家长积极正确的干预对未成年人阅读习惯的养成作用明显

家长是子女的第一任老师，与子女相处的时间最长，对子女习惯的养成影响最大。因此，《家庭教育促进法》对父母的家庭教育角色职责作出了明确规定，"未成年人的父母或者其他监护人负责实施家庭教育""父母或者其他监护人应当树立家庭是第一个课堂、家长是第一任老师的责任意识，承担对未成年人实施家庭教育的主体责任"。这从法律上第一次明确了父母应承担的家庭教育主体责任。父母在未成年人家庭阅读中起重要的推动作用，尤其是未成年人还未养成阅读习惯以前，家长对未成年人的阅读起到主导作用。家长通过正确的方法，可以让子女形成良好的阅读习惯。

1.3　家长通过四种方式影响未成年人家庭阅读

家长对子女家庭阅读的影响主要有以下四种方式：一是营造书香氛围。家庭阅读需要一定的物质基础，没有阅读读物和良好的环境难以有良好的阅读效果。家长可以通过购买和借阅适合子女阅读的书籍，建设好书房，甚至打造家庭式图书馆，营造良好的书香家庭氛围，让子女更容易接触到自己喜欢的书籍。二是家长伴读。在未成年人尚且年幼时，往往不具备完全阅读的能力，由父母陪伴的亲子阅读显得尤为重要。通过伴读，不仅可以加强孩子与父母的沟通，也可以让孩子感受到阅读的乐趣。三是家长的引导。家长在日常生活中要加强子女的教育，引导孩子树立"开卷有益""好读书，读好书"的思想。同时，家长保持良好的阅读习惯，可以给子女起到示范的作用。四是督促子女阅读。家长可以用自己在家庭中的权威，督促子女阅读，虽然这种督促往往具有强制性，但有相当一部分的孩子在家长的督促下养成了阅读习惯。

2 家长在开展未成年人家庭阅读中存在的问题

2.1 家长对家庭阅读的重视度不够

很多家庭没有适宜的阅读空间，有些家庭的"书房"不符合孩子的阅读特性，无法培养孩子的阅读兴趣。有些家长沉迷于手机、电脑等电子产品，缺少良好的阅读示范行为，家里没有阅读的氛围，对孩子的家庭阅读不上心，亲子阅读时间少，甚至通过给孩子看手机来消磨孩子的精力，对家庭阅读的重视度不够、氛围不足，这都不利于子女养成阅读的习惯。

2.2 课外培训挤压家庭阅读的空间

中国有重视教育的传统，"望子成龙、望女成凤"是广大家长的希望，加之攀比心理，很多家长在课余时间还要给孩子报各类培训班，填满孩子的课余时间。家长一边将孩子送到培训机构，一边却忽视了家庭教育，用课外培训替代了家庭阅读。同时，校外培训费用加重了家庭的经济负担，家长需要更长的工作时间来确保家庭经济来源，进一步压缩了家长开展家庭阅读的时间。

2.3 家长在家庭阅读中的缺位

在城市往往需要家长上班才能承担房贷、车贷、子女上学等带来的经济压力，家长上班时间忙于工作，下班回家又需要料理家务，往往无暇陪伴、监督、引导孩子进行家庭阅读。部分农民工带子女到城市务工，也因工作难以顾及子女的阅读。在多数家庭中，父亲往往承担更多的经济责任，成为家庭教育中更容易缺位的那一方，母亲往往是家庭教育参与更多的一方。

2.4 家长指导未成年人开展家庭阅读的专业素养有待提高

虽然有些家长意识到家庭阅读的重要性，但难以把握家庭阅读的真正内涵，阅读指导不科学，难以激发孩子的阅读兴趣。有些家长的育儿观念落后，出现价值取向的错误。有些家长功利心较强，家庭教育内容明显偏科，只关注应试教育，只重视孩子的考试成绩、排名和升学[2]，不重视孩子阅读"闲书"，家里很少购买课外书籍。有些家长不知道在什么阶段给孩子购买什么书籍，如何指导和陪伴孩子阅读，如何营造良好的阅读氛围。有些家长虽然购买了很多书籍，建设了"豪华"书房，但是对子女的陪伴过少，自身示范性阅读偏少。

3　图书馆指导家长开展家庭阅读的可行性

3.1　丰富的馆藏资源

作为全民阅读的重要阵地，近年来，图书馆在国家文化事业大发展的背景下发展迅速，随着公共图书服务体系的建立和完善，图书馆提供了更多的未成年人阅读推广服务，特别是县级以上图书馆开展的阅读推广服务，推动了对未成年人服务的发展，根据未成年人的特点，加强了少儿图书馆和公共图书馆少儿部馆藏建设。同时，加强未成年人文献资源建设，购置了大量文献资源，既有少儿文学、低幼启蒙、少儿艺术、少儿科普、少儿卡通、少儿英语等儿童读物，也有儿童阅读推广理论书籍、儿童教育心理学及各类育儿书供家长借阅。图书资源十分丰富，能够满足不同层次家庭家长和未成年人的借阅需求。

3.2　专业的服务团队

公共图书馆作为公益一类事业单位，一般通过统一招录的方式招聘工作人员，对馆员的专业、学历有一定的要求，从源头上保证了图书馆工作人员的素质；馆员在工作中也会定时接受专业培训，具有较强的专业素养和一定的理论基础，能够了解读者的阅读需求及规划不同的阅读推广活动，形成一个专业化的服务团队。这是图书馆开展家庭阅读推广的人力条件。

3.3　良好的群众基础

近年来，国家对公共图书馆建设高度重视，图书馆经过多年的发展，已经具有一定的规模，目前县级以上的行政区域都设置图书馆，图书馆已经成为当地重要的文化符号。图书馆的公共、公益、平等、包容的特点，让任何人都得到平等的公共服务。图书馆提供的丰富多彩、普遍均等的公共文化服务，得到了社会普遍的认可，拥有良好的群众基础和大批忠实用户，当然也会得到家长群体的信任和信赖[3]，这为图书馆开展培养家长、指导家庭阅读推广活动提供了基础。

4　图书馆指导家长开展家庭阅读的对策

4.1　加大宣传力度，宣传先进理念

结合《家庭教育促进法》，通过制作未成年人家庭阅读宣传展板、制作知识手册、开展专题知识讲座等方式，同时利用官方网站、微信公众号大力宣传"家长也需要培训、学习""父母应与孩子共同成长进步""父母是家庭教育的终身学习者和实践者"等理念，让家长认识到家庭、家教、家风对子女的重要影响[4]，增强家长对未成年人家庭阅读的重视，树立正确的育儿观念和价值取向。通过各种方法，让家长

了解家庭阅读对子女成长的好处，从而掌握家庭教育的理念和方法，指导子女更好地进行家庭阅读，与孩子一同成长。

4.2 开展有针对性的阅读活动，培养家长阅读的习惯

家长素质的提高对指导未成年人开展家庭阅读起到重要作用。图书馆应充分利用每年"4·23"世界读书日、全国家庭教育宣传周（每年5月15日国际家庭日所在周）以及春节、端午节、重阳节等中国传统节日，开展未成年人家庭阅读推广活动，如"家长课堂""父母再教育""与孩子共成长"等有针对性的、以提高家长综合能力为目的的阅读活动。在阅读活动中图书馆应担负起引导的责任，激发家长阅读的兴趣，培养家长的阅读习惯，提升家长的阅读量，让家长以身作则，形成终身学习的习惯；然后参与、干预孩子的阅读，引导孩子成长。有条件的图书馆还可以筛选一些合适的家庭开展个案指导[5]。在家长良好阅读习惯的熏陶下，子女也更容易养成良好的阅读习惯，形成书香家庭的良好氛围。

4.3 推广优质的家庭阅读读物

一是图书馆应多收藏和推广适合未成年人在家庭阅读的书籍。根据未成年人不同年龄阶段与身心发展的特点，选择适合未成年人全面发展的书籍、杂志、手册、海报、漫画、小说等优秀读物。同时，适合未成年人阅读的书籍封面应艳丽、装帧精致，能够吸引未成年人的眼球。有了丰富的未成年人读物，就能吸引更多未成年人和家长到图书馆借阅图书。二是图书馆应多推广适合家长阅读的书籍，如儿童教育心理学、育儿百科、儿童成长规律等书籍，让家长了解子女各个年龄阶段的特点、亲子教养的知识及技巧对开展家庭阅读具有很大帮助。

4.4 在图书馆，特别是少儿图书馆设置家长阅读角

目前，图书馆中的少儿馆基本只收藏少儿读物，但是未成年人，尤其是低龄儿童到少儿馆借书、学习，有相当一部分是在家长的陪伴下，此时正是对家长进行阅读推广的一个好机会。因此，可以在少儿图书馆设立家长阅读角，并放入指导家长开展家庭阅读的书籍，提高家长阅读素养，帮助家长更好地开展家庭阅读。

4.5 探索"图书馆+"模式，共同助力未成年人家庭阅读

《家庭教育促进法》第五条第四款规定，"家庭教育、学校教育、社会教育紧密结合、协调一致"。那么在培养未成年人家庭阅读中，也离不开家庭、学校、社会的通力合作。首先，图书馆可以与幼儿园、中小学等学校合作。图书馆可以组织专业馆员到校园开展亲子阅读活动、培训讲座，传授家庭阅读理念和方法，与学校共同组织开展家庭阅读指导服务和实践活动，促进家庭与学校形成合力，共同护航儿

童的健康成长。其次，图书馆可以与社区、儿童活动中心、婴幼儿照护服务机构，甚至儿科医院合作，在这些机构设立图书角，并放置适合家长阅读的图书资料，有条件的图书馆还可以在这些机构定期开展亲子阅读活动，帮助家长更好地开展家庭阅读。

5　结语

未成年人家庭阅读素养的提升是一项循序渐进的系统工程，需要孩子的努力，更离不开家长的正确引导和帮助。公共图书馆作为公共文化服务体系的重要组成部分，是推动、引导、服务全民阅读的场所，具有社会教育的职能，在培训、指导、服务家长方面应当积极探索，让家长掌握科学的"陪读"方法，然后正确引导孩子，帮助他们养成良好的阅读习惯，让阅读引领家长和孩子共同成长。

参考文献

[1] 罗爽，付路路.论《家庭教育促进法》如何助力"双减"落地[J].少年儿童研究，
　　2022（2）：40-43.

[2] 边玉芳.传统"家事"上升为新时代的重要"国事"："双减"背景下全社会如
　　何支持家长为促进儿童健康成长而教[J].人民教育，2021（22）：26-30.

[3] 丁祖峰.公共图书馆家庭阅读推广实践研究：以南京少儿图书馆为例[J].图
　　书馆学刊，2019（1）：84-88.

[4] 吴仲平.基于家长个体特征的少儿图书馆家长教育研究[J].图书与情报，
　　2020，40（2）：112-119.

[5] 王祥丽.培养家长，与孩子同阅读共成长：以隆昌县图书馆为例[J].现代交际，
　　2017（22）：120-121.

挖掘古籍时代价值　赓续地方悠久文脉

——柳州市图书馆"书诵经典　翰墨飘香"

古籍抄写活动实践与思考

韦　佳[①]

（柳州市图书馆，广西　柳州　545001）

【摘要】本文从分析当前古籍阅读推广的现状出发，结合柳州市图书馆策划打造"书诵经典　翰墨飘香"古籍抄写活动品牌的实践案例，通过阐述活动品牌创建背景、总结活动过程和成效，并从实践案例中引发思考，以期为日后公共图书馆开展更多古籍阅读推广活动提供借鉴。

【关键词】公共图书馆；古籍保护；阅读推广

【中图分类号】G252.1　　　　　　【文献标志码】B

1　引言

古籍阅读推广是指图书馆在一般阅读推广活动的基础上，结合馆藏古籍资源的情况，通过多种多样的方式和途径来实现古籍资源的宣传与保护，从而让公众认识古籍、了解古籍，体会和领悟中华优秀传统文化的深刻内涵，增强公众的文化继承使命感[1]。作为文献收藏机构的公共图书馆通过开展古籍阅读推广活动，充分发挥古籍在传承和弘扬中华优秀传统文化的作用，既是时代要求，也是使命担当。2022年，"加强文物古籍保护利用"首次被写入政府工作报告；4月，中共中央办公厅、国务院办公厅印发《关于推进新时代古籍工作的意见》，明确指出："做好古籍工作，把祖国宝贵的文化遗产保护好、传承好、发展好，对赓续中华文脉、弘扬民族精神、增强国家文化软实力、建设社会主义文化强国具有重要意义。"[2]这为新时代做好古籍工作指明了新方向，提出了新要求。近年来，柳州市图书馆积极寻求与社会各界合作，以"文创＋讲座＋体验"的形式，创建"书诵经典　翰墨飘香"古籍抄写活动品牌，

---

① 韦佳（1983—），女，本科，馆员，就职于柳州市图书馆。

对古籍阅读推广进行了有益的尝试。本文从分析当前古籍阅读推广的现状出发，结合实践案例，阐述活动品牌创建背景、总结活动过程和成效，并从实践案例中引发思考，以期为日后地市级公共图书馆开展更多古籍阅读推广活动提供借鉴。

2　古籍阅读推广的现状

自 2007 年中华古籍保护计划实施以来，我国古籍保护事业在普查、整理、数字化、出版等古籍原生性保护和再生性保护方面取得了显著成效。相较而言，古籍传承性保护中的古籍阅读推广工作尚处于起步阶段，目前仍存在一些问题和困难，需要进一步拓展古籍阅读推广的内容、完善推广方式和扩大推广效果。

2.1　束之高阁、远离大众，推广内容难度大

古籍自身所含的文物保存属性让公众难以接近古籍，竖排繁体、古今异义、晦涩难懂的内容让公众难以阅读和理解古籍，当下流行的"短平快"娱乐性的"浅阅读"更是让公众逐渐疏远经典古籍"深阅读"。凡此种种，均让公众慢慢丧失对古籍阅读的兴趣，导致古籍阅读推广工作较难开展。

2.2　开发利用程度不够，推广载体和途径单一

因经费投入不足、专业人员匮乏，公共图书馆无充足资源对馆藏古籍的文献价值和艺术价值进行深入挖掘，导致古籍阅读推广无丰富的载体作为依托，古籍开发利用程度不高。由此带来公共图书馆古籍文创产品开发缓慢滞后、古籍阅读推广活动策划创新性不强、内容缺乏吸引力等问题。

2.3　缺乏有效的传播手段，宣传推广效果不佳

传统古籍推广的主要方式都属于直线型的单向传播，无论是报纸、广播还是电视都属于单向信息传递，传播媒体处于主导地位，受众被动接受信息，推广的模式和渠道比较单一，用户难以对信息进行及时反馈，交互性较差[3]。目前，全国大多数图书馆都已将古籍修复技艺体验、雕版印刷、碑帖传拓、经典诵读等互动体验服务作为开展古籍阅读推广的常规性活动，但在利用古籍资源的途径和方式上缺乏现代传播手段，导致古籍阅读推广收效甚微。

3　柳州市图书馆"书诵经典　翰墨飘香"古籍抄写活动品牌实践案例

3.1　活动背景

古籍承载着中华民族的历史记忆，记录着中华文明的发展脉络，是中华优秀传统文化的重要载体。针对当前公众对古籍缺乏深入了解、古籍开发利用程度不高、宣传推广方式零散和单一等问题，柳州市图书馆贯彻落实习近平总书记"让书写在

古籍里的文字都活起来"的指示精神和"十四五"规划纲要中提出的"加强文物和古籍保护、研究、利用"重要决策部署,按照新时代古籍工作要求,以活化古籍为立足点,持续开展打造"书诵经典 翰墨飘香"古籍抄写活动品牌,挖掘古籍时代价值,弘扬中华优秀传统文化,赓续地方悠久文脉。

3.2 活动实施过程与成效

自 2020 年 9 月以来,柳州市图书馆以开发文创字帖、开展古籍讲座、组织抄写诵读、分享感悟经典的形式,先后走进广西科技大学、驻柳某部队、柳州城市职业学院、柳州工学院、柳州高中、紫荆花书院、阅甫书屋等,开展活动 14 场,共有高校师生、部队官兵、青少年学生和社会公众等 1 000 多人参加活动,受到社会公众的喜爱,形成具有一定社会影响力的活动品牌。2022 年,柳州市图书馆申报柳州市机关廉洁文化建设优秀品牌,国家古籍保护中心对活动品牌进行了广泛宣传。活动过程和取得的成效主要体现在以下 3 个方面。

3.2.1 甄选名篇、制作字帖,让沉睡的古籍"活起来"。柳州市图书馆从大众古籍阅读需求入手,以弘扬中华优秀传统文化经典、传承地方文脉和开展廉政教育等主题为着眼点,甄选我国古籍珍本和馆藏古籍中的经典名篇,如《诗经·国风·周南》《曾文正公家训》、柳宗元廉政寓言《蝜蝂传》和被称为柳州山水最佳导游词的《柳州山水近治可游者记》等,制作成与原文一致、可供读者临摹抄写的古籍文创字帖,让读者得以鉴赏和阅读到"原汁原味"的珍贵古籍,让沉睡的古籍"活起来",从而拉近古籍与读者的距离。

3.2.2 赏析古籍、释疑解惑,讲座"传"地方文化。在活动过程中,通过开展讲座的形式,图书馆员逐一对古籍的版本信息、历史价值、流转情况和字帖内容进行介绍及赏析,帮助活动参与人员扫除阅读古籍的理解障碍,并以柳宗元在柳州的事迹及廉洁思想为切入点,对古籍字帖《蝜蝂传》中蕴含的启发后人淡泊知止、慎独慎微的廉政文化思想内涵进行深入阐释,在传承和弘扬中华优秀传统文化的同时,讲好"柳州地方故事",以此来展现柳州地方文化的深厚积淀,传承柳州地方悠久文脉。

3.2.3 抄写诵读、畅谈感悟,体验廉政之风。活动与各单位的党建工作相结合,开展廉政专题党建学习。在与广西科技大学党委宣传部、柳州城市职业技术学院、驻柳某部队、柳州高中党支部等开展的主题党日专场活动中,通过讲解并带领活动人员抄写和诵读古籍字帖后,即组织活动人员结合各自工作和学习的实际情况,畅谈学习的感悟,并分享交流,然后在字帖上书写记录参加活动的所思、所想、所得,让党员师生和部队官兵们在活动过程中深刻地体会柳宗元廉政为民的思想，树立起思想观念的防火墙，助力当下"清廉柳州"建设。

4　古籍阅读推广策略的思考

文秀华等学者认为古籍的阅读推广重在宣传古籍当中蕴含的知识含义，让读者感受中华文化魅力。与普通的图书相比，古籍除具有文献价值外，还有版本价值、雕刻或印刷方面的艺术价值、学术价值，甚至文物价值。围绕古籍的文物和文献双重属性，柳州市图书馆以挖掘古籍时代价值、赓续地方悠久文脉为立足点，创建面向社会各界长期开展的"书诵经典　翰墨飘香"古籍抄写品牌活动。通过实践总结思考，此次探索和创建古籍阅读推广品牌的示范作用和推广价值主要体现在以下方面：一是侧重挖掘，让传统文化"活"起来；二是实现转化，让文脉"传"下去；三是致力传播，让传统文化古为今"用"。因此，公共图书馆在今后开展古籍阅读推广活动时，建议采取以下策略。

4.1　"地域＋经典＋时事热点"，深挖内涵，传承文脉

图书馆作为保护和传承典籍的重要机构，应在深耕内容、研读典籍上下功夫，以当代眼光审视、解读典籍，寻找典籍与时代的深度契合点，让典籍文献里蕴含的丰富内涵和深厚底蕴得以充分展现[4]。在开展古籍阅读推广活动过程中，在古籍资源存藏量有限的条件下，可依据本馆特色馆藏，立足经典，结合本区域特有的历史文化传统，联系当下时事热点，深挖中华典籍蕴含的优秀传统文化思想内涵、当代价值与现实意义，将历史与现实相结合，对古籍文献进行内涵挖掘、阅读推广和二次开发。在传承和弘扬中华优秀传统文化的同时，通过探索地方古籍文献的利用，为地方乡土文化教育开辟新的路径，让古籍为社会发展提供文化滋养。

4.2　"文创＋讲座＋参与体验"，丰富载体，普及推广

在图书馆的职能和服务内容中，阅读推广是图书馆重点的推广活动，而经典古籍阅读的推广是一个较难突破的点。古籍阅读本身需要阅读者有一定的文言文理解基础，但这对于广大公众而言并不合适。因此，推广古籍阅读，首先要拉近古籍本身与普通读者的距离，降低阅读的难度，把握大众的心态[5]。而提取古籍内容，活化开发为文创产品，利用讲座普及赏析古籍内容、组织参与体验亲近经典古籍，使得古籍以平民化、趣味化的方式走进公众生活。结合当地实际，还可积极主动寻求与中小学、高校、社区、部队及社会文化机构团体等社会力量的合作，共同开展古籍阅读推广活动，在中小学生、青年、官兵和社会公众中大力开展社会教育，弘扬和传播中华优秀传统文化内涵。

4.3 "传统＋党建＋廉政教育"，扩大古籍宣传效果

习近平总书记指出："了解我国古代廉政文化，考察我国历史上反腐倡廉的成败得失，可以给人以深刻启迪，有利于我们运用历史智慧推进反腐倡廉建设。"廉政思想是我国古代优秀传统文化中的宝贵遗产，对新时期的党建工作具有重要的启示作用。在开展古籍阅读推广过程中，可将推进党的建设与弘扬中华优秀传统文化、开展廉政教育有机结合，利用古籍中蕴含的廉政思想开展党建专题学习和党员干部廉洁教育，形成"传统＋党建＋廉政教育"三位融合的学习模式，为党建活动提供新形式，不断丰富党建活动载体，增加古籍阅读推广活动的受众对象，扩大古籍阅读推广的社会影响力和宣传推广效果。

5　结语

党的二十大报告提出："推进文化自信自强，铸就社会主义文化新辉煌。"国家图书馆110周年纪念长廊中的《国图百十年典籍传承记》末云："史之有籍，踬其迹矣，籍不守，则史之匿。惟其籍之能守，则史备赅载而传千秋；惟其史之能传，则国聚民心而垂鸿祚。"古籍作为中华优秀传统文化赖以生存和发展的最重要的物质载体，图书馆等公藏机构对其进行妥善保护和宣传推广任重道远。唯有开阔眼界，立足地方，继续对古籍中所蕴含的文化内涵和当代价值进行深入挖掘，不断探索和创新古籍阅读推广之路，方能使古籍真正活在当代、传之久远，使文化传承绵延不绝。

参考文献

［1］张丽娟.省级公共图书馆古籍阅读推广研究［D］.济南：山东师范大学，2022.

［2］中共中央办公厅　国务院办公厅印发关于推进新时代古籍工作的意见［EB/OL］.中华人民共和国国务院公报，2022（12）：30-33.

［3］陈怡爽，安平，赵洪雅."十三五"时期古籍保护的宣传实践与特色［J］.古籍保护研究，2021（2）：10-26.

［4］何子旭.古籍保护宣传推广研究［D］.天津：天津师范大学，2021.

［5］周余姣，田晨，武文杰，等.古籍传承性保护的理论探索［J］.图书馆杂志，2020，39（12）：14-19，42.

铸牢中华民族共同体意识背景下的
民族文献阅读推广实践

吴　莹①

（广西壮族自治区图书馆，广西　南宁　530022）

【摘要】公共图书馆是弘扬中华优秀传统文化的重要场所，公共图书馆应发挥自身优势，依托丰富的馆藏资源，创新阅读推广方式，加强跨界合作等路径，铸牢中华民族共同体意识，培育和践行社会主义核心价值观，增进读者对民族文献的理解和认同。

【关键词】民族文献；公共图书馆；阅读推广

【中图分类号】G252　　　　　　　　【文献标志码】B

中华民族共同体意识是国家统一之基、民族团结之本、精神力量之魂。我国是统一的多民族国家，各民族都对中华民族的形成与发展做出贡献。文化是一个民族的魂魄，文化认同是民族团结的根脉，文化的传承与弘扬是彰显历史深度和民族厚度的"时代音符"。开展民族文献阅读推广活动有助于提高中华民族凝聚力、促进民族大团结、铸牢中华民族共同体意识。作为传承文明主力军的公共图书馆，有责任、有义务通过阅读推广实践来弘扬中华优秀传统文化，在广大读者中铸牢中华民族共同体意识，培育和践行社会主义核心价值观，增进广大读者对中华优秀传统文化的理解和认同。

1　民族文献阅读推广实践的意义

民族文献是指反映各民族历史、文化、政治、经济、宗教、文学、艺术、天文、地理、医药等领域发展和取得成果的各类文献资源[1]。民族文献阅读推广是通过形式多样、内涵丰富的活动，以期提高民族文献的利用率。

1.1　有利于提升民族文化自信

文化自信源于人们对传统文化的认同和追随，对本土文化的创新性改造，与时

---

① 吴莹（1989—），女，硕士，馆员，就职于广西壮族自治区图书馆。

代优势、地域优势的结合，从而促进文化自信的树立。我国传统文化意义深远、形式多样，是中华民族的根本，是维系民族情感的桥梁，是中华民族数千年来的精神文化成果，也是塑造文化自信的基础。

民族文献是一种宝贵的资源，是一笔巨大的无形资产，不仅能形成强大的凝聚力、吸引力，还反映出一个地区的独特魅力与辐射力，这源于源远流长并富有特色的历史文化资源重放光芒，呈现新的生机与活力。公共图书馆参与民族文化保护和传承对保护城市文明特征，丰富文化内涵，展示文化魅力，发掘城市精神的历史人文根基，具有不可估量的价值。民族文化是一个国家和民族发展的必需，也是人类进入文化自信时代的表现。公共图书馆通过多种形式开展民族文化保护和传承实践，是传承优秀传统文化的具体实践，促使中华民族的文明之河源远流长，同时也推动现代社会的发展，唤醒人民的民族文化自信。

1.2 有利于民族文化的研究

公共图书馆拥有丰富的文献资源，通过对文献资源的整理研究，可以提炼精华，有利于让人类文明成果为全人类共享；公共图书馆通过多角度研究民族文化，开发其价值，展示民族文化的魅力，有利于促进民族文化的跨学科研究成果。此外，公共图书馆注重对民族文化价值的挖掘和推广，形成重视、保护、传承民族文化的社会氛围，有助于专家学者对民族文化进行深入研究。因此，公共图书馆作为社会力量之一，通过参与民族文化的传承，可以让整个社会形成重视、保护民族文化的意识和氛围，从而促进民族文化的研究。

1.3 有利于地方公共图书馆的建设

党的二十大报告提出要推进文化自信自强，铸就社会主义文化新辉煌；要繁荣发展文化事业和文化产业，增强中华文明传播力、影响力；加大文物和文化遗产保护力度，加强城乡建设中历史文化保护传承，讲好中国故事、传播好中国声音，均为文化旅游事业的发展指明了前进的方向。

公共图书馆是人类智慧的宝库、文明传承的载体。习近平总书记指出，图书馆是国家文化发展水平的重要标志，是滋养民族心灵、培育文化自信的重要场所。图书馆保存着大量地方民族文献，是中华民族的智慧结晶和我国传统文化的灿烂瑰宝，是绵延数千年的中华文明脉络的重要载体之一。做好地方民族文献的保护、传承、开发和利用，是传承和弘扬中华优秀传统文化的路径。

2 民族文献阅读推广的现状和不足

公共图书馆有保存资源、传播文化的职能和使命，这就要求公共图书馆在民族文献保护与传承中要与时俱进、推陈出新,并通过创新的方式开展相应的服务。从目前来看,民族文献阅读推广仍面临多方面的问题和挑战。

一方面,公共图书馆的民族文献资源以图书为主,报刊和音像数量明显偏低,部分公共图书馆的自建数据库中已经涵盖民族文化类的数据库。总体来看,民族文献资源的内容和数量仍然滞后,呈现不均衡的特点。非正式出版物、特种文献等尚未得到关注,如口述史、手稿等具有历史和文化价值的民族文献仍处于空白状态。这导致了可以作为阅读推广的民族文献资源十分有限。

另一方面,公共图书馆在充分利用文献、场馆等资源优势的基础上,可以针对不同类型的民族文献特点开展不同主题的阅读推广活动。例如,通过“非遗”传承人、地方文化名人等与读者进行交流,从而激发读者对民族文化的兴趣。目前,公共图书馆对民族文献推广缺乏全面认识,拘泥于传统的展现形式,阅读推广活动主要为讲座、研讨会、有奖问答等传统形式,表现形式单一,缺乏参与性、互动性和广泛性。

3　民族文献阅读推广的提升策略

为进一步增强公共图书馆的公共文化服务功能,拓展公共图书馆职能,提升公共图书馆的社会形象,满足人们对多样文化的需求,公共图书馆可以通过挖掘馆藏特色、创新推广方式、加强跨界合作等吸引更多读者阅读和了解民族文献。

3.1　加强挖掘馆藏特色,夯实阅读推广基座

近年来,我国公共图书馆的特色馆藏建设力度不断加大,已基本形成纸质文献与数字资源并重、互补,同时突出地方特色的建设格局。

广西拥有丰富多彩的民族文化,其中壮族的古壮字具有地域性、独特性。古壮字是壮族人民仿效汉字六书构字方法创造的用来记录壮语的一种民族文字,与文字有很深的渊源[2]。在图书馆收集的民间资料中存在着大量的古壮字,这些古壮字成为当地图书馆的文化瑰宝,如《布洛陀》《布伯》和《莫一大王》等壮族民间文学作品。而《古壮字字典》是以这些具有影响力的史诗为收录对象,收录了10 700个古壮字。以古壮字记载的古籍,可以作为广西公共图书馆重点收藏的对象,并对其进行研究,深入提炼文化元素,从而为广西公共图书馆开展相关的民族主题活动、研发文创产品提供基础。又如广西的京族文化,京族是我国唯一的海洋民族,主要聚居在广西东兴市江平镇的沥尾、山心、巫头3座小岛上,京族口头流传的民间故事和神话传说内容丰富、情节生动,给人们以思想滋养和美的

享受，主要有《镇海大王》《宋珍和陈菊花》《田头公》《计叔》《刘二打番鬼》等。这些散落在民间的非正式出版的民族文献资料极为珍贵。当地图书馆应加强对这些民族文献的收集、整理和研究，与当地的民间艺人、"非遗"传承人保持良好的合作关系，有助于对其内容的深入了解，从而丰富公共图书馆的馆藏资源，并形成馆藏特色。此外，公共图书馆要加大对典籍文献的深入研究、挖掘，突出馆藏信息资源的核心优势，充分展示地方文化记忆。如广西公共图书馆可以对《布洛陀》《布伯》和《莫一大王》等古籍资料进行二次开发，提炼事件的主要内容，充实民族主题的内容，形成完整的创意理念体系。各级公共图书馆集合当地优秀文化资源，保存了大量与当地生活、民俗有关的历史资料，在民族文化保护和传承的发展道路上具有突破、创新的优势。

3.2 创新推广形式，建立全方位、立体式的阅读体验

公共图书馆致力于服务一切读者，延伸读者服务是新时代图书馆的发展趋势。通过活化民族文献资源，采用具有创意的方式举办活动和搭建平台等，既能激发民族文献资源的魅力，又能践行公共图书馆的文化传播职责。一是打造文创阅读体验区。利用公共图书馆的文化阅读元素进行空间设计，并配备 AR 立体书、VR 互动体验等科技设备，使体验区富有浓厚的文化气息和现代感，打造集创意、科技、阅读于一体的体验区；同时，在体验区举办民族文化阅读活动，利用"图书馆 + 读者"合作的模式，让读者自行主导和策划主持活动，从而达到自由交流、传播知识、传承文化的目的，为真正喜爱民族文化的读者提供展示的平台和空间。二是结合我国的传统节日和文化遗产日，拟定主题活动内容，通过 DIY、抢答、阅读分享等多种活动，鼓励读者参与其中。三是拓宽阅读推广活动的配套服务范围。公共图书馆依托民族文化馆藏资源举办展览、讲座等阅读推广活动，研发符合主题的文创产品，并增设文创产品展示区。如公共图书馆举办的民族文化主题展览，可配套展示以典藏内容元素研发的文创产品。公共图书馆要注重将文化创意融入生活，贴近大众需求，丰富公共图书馆的服务方式。四是针对青少年群体策划符合特定服务对象年龄特征的民族文化主题活动。利用寒暑假设立简单的技能培训班，如剪纸、拓印、扎染等传承班，为青少年提供接触民族文化的机会。五是搭建开放、多元、合作的交流平台，通过整合公共图书馆的资源、加强馆际交流、跨界交流等方式，实现资源的合作机制。公共图书馆通过策划创意主题项目，结合服务推广，有效利用公共图书馆的民族文献资源，调整公共图书馆的服务理念和方式，营造活跃的阅读氛围，为传统的公共图书馆注入新活力，促进公共图书馆的进步和发展。

3.3　加强跨领域合作，实现多元主体推广

跨界融合是公共图书馆文创发展的必经之路，也是新时代公共图书馆实现"文化＋"转型的需要。跨界融合是公共图书馆在面临用户新型服务的需求这一驱动力产生的，也成为馆藏资源创新型开发的助推力。公共图书馆的文创发展需要突破传统的实物文创，应该与科技相结合，通过 3D、VR、AI 等技术，使"古籍里的文字活起来"。如壮族独有的古壮字就是很好的素材，通过技术的处理，使受众不仅能在古籍中感受古壮字，也可以通过视觉、听觉、触觉等多种体验方式同步展示古壮字，真正做到文化传承。由于产品设计和营销不属于公共图书馆的优势与专长，因此要注重与各种类型的企业、工作室合作，主动借助丰富的资源和优势，将企业的品牌和图书馆的资源结合在一起，打造更多具有公共图书馆特色的产品。公共图书馆在选择可合作企业时，应注重与饮食、家居、日用等行业的企业合作，根据不同类型的企业优势来设计生产专题产品，如广西壮族自治区图书馆可以与本地连锁餐饮品牌店联合推出具有古壮字元素的食品包装、餐具等，在餐厅中设立专柜销售产品。此外，还可以通过与手工艺人、"非遗"传承人、青年艺术家等合作，开发更多符合现代年轻人审美需求的作品，从而做到互利共赢。

3.4　开展对外文化交流合作，提升活动效益

由于不同的经济带和国家存在着文化的差异，为了能消除文化差异在对外交流中的副作用，需要在发展中不断探寻中外文化的交叉地带，在吸收异质文化精华的基础上，积极培育共性文化，求同存异，共谱新乐章。习近平总书记指出，要努力展示中华文化独特魅力，把继承传统优秀文化，又弘扬时代精神、立足本国又面向世界的当代中国文化创新成果传播出去。随着"一带一路"倡议得到更多国家的响应，沿线不同的国家、民族之间的交流更加频繁，为民族文化的对外传播提供了广阔的空间。尤其是地处边境的公共图书馆，其区位优势更加突出，如广西南宁是中国面向东盟国家开放合作的前沿和枢纽城市，广西壮族自治区图书馆、南宁市图书馆等当地公共图书馆则可以结合自身的优势探索"走出去"的路径。一是借助"一带一路"的国际交流平台，通过国家"走出去"的文化项目，积极主动对外宣传，打破人们对公共图书馆传统服务功能的认知。二是组织研究馆员到国外图书馆、文化馆进行交流，不仅可以宣传本区域的民族文化，还可以借鉴其他国家传统的文化元素。三是参加国际性的展会活动，通过文创产品的研发，借势在国际舞台上展现自己。

公共图书馆作为滋养民族心灵、培育文化自信的重要场所，其民族文献阅读推广活动应丰富多彩，让民族文献走进大众的阅读视野，充分发挥民族文化的时代价值，推动中华优秀传统文化繁荣发展。

参考文献

［1］刘淑华，乌兰格日勒，王天泥．民族文献阅读推广的活动组织和管理研究［J］．图书馆与情报，2020（5）：133-139．

［2］艾红娟．《古壮字字典》研究［J］．广西民族师范学院学报，2012，29（4）：106-107．

促进城市文旅融合发展的阅读推广"π 策略"路径探究

——以北海市图书馆为例

叶汝蓉①

（北海市图书馆，广西 北海 536000）

【摘要】为落实习近平总书记视察广西的重要讲话精神，传承和发扬优秀传统文化，促进北海市文旅融合发展，北海市图书馆提出建立 3 个联盟、实施 1 个智慧阅读工程和做好 4 个本土文化项目的"314"阅读推广策略，并形象地称之为"π 策略"。"π 策略"实施 5 年来，在促进城市文旅融合发展方面取得了一系列显著的成绩，主要体现在提升了图书馆的服务品质，打造了文旅融合的品牌，助力城市文旅融合的发展，助力文旅人才培养的内涵提升和促进城市文化品位的提升。

【关键词】文旅融合；阅读推广；图书馆；π 策略
【中图分类号】G252　　　　　　　　　【文献标志码】B

1　引言

2016 年，北海市被列入国家旅游局（现国家文化和旅游部）的首批国家全域旅游示范区创建城市名单。北海市在政府工作报告中提出要大力推动旅游与文化产业的融合发展，实现全域旅游的新业态[1]。北海市是全国著名的旅游城市，是国家历史文化名城，是世界公认的古代海上丝绸之路的始发港，是驰名中外的"南珠之乡"，是"珠还合浦"和"徙合浦"等历史事件的发生地，是大文豪苏东坡曾流连忘返的地方，是中国人民解放军"陆军海战"成功先例的纪念地……然而，北海市图书馆针对当地市民开展的一次大规模问卷调查中却发现，当地市民甚至不少的当地导游对北海市优秀历史文化知之甚少，旅游市场上更是缺乏相应的文旅产品。

2017 年 1 月，中共中央办公厅、国务院办公厅印发了《关于实施中华优秀传统文化传承发展工程的意见》，将中华优秀传统文化复兴上升为国家战略。同年 4 月，习近平总书记到广西视察，首站来到北海市。在视察过程中他盛赞北海深厚的文化

---

① 叶汝蓉（1977—），女，本科，馆员，就职于北海市图书馆。

底蕴，并首次提出"向海经济"的概念，为迈入新时代的北海发展指明了航向。北海市图书馆认为，城市文旅融合的发展就是对城市文化的最好传承。北海市图书馆决定通过"图书馆＋"理念，建立 3 个联盟、实施 1 个智慧阅读工程和做好 4 个本土文化项目的阅读推广策略，助力北海市文旅融合的发展和国家全域旅游示范区的建设。因为"314"是圆周率的前 3 个数字，所以北海市图书馆形象地将此阅读推广策略称为"π 策略"。

2 "π 策略"的构建与实施

2.1 建立 3 个联盟

2.1.1 北部湾经济区图书馆服务联盟。2008 年，国务院批复由南宁、北海、钦州、防城港、玉林和崇左 6 个市成立广西北部湾经济区。经过 10 多年的发展，6 个市在文化事业"同城化"方面仍起步蹒跚。2019 年，由北海市图书馆牵头，联合 6 个市的市级公共图书馆，成立了北部湾经济区图书馆服务联盟，建成全国首个经济区域内跨城市的图书馆服务联盟共同体，整合 6 个市 42 个县（区）级以上公共图书馆的资源，实现了图书通借通还和文化资源共享。读者只需凭"阅读一卡通"或身份证就可以享受到 400 多万册图书的资源，打通了地域壁垒，实现了不同图书馆的图书资源循环利用和价值最大化。

北部湾经济区图书馆服务联盟推出了多个"图书馆＋"的文旅产品，如涠洲岛智慧书房的"图书馆＋景点"产品，北海近代历史陈列馆的"图书馆＋陈列馆"产品和南宁、北海、钦州火车站的"图书馆＋高铁站"产品等，有力推进了文旅融合的发展和全民阅读的深入开展。

2.1.2 职业教育联盟。文旅融合发展关键在人才，而职业教育是培养文旅融合人才的关键。当前的职业教育尤其是中等职业教育学生普遍存在文化素质不高的问题，严重影响文旅融合人才的培养。北海市图书馆通过"图书馆＋教育"，与几所职业院校建立了北海市职业教育联盟，广泛开展阅读推广活动，为职业教育发展贡献力量。例如，在北海市中等职业技术学校广泛开展"三名工程"，即读名著、学名人和赏名画活动，极大地提升了中等职业技术学校学生的文化素质；参与"以全域旅游视角助推乡村振兴战略的中职教学改革与实践"项目的研究，充分挖掘馆藏文化资源和国内外乡村旅游情报信息的优势，为旅游人才的培养注入文化源泉；每年世界读书日联合举办阅读推广活动，其中北海市中等职业技术学校师生的北海贝雕作品展深受广大读者喜爱，为北海贝雕人才培养提供动力。

2.1.3　游学阅读联盟。"读万卷书，行万里路"即为游学，是古今中外大学者的求学、研学之路。对于现代青少年来说，游学不仅是一种集阅读、旅游、理论学习与社会实践"四位一体"的学习形式，还是一种文旅融合的学习体验。

北海市图书馆作为北部湾经济区图书馆服务联盟的牵头单位，在联盟内组建了游学阅读联盟，组织北部湾经济区 6 个市 8 个图书馆的读者联合开展研学游活动，打造了"走读广西·阅读北部湾"研学游品牌。北海市图书馆还积极与北海各地的博物馆、文物管理处、科普基地、研学基地、大中小学校、旅游公司等组建了"北海文化之旅"游学阅读联盟，定期举办各种公益性的研学游活动。联盟活动的开展，让广大读者体验了文化旅游的魅力，提升了对北海历史文化的认识，增进了文化自信。例如，"跟着习主席的脚步游北海""北海非遗之旅""党旗高高飘扬·广西人游广西"等活动，都取得了很好的社会效益和反响。

2.2　实施 1 个智慧阅读工程

《国家"十三五"时期文化发展改革规划纲要》提出，要强化文化科技支撑，运用云计算、人工智能、物联网等科技成果，催生新型文化业态[2]。北海市图书馆积极实施智慧阅读工程，一是 2019 年 12 月全国首家海岛智慧书房在北海市著名旅游景区涠洲岛落成，迅速成为该旅游景区的一个"网红"打卡地，吸引越来越多的游客前往体验；二是 2020 年 6 月全国首个高铁读书驿站在广西钦州东站启用，2020 年 10 月南宁东站、北海站也相继启用了高铁读书驿站。

海岛智慧书房和高铁读书驿站采用"智慧图书馆＝图书馆＋物联网＋云计算＋智慧化设备"的建设理念，每台自动借阅机可容纳纸质图书及期刊 500 余册，借阅机包含了海量的电子资源，涵盖了文献、书籍、旅游信息、文创作品、音乐赏析、影视资源等，为游客提供了全新的阅读体验。

2.3　做好 4 个本土文化项目

2.3.1　"向海之路"本土文献典籍电子资源库。本土文献典籍是深度开发北海旅游资源和使游客深度了解北海的工具，不仅具有重要的学术价值，还具有传承与弘扬地方文化深远的历史意义。从保护的角度来看，本土文献典籍一般不对外借阅，这给学术研究和文化挖掘工作带来诸多的不便，因此本土文献典籍电子化工作亟待启动。

2017 年，北海市图书馆启动本土文献典籍电子化工作。2019 年，北部湾经济区图书馆服务联盟成立后，6 个市联合建设"向海之路"特色资源数据库，全面整合各馆丰富的地方特色数字资源，包括全文图书、报纸、专题片、公开课、政府信息等多媒体资源，形成一个多媒体全文数据库，涵盖了社会、经济、历史、文化等诸多方面，逾 50 万个条目，总容量超过 15 TB。读者可通过联盟官方网站或公众号免费查阅。

当前，"向海之路"特色资源数据库依然不断更新数据。该平台不仅为地方经济文化建设和社会发展服务，还成为广大游客全面了解北海的窗口和宣传北海文化的前沿阵地，在北海文旅融合大发展中有着无可替代的地位。

2.3.2　本土文化短视频。随着各种新媒体的崛起，短视频成了文化传播的主要途径之一。北海市图书馆与时俱进，制作并推出了 4 个系列的短视频，作为传承和弘扬本土优秀历史文化的重要推手。

4 个系列短视频创作的先后顺序：一是《八桂历史名城北海篇》，着重介绍北海市重要的历史文化遗迹，如千年汉墓、百年老街等折射出的北海历史文化变迁；二是《八桂非遗传承录北海篇》，着重介绍疍家婚礼、"珠还合浦"典故等"非遗"文化；三是《北海微视频》系列，涵盖了北海市各大新旧旅游景点的解说，如著名的银滩、老街、涠洲岛，还有刚刚修葺一新的乾江古镇、高德古镇等；四是《文献活映》系列，这是贯彻落实习近平总书记视察北海时提出"让文物说话，让历史说话，让文化说话"[3] 的重要举措。该系列短视频是在自汉代至近代的文献典籍中撷取 20 多位先贤，讲述他们在北海清廉美德的故事。该系列短视频的内容通过微信公众号和抖音等平台发布，是广大市民和游客了解北海文化最直观的窗口，也是导游给游客讲述北海故事最好的素材来源。

2.3.3　本土作家和作品阅读推广活动。本土作家的著作不一定是反映本土的文化，但却是本土文化的重要组成部分。北海市图书馆为本土作家群体推出了四大读者活动，分别是本土作家作品书目推荐、本土作家作品展览、本土作家作品书评和本土作家沙龙等。作家有自己的朋友圈，其读者和粉丝遍布全国甚至全世界。因此，开展本土作家和作品的阅读推广活动，邀请其他著名的作家光临，能吸引全国甚至全世界的目光，更好地弘扬和传承北海优秀文化。

2.3.4　本土文化的整理和归纳。本土文化是文旅融合中"文"的重要组成，一个没有本土文化的旅游景区，是没有可持续发展的可能，甚至可以说是没有未来的。北海市图书馆联合各高校、科研机构和广大读者，充分发挥馆藏资源优势，整理和归纳了北海本土"十大文化"，分别是丝路文化、南珠文化、红色文化、名人文化、民俗文化、曲艺文化、饮食文化、康养文化、特产文化和开放文化，为北海市文旅融合发展提供了丰富的文化支撑。

丝路文化以北海古代海上丝绸之路始发港的历史、传说、遗迹与遗址为主；南珠文化以"珠还合浦"典故的史实、传说和相关名人为主；红色文化主要包括近现代发生在北海市辖区内的可歌可泣的革命故事和相关遗址；名人文化主要是古今本土名人和来过北海的名人的故事、传说和文章等；民俗文化主要介绍和体验北海特有的疍家婚礼、客家拜伯公万家宴、中秋烧番塔等民俗；曲艺文化主要介绍和欣赏北海市特有的曲目如老杨公、耍花楼、公馆木鱼和疍家咸水歌等；饮食文化主要介绍和体验北海的特色菜和小吃，如各种特色海鲜海味菜肴、大月饼、虾饼等；康养文化主要介绍和体验北海市特有的沙浴、泥浴、端午浴、沙疗、鱼疗等；特产文化分为北海市特色农副产品和"非遗"旅游工艺品两类，特色农副产品如各类海产品干货、海鸭蛋及其系列加工品、拥有地理标志的公馆香山荔枝和黑猪肉等，"非遗"旅游工艺品主要由珍珠、贝雕、角雕、南流江玉等材料加工而成的各类工艺品；开放文化分成两类：一类是自 1876—1949 年北海被迫开放的历史和遗迹，另一类是 1984 年北海市被列入全国首批 14 个沿海开放城市以后的历史文化。

3 "π 策略"的成效

"π 策略"实施 5 年来成效显著，主要体现在提升了图书馆的服务品质、打造了文旅融合的品牌、助力城市文旅融合发展、助力文旅人才培养的内涵提升和促进城市文化品位的提升等方面。

3.1 提升了图书馆的服务品质

"π 策略"实施以来，北海市图书馆的服务质量有了飞跃式的提升，创造了多个"全国第一"：2019 年成立的北部湾经济区图书馆服务联盟是全国首个经济区域内跨城市的图书馆服务联盟，2019 年建成的涠洲岛智慧书房是全国首个海岛智慧图书馆，2020 年建成的高铁读书驿站是全国首个开设在高铁站的图书馆。诸多"第一"的成绩，极大地提升了北海市图书馆的服务品质和社会影响力。

3.2 打造了文旅融合的品牌

由北海市游学阅读联盟推出的系列游学项目，深受广大读者的欢迎，并在读者的强烈要求下开展了多次研学、游学活动，目前已成为北海市文旅融合的品牌。北海本土作家和作品阅读推广活动推出 4 年多以来，都吸引了全国众多的读者和各路媒体，成了北海市图书馆最受关注的阅读推广活动之一，也是北海市文旅融合的重要品牌。

3.3 助力城市文旅融合的发展

在北海市图书馆和各文化旅游等部门的共同努力下，北海市的文旅融合发展取得了长足的进步。2019 年，北海市成为广西首个全域旅游示范市，并成功承办 2021 年广西文化旅游发展大会。

3.4 助力文旅人才培养的内涵提升

在北海市职业教育联盟的努力下，培养出的旅游人才文化素质显著提升，北海市中等职业技术学校被评为广西首批 8 所"五星级"中等职业学校之一；共同参与的教育改革成果"以全域旅游视角助推乡村振兴战略的中职教学改革与实践"荣获广西 2019 年优秀教学成果一等奖，排名第 2 位。

3.5 促进城市文化品位的提升

"向海之路"本土文献典籍电子数据库把北海的历史文化推向了全世界；本土文化短视频不仅扩大了北海的文化影响力，还能起到赓续优良传统、传承先贤美德的社会效益；本土作家和作品阅读推广活动增强了北海的文化影响力，2018 年以来，世界享有盛名的著名作家余华、王蒙、陈建功、聂震宁等先后来到北海市图书馆，与本土作家一起作学术报告和举办公益讲座，受到全国文坛的广泛关注，影响巨大；本土"十大文化"的整理为北海市乡村旅游增加或延长了产业链，为乡村振兴战略做出了应有的贡献。本土文化项目探索和研究实践的开展，有效促进了文旅融合的发展和优秀文化的弘扬与传承，无形中提升了城市品位和魅力。

4 思考

广西处于西部欠发达地区，北海市是广西的地级市。多年来，北海市由于财力不足，人才缺乏，公共文化服务、文旅融合服务与发达地区城市存在较大差距。北海市图书馆克服困难，紧抓文旅融合大发展的机遇，针对北海市作为全国著名旅游城市、国家历史文化名城，存在文旅融合发展不足和文化宣传不足的问题，大胆创新，开展跨领域、跨区域建设联盟，深挖地方历史文化资源、旅游资源，通过"图书馆＋"理念进行文旅阅读推广，打造了一批文旅融合品牌、文旅"网红"打卡点，有效促进了北海市文旅融合发展，宣传和弘扬优秀历史文化，提升城市的文化品位和魅力。

北海市图书馆在探索有效促进城市文旅融合的阅读推广路径的过程中遇到了较多问题和困难，比如在现有体制下公共图书馆如何进驻旅游景区、旅游度假区、旅游服务中心，如何走进高铁站，如何以更便捷的途径建立联盟，如何更有效地引入社会力量共同参与文旅阅读推广等问题。针对这一系列的问题，北海市图书馆将项目建设与法人治理结构试点改革相结合，并以此为抓手，以法人治理结构试点改革为契机，吸引社会力量参与图书馆的文旅阅读推广，通过社会力量成功将项目建设的智慧书房推进旅游景区、读书驿站推进高铁站等，实现有效的文旅融合。

5　结语

当前，在国家、地方关于文旅融合的相关文件、政策陆续出台和公共图书馆对文旅融合路径及创新的积极探索的共同推动下，公共图书馆的文旅融合服务和研究进入了空前繁荣阶段，但依然有很多欠发达城市，虽有深厚的历史文化底蕴、丰富的旅游资源，但由于公共图书馆的各种客观原因未能有效开展文旅服务，因此需要有更多发展程度相当、城市特点相似的公共图书馆提供更多可参考、可借鉴的文旅服务案例。

参考文献

[1] 北海市人民政府网.权威发布｜北海市政府工作报告（全文）[EB/OL].（2022-02-14）[2022-04-15]. http://www.beihai.gov.cn/xxgkbm/bhsgyhxxhj/gzxx_13/t14903813.shtml.

[2] 国务院新闻办公室网站.国家"十三五"时期文化发展改革规划纲要[EB/OL].（2017-05-08）[2022-04-15]. http://www.scio.gov.cn/xwfbh/xwbfbh/wqfbh/39595/40355/xgzc40361/Document/1653915/1653915_2.htm.

[3] 新华网.这件事，在习近平心中有多重[EB/OL].（2019-08-19）[2022-04-15]. http://www.xinhuanet.com/politics/xxjxs/2019-08/19/c_1124894941.htm.

《中华人民共和国家庭教育促进法》
背景下馆社联动推广家庭阅读策略研究
——以柳州市图书馆为例

叶伟伶① 黄 毓② 邬长久③ 刘佩婷④ 黄嘉慧⑤

（柳州市图书馆，广西 柳州 545001）

【摘要】本文从《中华人民共和国家庭教育促进法》中阐述的公共图书馆在家庭教育中的法律责任出发，从家庭、学校、社会协同育人格局中，探索馆社联动模式的可行性和可持续性，以柳州市图书馆为例，采用问卷调查法，了解家庭阅读诉求，以家庭为单位开展阅读推广，通过培育家教文化志愿者团队、与社会力量合作共建联动网，以点带面，为家庭阅读推广提供新途径。

【关键词】馆社联动；公共图书馆；家庭阅读推广

【中图分类号】G252.1　　　　　　　【文献标志码】B

1　前言

自古以来，中华民族就特别重视家庭、家教、家风。古有孔子"诗礼传家"的教子故事，近有曾国藩"耕读传家"的谆谆教诲。2022 年，《中华人民共和国家庭教育促进法》（以下简称《家庭教育促进法》）的正式实施，以及党的二十大报告中首次提到的"加强家庭家教家风建设"，家庭教育从"家事"上升到"国事"。在家庭、学校、社会协同育人机制中，社会教育主要是一种大的育人环境，为家庭、学校、社会协同育人提供大的育人格局[1]，公共图书馆便是具有教育职能的社会文化机构。

---

① 叶伟伶（1967—），女，本科，馆员，就职于柳州市图书馆。

② 黄毓（1965—），男，本科，副研究馆员，就职于柳州市图书馆。

③ 邬长久（1990—），男，本科，助理馆员，就职于柳州市图书馆。

④ 刘佩婷（1998—），女，本科，助理馆员，就职于柳州市图书馆。

⑤ 黄嘉慧（1995—），女，本科，助理馆员，就职于柳州市图书馆。

中华民族自古提倡阅读，《家庭教育促进法》第四十六条指明图书馆在家庭教育中的法律责任，即"每年应当定期开展公益性家庭教育宣传、家庭教育指导服务和实践活动"，这意味着家庭阅读的重要性日益凸显。因此，在协同育人机制中，公共图书馆应与社会力量深度合作，以馆社联动共同促进家庭阅读推广高质量发展。

2　家庭阅读的现状

为履行"引导全社会注重家庭、家教、家风"的法律义务，精准把握现代读者在家庭教育中的困惑和需求，疏通图书馆与家庭的梗阻，柳州市图书馆以家庭教育需求为导向，第一阶段采用问卷调查法，于 2022 年 1—2 月开展家庭教育问卷调查活动，调查对象为读者中的家长群体，共发放问卷 1 500 份，回收问卷 1 365 份。在问卷中提及在家中是否有专门的阅读空间或书柜，超过半数受调查者家中有专门的阅读空间，但仍有 44.55% 的受调查者家中没有专门的阅读空间；当被问到家庭进行亲子阅读时大多是谁参与，"父母无参与"占 38.61%，表明亲子阅读未受到部分家长的重视；在选择所认为的家庭教育过程中最大的障碍是什么时，34.65% 的受调查者选择"没有阅读氛围"，29.7% 的受调查者选择"缺乏系统的教育理念"。第二阶段采用访谈法，调查 20 位文化志愿者和青年读者对家庭阅读的认知程度。调查结果显示，他们普遍在公共图书馆或用手机进行阅读，对家乡、家风等了解较少，但对于孔子、梁启超、毛泽东等耳熟能详的名人家风却相当了解并乐于接受。由此可见，家庭阅读中存在科学的阅读观缺乏、家庭阅读氛围不浓、家长较少掌握科学的阅读指导方法等问题[2]。

3　柳州市图书馆馆社联动推广家庭阅读策略

破解家庭阅读的困境，需要因地制宜探索和完善协同育人工作协调机制，加强统筹规划和资源整合[3]。公共图书馆要转变观念，从限于家庭与学校的育人模式转变为以家庭为单位，形成馆社联动协同育人的有效机制和模式。馆社联动模式能够强化公共图书馆的社会教育职能服务，营造全社会共建共享的家庭阅读氛围：通过延展阅读平台，让阅读资源充分涌流，提高参与率，扩大覆盖面，使得家庭阅读推广的效能得到提升；通过借助社会力量，丰富公共图书馆阅读服务的内涵，精准对接需求，解决人力、财力紧缺的问题；通过共商建立科学的家庭阅读推广机制，为家庭阅读保驾护航。

3.1　转变观念，开启家庭阅读

《家庭教育促进法》第四条指出："国家和社会为家庭教育提供指导、支持和服务。"家庭是人生的第一课堂，在家庭教育中，家长是第一责任人。基于此，柳州市图书馆改变以往以孩子为服务对象的传统推广模式，升级为以家庭为单位的阅读服务新形式，充分发挥家长的主动性，促进家长与孩子的双向互动，让家长感知到共育的重要效能：①构建分级阅读指导。线上由馆员、志愿者面向社会开展家庭阅读荐书、共读打卡、知识问答等可互动阅读的活动；线下针对中老年、青少年等特殊群体，设立阅读专区、专座及主题书展，有效提高阅读能力和质量。②树立家长榜样。针对普遍存在的家长在家庭阅读中陪伴较少的问题，开展"家有读爸""中华家风家训"等系列家庭阅读活动，鼓励家长深度参与亲子共读，主动承担家庭教育责任，回归家庭教育，给予孩子高质量陪伴，努力保证每一位家庭教育主体都充分参与家庭阅读。③以点带面。持续开展"小小志愿者""假期嘉年华"等志愿服务活动，让青少年自愿参与家庭阅读推广活动，甚至参与组织策划，带动身边的家长、同学、朋友共同参与家庭阅读。

3.2 资源共享，共建馆社联动网

《家庭教育促进法》鼓励和支持事业单位依法开展公益性家庭教育服务活动。柳州市图书馆与学校、政府机关单位、城区（县）图书馆、企业、书店等社会力量进行长期合作，资源共享，常年开展许多家庭教育主题系列品牌活动，共建亲子阅读空间、家庭阅读分享平台。

3.2.1 深耕馆建，营造智慧化空间。柳州市图书馆于1992年建立，存在馆内设施老化、场地受限等硬件不足的问题。柳州市图书馆因地制宜，将物理空间利用到极致，拓展阅读虚拟空间，打造智慧复合型图书馆，以满足家庭阅读需求。

（1）创建阅甫轻艺术生活空间。柳州市图书馆引进本地社会资源及资本，创建广西首家馆店融合复合式人文空间，以阅读、茶习、工艺、互动、馆藏融为一体的全新阅读体验吸引市民到图书馆打卡，是家庭阅读休闲的文化空间；联合多位不同领域的专家学者，在假期举办"龙城少儿学堂"体验文化研学等普及阅读、亲子关系、美育知识的活动，开启馆校大型联动，如联合76所中小学打造的"德育品牌"校园成果展，为孩子及家庭营造充满美学、美育的特别假日氛围，让更多跨龄学生走入馆内，积极参与馆内文化建设。

（2）打造"红湾"主题阅读体验区。广西首家在公共图书馆打造的"红湾"主题阅读体验区在柳州市图书馆落地运营，让党史学习教育与家庭阅读有机结合。"红湾"不仅是党员的"红色港湾"，还是落实《家庭教育促进法》中立德树人根本任务的"港湾"、家庭阅读的"精神补给站"。"红湾"主题阅读体验区分别设置阅读

交流区、图书陈列区、休闲互动区和有声体验区，依据不同区域的功能进行整合盘活，并定期开展红色教育主题阅读分享会、红色家风主题演讲、亲子党史学习教育课堂等活动。

（3）创设数字资源体验区。柳州市图书馆与超星、博看、新语听书、喜马拉雅等企业合作，创设"书海导航""有声书墙"数字资源板块，分别设置图书、期刊、讲座、绘本、听书等多个模块，在主页定期更新家庭教育类书籍，推出"修身齐家·润泽心灵｜21天共读打卡""把我最爱的书说给你听｜亲子共读""爱满家庭·共悦书香｜亲子摄影"等家庭阅读推广活动，让家长与孩子随时随地品味书香，为家庭阅读创造资源优势。

3.2.2　多点覆盖，提供均等化服务。柳州市图书馆设置多个家庭阅读专区，形成以柳州市图书馆为核心的家庭阅读网。依托总分馆制与馆外服务点建设，打破地域限制，实现与6个分馆图书通借通还，11个馆外服务点定期进行图书交换、阅读指导、活动开展等业务，让图书资源动态更新、常态化共享；提高家庭教育类书籍占比，方便家庭自主选择感兴趣的书籍，为家庭阅读创造便捷的环境，有效解决读者精准对接阅读的需求。

与学校教育资源优势互补，传递爱与陪伴。学校与社区是馆外家庭阅读推广服务的主阵地，柳州市图书馆不仅在幼儿园、小学、中学定期开展主题阅读分享课、科普小课堂、传统文化体验课等活动，还注重潜在隐性需求者——农民工群体、行动不便群体的家庭教育需求，进入农民工子弟小学课堂，开展母亲节主题阅读分享课，协助运营农民工书屋，在城乡接合部社区开展心理讲座，对于行动不便的群体，组织党员"送书入户"，让社会公共文化服务资源在显性需求者及潜在隐性需求者之间流动与转换，有助于深化家庭阅读推广的核心价值。

3.2.3　文旅融合，践行知行合一。由图书馆引领阅读，夯实柳州市图书馆家风、家训实训基地服务，引导和鼓励社会力量参与，与不同行业领域的机关事业单位、社会团体组织、高校乃至个人等跨界合作，创设"以家庭教育为中心，多级联动保驾护航"的馆社联动同心圆模式，打造城市家庭阅读资源库；突破图书馆的物理界限，将整个城市作为立足点，依托馆藏和文化资源，充分挖掘本土家风、家训文化，创新"行走＋阅读"的馆社共育模式，通过"文化＋教育＋旅游"的形式赋予中华传统家风文化新时代内涵。例如，推广"游柳州·读历史"研学志愿服务项目，根据读者调查结果分析总结经验，联动柳侯祠、廖磊公馆、柳州工业博物馆、奇石馆等文化场馆，将家庭阅读从馆内延伸至整个城市。通过参观展览、讲解介绍，让大学生了解柳州的家风古训、历史沿革、先锋人物、文化溯源，弘扬城市家风精神，以文彰旅，以旅塑文。既让家风、家训传承常态化，融入家庭、社区、学校、单位等文化体系建设中，又激活了青年的内生动力，从而推动新生代回馈社会的文明新风尚。

3.3 人才孵化，形成阅读共同体

扩充"智库"，深化专业内涵。柳州市图书馆积极与教育局、妇联、社科联等政府机关单位联动，以传统文化为根基，深耕"中华家风家训"阅读品牌，衍生出名门家训、传统节日、村落特色、时代风貌四大主题活动；特邀跨领域专家作为阅读推广人，结合本馆的信息组织和整合的专业性，形成"专业讲座 + 专业宣传"扇形辐射模式，让家庭教育的知识理念由上至下充分传递，使家庭教育更有深度。

柳州市图书馆开创"基地培训—合作参与—团队策划—宣传带动"的人才培育逻辑，打造阅读推广共同体，形成裂变式推广体系。以学雷锋志愿服务站为基点，发挥大学生实训基地作用，常年招募青年志愿者，扩充家庭阅读推广人才队伍，由资深馆员或专业老师挖掘和发挥他们的优点与才华，着重培养他们的业务技能，为家庭阅读推广活动注入新活力；新老两代阅读推广人以不同视角看待问题，消除并链接时代代沟，发挥各自优势，以老带新、以新促老，共同作为引领者参与家庭阅读指导、阅读活动组织等文化志愿服务；每年对优秀志愿者进行表彰，激发志愿者的主动性和积极性，使其带动更多有为青年参与阅读推广队伍。

3.4 拓宽渠道，紧跟时代潮流

目前，在家庭阅读推广的社会效果方面，公共图书馆存在深度不够、创意性不足、辐射面窄的问题。公共图书馆起着桥梁的作用，联通家庭教育与社会资源，联动的紧密性直接关系到教育的效能。柳州市图书馆与社科联、妇联、电视台、诗社等单位、团体及学校建立长期、良好、稳定的合作关系，打通图书馆与社区、图书馆与学校两条通道，通过社会力量扩大公共图书馆的宣传力度和社会影响力，带动市民积极到馆内阅读、参加阅读推广活动。

除了传统的纸质媒介，公共图书馆可拓宽宣传途径，与平台生态相融，构建立体化宣传新格局。柳州市图书馆于 2022 年春节开通抖音号，抓住其短而精的平台调性，通过流行趋势、创新形式、带话题标签、具象化表达来展现家庭阅读的内容，引起读者的共鸣，吸引潜在的馆外读者。公共图书馆还可结合不同平台生态，多点铺设线上家庭阅读"云课堂"，邀请教育行业人才，开展公益性家庭教育指导课程，让多媒体平台成为有亮点、有优势、常态化、长效化的家庭教育线上科普基地。

4 馆社联动推广家庭阅读模式持续性的思考

4.1 制定管理流程，精准聚焦家庭阅读需求

单一阵地不足以满足当前家庭阅读需求，服务体系层面的阅读推广组织、协调、策划、宣传、培训、考核等要素的运行到位及有效支撑工作运行的制度保障才是阅读推广高质量发展的关键[4]。在制定管理制度前，可借鉴国内外公共图书馆切实可行的成功经验，并结合本馆特色，优化布局；在课题筹备、活动主题选取时，立足国内外视野，增加家庭阅读需求的调研频次，加强活动策划与实施，逐步提升活动推广的深度与广度；在与不同社会力量合作的过程中，要形成科学的、可持续推广的流程，让合作的全链条严丝合缝，提质增效。

4.2 建立门槛制度，完善馆社联动考核标准

在引入社会力量时，要建立门槛制度，完善管理机制和标准，定向考核，逆向淘汰，在社会合作中筛选出优质单位、企业进行合作，最大限度地发挥合作效果[5]。针对目的不纯的单位、企业消极对待活动开展，要本着公共图书馆"传承文明，服务社会"的使命，将其拉入合作黑名单；对于积极配合、主动参与的合作者，要认真对待，用好社会资源，协同育人，审慎、稳步、务实、精心推进馆社联动模式。

4.3 建立长效反馈机制，注重效果的评估与改进

每次阅读推广活动结束后，应对参与的家庭进行后续跟踪。以意见本、调查问卷、电话回访等形式，收集参与者对本次活动的意见及建议。根据意见或建议，与合作的社会对象开展会议交流，总结经验与不足，碰撞新想法。根据推广活动的效果与反馈，定期建立家庭阅读档案。将家长与孩子的个性化与共性需求进行整合归类，开展更具有针对性的阅读推广活动，提供精准阅读指导，将系列家庭阅读推广活动走深、走实。

4.4 创新人才培养机制

大部分公共图书馆存在经费紧张、人手不足的问题，聘请专业家庭阅读推广人员有一定的困难。以"馆员＋志愿者"的志愿服务方式培育或吸纳专业化人才可有效解决经费紧张的问题和缓解人员不足的压力。在馆员队伍建设方面，选拔熟悉家庭教育、知识储备丰富、视野开阔、具有创新精神的专业化家庭阅读推广人才，定期培训考核；在志愿者队伍建设方面，规范志愿者的评估标准和激励制度，对其工作范围、职责及义务进行明文规定。馆社合作建立优质"智库"，以专业志愿人才作为师资培养更多的志愿者，通过阅读推广实践增加和提升自我技能及实干创新能力，使其最终爱上阅读并自愿加入阅读推广队伍，再到影响身边人共同

加入的良性循环。

5　结语

在《家庭教育促进法》颁布的背景下，公共图书馆开展家庭阅读推广适逢其时。为此，公共图书馆更应抓住机遇，结合自身的地域特色和馆舍特点，大胆创新，让零散的家庭阅读推广资源形成高效聚合的整体，形成独特的品牌，以品牌优势与社会反响吸引多方社会资源的注入，以制度引领高质量发展；利用馆社联动，积极"走出去"，将社会力量"引进来""留下来""活起来"，搭建共育体系，持续释放红利，形成强大的教育合力，协同育人，实现资源互补，回归教育本能，共塑教育新生态。

参考文献

［1］张萌.议"双减"后家庭学校社会如何协同共育［J］.黑龙江教师发展学院学报，2022，41（6）：63-65.

［2］李霞.公共图书馆开展家庭阅读推广策略探究：以天津市滨海新区图书馆为例［J］.图书馆工作与研究，2021（S01）：24-28.

［3］王海磬.印发《关于指导推进家庭教育的五年规划（2021—2025年）》［N］.光明日报，2022-04-13（3）.

［4］杨嘉骆.粤港澳大湾区公共图书馆服务体系阅读推广调研［J］.图书馆建设，2022（5）：39-48.

［5］倪清华.公共图书馆阅读推广社会化合作的探索和思考：以黄山市图书馆为例［J］.文化月刊，2022（8）：118-120.

叙事性设计理念在公共图书馆
原创性展览中的运用与实践

——以《廖江竹枝词》里的"三月三"特展为例

余　懿[①]　金建英[②]

（广西壮族自治区图书馆，广西　南宁　530022）

【摘要】地方优秀传统文化作为中华优秀传统文化的组成部分，既受中华优秀传统文化的深刻影响，又有其地域和民族文化的独特性。为推动地方文献和地域文化的"双创"，提升自主策划展览的能力，广西壮族自治区图书馆推出了《廖江竹枝词》里的"三月三"特展，结合民族传统习俗和文献进行叙事性设计及可视化创作，启发对公共图书馆展览内容和展览形式的思考。

【关键词】地方文献；地域文化；原创性展览；叙事性设计

【中图分类号】G252.12　　　　　　【文献标志码】B

1　引言

随着数字化信息时代的来临，大众对公共图书馆的服务要求越来越高。目前，国家正积极推进全民阅读战略的实施。公共图书馆如何培养人们的阅读习惯，实现服务模式的创新，推动全民阅读的发展，是一个亟待解决和完善的重要课题。展览作为公共图书馆阅读推广活动的重要组成部分，以其灵活多变、多维度并能更主动、充分地发挥公共图书馆的传播、教育、收藏及研究等功能的优势，逐渐成为公共图书馆开拓及创新服务的新领域，日渐得到各级公共图书馆的重视，自主策划性质的展览也越来越多地见于各大公共图书馆。叙事性设计是一种全新的设计模式和理念，它的引入能帮助观众更好地理解、感悟展览内容，具有触及心灵的优势，让知识与文化得以更高效、深刻地传播。

---

① 余懿（1988—），女，硕士，馆员，就职于广西壮族自治区图书馆。

② 金建英（1971—），女，本科，副研究馆员，就职于广西壮族自治区图书馆。

《廖江竹枝词》里的"三月三"特展（以下简称"《廖江竹枝词》特展"）是广西壮族自治区图书馆（以下简称"广西图书馆"）自主策划的原创性展览，是积极推广本土地方文献、地域文化的一次有效尝试与实践，目的是通过此次尝试积累更多的实践经验，为今后的展览策划提供良好的思路，积极打造更多的精品展览，通过展览体验带动读者主动阅读、爱上阅读、爱上图书馆。

2 博物馆展览服务理念的引入

作为构建公共图书馆文化服务体系，实现阅读推广的重要手段，2003年起展览服务被列入全国省级公共图书馆评估标准体系中。目前，公共图书馆的展览处于高速发展的机遇时期，公共图书馆展览的策划理念及内容与博物馆、美术馆的展览在展陈环境设计、展览手段创新、新技术应用、公众体验等服务理念方面仍有一定的差距。因此，将博物馆展览服务理念及经验引入公共图书馆展览中，可以为公共图书馆策划展览提供新思路和新方案。

2.1 原创性展览的概念

"原创性展览"这一概念是由博物馆界首先提出来的。它通常是指博物馆通过收藏、征集、借调文物/文献等方式，在对其科学的学术研究的基础上，举办内容专一、特色鲜明、具有独创性的陈列展览[1]。原创性展览是展览策划人通过一种新的艺术创意和思维将文物进行有序的编排组合，并将文物的思想和内涵准确地表达出来，而不是复制以往惯用的陈展方式和手段。它是一种创新思维方式在现代文化发展中的具体体现，其表现形式能够反映展览所独有的科学性、独创性、创新性、前瞻性、普遍性等特征[2]。《廖江竹枝词》特展立足广西图书馆展览空间特点，充分挖掘自身馆藏特色，关注社会热点及本土地域文化的推广，从展览策划、展出过程的立意、构思、制作、实施等都体现了原创性展览的特征。

2.2 尝试在原创性展览中运用叙事性设计理念

叙事性设计作为博物馆展陈艺术的新形式，既是一种设计方法，也是一种设计思维。叙事性设计将文学叙事概念转换并应用到博物馆展示设计理念中，通过设计者的叙事设计，运用讲故事的形式巧妙地避免了展品展项孤立、割裂的问题，弥补了部分展品文化信息缺失的遗憾[3]。

博物馆专家严建强教授提出，观众衡量展览好坏的三条标准是"好看（展览对观众的吸引力）、看得懂（理解和掌握展览传播的信息）、得到启发与感悟"[4]。这三条标准在层次上由浅入深，从视觉吸引再到知识理解，最后实现情感共鸣。运用讲故事的方法可以达到以上三条标准的目的，使展览内容易于理解，并能调动观众的注意力、好奇心、才智及情感，建立展品与观众之间的联系，实现深化展览的内涵。因此，不论是博物馆还是图书馆展览，叙事性设计都是展览策划的一种较佳方式。

《廖江竹枝词》特展采用叙事性设计理念进行策划展览，通过诗（抽象）与画（具象）的融合，实现了"诗中有画，画中有诗"的意境之美。整个展览以讲故事的方式，如连环画般将《廖江竹枝词》中生动描绘百年前的壮族歌圩有机地、动态地呈现在读者面前，让读者在获得沉浸式体验的同时，接收到展览中所蕴含及传递的地域文化知识，民族风俗礼仪，词作者的情感，壮族人民勤劳勇敢、自立自强的民族精神及价值观念等文字所难以直接表达的内容。别致而生动的展览方式让观展者印象深刻、获益匪浅，从而达到阅读推广的目的。

3　叙事性设计理念在《廖江竹枝词》"三月三"特展中的运用与实践

3.1　展览的准备阶段

3.1.1　特色馆藏资源是公共图书馆展览的基石。公共图书馆展览以文献信息为主要核心内容。在公共图书馆海量馆藏文献中，地方文献是显示一个图书馆馆藏特色的重要资源。杜定友先生曾倡议"研究乡邦文化，发扬民族精神"。因此，结合特色馆藏资源，充分利用展览服务有其重要意义：一是拓展展览的深度和广度，吸引更多的人主动阅读和使用文献，能最大程度地实现文献的价值；二是公共图书馆通过展览阐释本区域的民俗文化，彰显本土个性，吸引读者品味地域文化，达到推动地域文化的传承和弘扬，增强大众对地方的认同感、自豪感的目的；三是公共图书馆可以借助特色馆藏资源打造展览精品，树立展览品牌。

3.1.2　明确的主题和内容是打造好故事的关键。叙事性设计好比导演一部电影，要有主旨、剧本、剧情才能吸引和感动观众。因此，衡量一个故事的好与差，大致有以下 4 个方面：所选故事是否符合本馆的目标和宗旨；展览预算、空间大小及规模的定位；现有资料及技术是否足以支撑故事诠释；所选故事的主题及内容是否符合观众的观展需求或社会热点。

千百年来对民歌的传唱与承袭，广西各世居民族逐渐形成了自己的传统歌圩歌会。2014 年，"壮族三月三"成功入选第四批国家级非物质文化遗产名录。同年，壮族"三月三"成为广西民族传统节日，广西全体公民放假两天。笔者深入挖掘馆藏历代文献，找寻广西民众聚会唱歌场景的记载。正所谓"一方水土养一方人"，壮族诗人尤其喜欢借用"竹枝词"描写风土人情。在众多咏叹"三月三"的竹枝词中，清代末年武缘（今武鸣）壮族文人韦丰华所作的《廖江竹枝词》最为完整、鲜活。诗人运笔极具画面感，全词共十七阕，详尽、生动地描述了百年前武缘一带的"三月三"壮族歌圩盛况。

笔者确定以《廖江竹枝词》里的"三月三"作为故事的主题，一是恰逢"三月三"盛会，通过对历史典籍的追根溯源，让大众了解壮族"三月三"的传统习俗，宣传广西独特的山歌文化，感受百年前的歌圩；二是《廖江竹枝词》的文字生动、优美，可以陶冶情操、提升文学素养、丰富想象力等；三是诗人笔下饱含深情的风物描述，可以激发壮乡人民对这片土地的热爱；四是解读与传承非物质文化遗产是作为公共文化服务体系重要组成部分的公共图书馆应当承担的责任和义务。

3.2 《廖江竹枝词》特展故事的构建重点

3.2.1 搭建"诗—画"相辅的叙事结构。"诗中有画，画中有诗"是中国美学史上的一个重要命题，历代皆有佳作。"图书馆展览形式和展览内容相辅相成，共同决定展览的信息传播和视觉呈现效果。图书馆展览形式设计作为一种追求美感、服务观众的创造性艺术，重要目的是满足观众的审美需求。"[5]在追求叙事多元的基础上，策划团队最终确定展览采取"诗中有画，画中有诗"的展览形式。

《廖江竹枝词》长卷作为具有画面感的故事，引人入胜。整个展览呈现多维度的线性叙事结构。观众一进入展厅，目光立刻被一幅10米长卷所吸引，故事随之徐徐展开，长卷采用最能展现意境的平远法创作。画面张弛有度，恬淡与喧闹和谐共存，用具有东方韵味的审美渲染出原诗中浓郁的壮族风情。诗词分阕导读板块对《廖江竹枝词》逐阕进行详细注释、配图，让观众欣赏长卷后加深对诗文及歌圩场景的理解，感悟地方文献中的文学艺术之美。

整个展览运用叙事性设计出的"诗中有画，画中有诗"的空间展示，让观众宛若置身在百年前的壮乡歌圩现场，引导观众从被动接收信息到主动接收信息，并把自己的想法、感受和记忆投射到故事中，从而产生属于自己的故事。通过这样的方式让展览与观众的生活、记忆之间建立联系，实现"好看""看得懂"，并从中得到启发和感悟，最终实现公共图书馆阅读推广的目的。

3.2.2 聚焦个体，以小见大。壮族"三月三"是壮族民风、民情、民俗及民间艺术的集中展示，一些沿袭至今的传统习俗在《廖江竹枝词》中也能找到相应的文字描述。若仅采用宏观叙事性设计的方式进行展示，则无法让观众留下深刻的印象。笔者通过微观手法对场景及人物的刻画进行展示，让长卷拥有鲜活的生命，直达人心。

第一，时间为轴，透物现境。在长卷的绘制创作上，以时间线索为指引，使用微观叙事，将场景切割为歌圩前的准备，歌圩场上男女青年对歌、互动，以及歌圩场外的庆祝娱戏活动三部分，确立了"五色饭""着盛装""赶歌圩""对山歌""碰彩蛋""打铜鼓""弹天琴""舞草龙""抢花炮""竹竿舞"10个经典节庆风俗来展现这场百年前廖江边上的壮族"三月三"歌圩盛会。各场景的绘制注重细节刻画，使其生动、鲜活，让观众通过观看长卷画面，映射到自身的成长环境、节庆经历，从而引发共鸣，唤醒记忆，深刻感受地域文化、民族文化的魅力，更热爱自己的家乡，增强民族自信和自豪感。同时，也能领悟到诗人对壮族人民无论在何种社会环境下都具备积极、乐观的民族性格，以及勤劳勇敢的民族特质的赞赏。

第二，民族服饰保持原汁原味。《廖江竹枝词》长卷在对主场景群像刻画细腻的基础上，融入了传统民族服饰，充分展示了壮族自身具有的独特魅力和对传统文化的高度认同，以承袭经典，回归传统。

长卷在人物服饰方面的取材依据场景设定、色彩搭配和构图需要，挑选具有代表性的传统地方壮族服饰，譬如隆林、那坡及西林等地的壮族服饰并依循其传统制式原汁原味地还原与创作。此外，壮族对银饰有着与生俱来的喜爱，簪钗、发箍、耳环、手镯、银链或项圈等各有其美，尤其在盛大的节日上更注重服装和首饰的整套搭配。《廖江竹枝词》长卷中黑衣壮妇女佩戴的经典双鱼对吻银项圈，更是婚嫁时的必备之物，颇具民族特色；长卷中的绣花鞋、幼童背带、布帛勒额（束额）、挎包等元素都有相应的文献、图片可考证，保持严谨的创作态度。

第三，深度还原其他细节。长卷创作虽以人物群像场景为主，但周围场景的描绘具有烘托主体、增加画面合理性及均衡构图等重要作用，同样不能忽视。壮族村落的干栏式建筑、鸡犬相闻的农村场景，以及南方耕作少不了的水牛等，都为壮家圩日场景增添了生动感和真实性；亚热带地区常见的棕榈、芭蕉树、毛竹林、榕树等植物，以及正值三四月间开放的金花茶与木棉，不仅作为画面的场景过渡道具，还能体现出广西的地域风貌、令人向往的自然景色。这些辅助场景的细节为《廖江竹枝词》长卷的艺术性、可延展性增色不少，也为后续的周边文创开发提供了更多思路和方案。

4　构建"展览+"展示新模式

为扩大传播范围和影响力，展览策划组构建了"展览+"模式。一是"展览+直播"。出于疫情防控考虑，线下展览对到场观展人数有实时限制；线上直播的模式吸引了大批观众"云观展",除了展览本身的魅力外,直播时还邀请了"广西歌王"覃祥周老师对山歌知识进行普及和对歌圩中"山歌对唱"场景进行展示,更大程度地传播了"三月三"文化。二是"展览＋文创"。为配合《廖江竹枝词》特展的宣传和发布,广西图书馆自主研发了一款将诗文与画卷融合的《廖江竹枝词》特展专属周边——《廖江竹枝词》文创袖珍卷轴,便于观众随时赏析、反复品读及收藏。

5 结语

《廖江竹枝词》特展是广西图书馆策划展览的全新尝试,通过对整场展览进行总结,有收获的同时也引发了我们更多的思考。在纸本阅读、网络阅读、多媒体阅读等多元化阅读格局并存的形势下,读者的阅读方式正在不断变化。随着全民阅读的进一步推广,大众审美水平、文化素养普遍提高。同时,文化、旅游、教育融合趋势加快,公共图书馆的职能将不断扩大。以上种种因素使得公共图书馆的展览更需要改变传统展览方式,创新策划展览的理念和技术,拓展公共图书馆的服务范围,更有效地实现展览的传播、教育、收藏及研究的功能,也是公共图书馆策划展览人需要不懈努力的方向。

参考文献

[1] 邹辉杰.图书馆新时代:坚守、转型、颠覆:第十届上海国际图书馆论坛论文集[M].上海:上海科学技术文献出版社,2020.

[2] 曾杰冈.论原创性展览的主要特征[J].福建文博,2013(4):91-93.

[3] 魏佳,吴诗中.唤醒博物馆展陈艺术的新形式:叙事性设计[J].工业设计,2017(1):76,79.

[4] 严建强.从展示评估出发:专家判断与观众判断的双重实现[J].中国博物馆,2008(2):71-80.

[5] 解天龙.格式塔美学在图书馆展览形式设计中的应用:以"中华传统文化典籍陈列"为例[J].图书馆研究,2022(1):46-53.

信息管理与服务

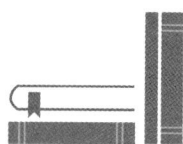

基于 CNKI 的近 10 年广西本科高校图书馆科研论文产出统计与分析

黄璐宁①

（百色学院图书馆，广西 百色 533000）

【摘要】 利用中国知网（CNKI）中文学术期刊全文数据库、中国高校教学科研成果大数据分析平台和中国引文数据库，采用文献计量学的方法对广西 25 所本科高校图书馆 2012—2022 年的科研论文进行统计分析。研究发现，近 10 年广西本科高校图书馆科研发展取得了一定的成果，但整体科研发展速度较慢，产出力和影响力呈下降趋势，存在科研水平不高、科研发展不均衡、科研项目意识淡薄等问题。本研究针对广西本科高校图书馆科研论文产出现状，提出了加快广西本科高校图书馆科研发展的建议，为广西本科高校图书馆科研可持续发展提供参考依据。

【关键词】 广西本科高校图书馆；科研论文产出；计量分析

【中图分类号】 G250　　　　　**【文献标志码】** B

1 引言

"没有一流的图书馆就没有一流的大学"，高校图书馆一直是高校最重要的信息共享中心和科研服务中心，高校图书馆员立足于图书馆的不同岗位，通过探索图书情报学科的新方法，理论联系实际开展科研活动，可以有效推进高校图书馆的创新发展。然而，目前高校图书馆普遍存在重服务、轻科研的现象，没有充分发挥高校图书馆在促进科研发展方面的作用[1]。

自 1928 年广西第一所本科高校图书馆——广西大学图书馆落成，广西本科高校图书馆已走过了近百年历程[2]。截至 2022 年 10 月，广西共有 38 所本科高校，其中公办本科高校 26 所，民办本科高校 12 所。广西本科高校图书馆服务于高校，为广西本科高校和图书馆事业做出了突出的贡献，那么其在保障高校信息资源，为

---

① 黄璐宁（1990—），女，硕士，馆员，就职于百色学院图书馆。

高校提供科研服务的同时，自身科研水平和论文产出力如何？

学术论文是科研发展水平的直观表现。鉴于此，本文利用文献计量学的方法，对近 10 年广西本科高校图书馆科研论文产出情况进行统计和分析，并在此基础上针对存在的问题提出意见与建议，旨在客观反映广西本科高校图书馆科研发展状况及特点的同时，为广西本科高校图书馆未来发展、科研规划提供参考。

2　文献回顾

目前，国内外关于高校图书馆科研论文产出方面的研究主要有两个视角，分别为科研论文产出影响因素视角和科研论文产出对象视角。前者主要分析高校图书馆的科研论文产出水平的影响因素；后者则着重对高校图书馆某一特征或领域进行科研论文产出研究，分析特定范围内当前科研论文产出存在的问题，并提出针对性的意见与建议。

在科研论文产出影响因素层面，从已有的研究来看，学者们对科研论文产出影响因素的分析主要分为个体内在因素和外部因素两大类。其中，个体内在因素有性别、年龄、学历、职称、专业等人口统计学[3-4]因素，以及动机、能力和科研偏好等因素[5-6]。这与对高校教师的科研论文产出影响因素研究一致，毕竟高校图书馆员与高校教师在体制环境和晋升渠道上有一定的相似性。外部因素包含馆员科研意识、科研团队、科研条件、科研质量等。研究发现，数字资源数量、文献资源购置费用、馆藏数量和馆员人数越多，高校图书馆科研论文产出力就越大[7-8]。

在科研论文产出对象层面，大致可以分为两类：一类是纵向比较研究，对某一类型或某一区域科研论文产出情况的纵向深挖，如对我国"双一流"高校图书馆、图书馆外文文献、山东地方高校图书馆科研论文产出情况的研究[6, 9-11]；另一类则是横向比较研究，如国内外高校图书馆、图书馆学与图书情报学科、国内师范大学图书馆等科研论文产出比较研究[12-13]。学者们提出了完善科研激励机制、重视科研团队建设、加强学术合作交流、保障资源扶持力度等建议[14-15]。这两类研究数量少，且大部分为实证研究。一方面，相比庞大的针对高校图书馆服务方面的研究，高校图书馆科研情况的专项研究甚是缺乏，侧面反映出对高校图书馆学术研究角色不够重视的问题；另一方面，高校图书馆科研论文产出研究涉及的对象是多种多样的，受地区经济发展及区位等因素影响，各统计对象之间存在较大差异，这在一定程度上无法为另一领域的科研论文产出研究提供针对性的帮助。例如，针对山东高校图书馆科研论文产出情况提出的意见与建议未必就对广西适用。

本文力图解决这一问题，一方面期盼引起人们对高校图书馆科研水平发展的重视，另一方面进一步丰富广西本科高校图书馆科研论文产出的研究。因此，本文采用文献计量的方法，尝试对近10年广西本科高校图书馆科研论文产出情况进行统计分析，提出加快广西本科高校图书馆科研发展的针对性建议，为广西本科高校图书馆科研发展提供参考依据。

3 近10年广西本科高校图书馆科研论文产出统计与分析

3.1 数据来源、统计对象及统计方法

3.1.1 数据来源。以CNKI中文学术期刊全文数据库、中国高校教学科研成果大数据平台和中国引文数据库为数据源，统计广西高校图书馆2012年至2022年9月近10年科研论文产出情况。核心期刊以北京大学《中文核心期刊要目总览》对"核心期刊表"进行界定，调查的数据范围仅限于中文学术刊物。

3.1.2 统计对象。以教育部公布的中国高校名单作为本科高校划分依据，因民办本科高校在办学性质上与公办高校有本质区别，故此次广西12所民办本科高校图书馆不在统计范围。在广西26所公办本科高校中，北部湾大学、南宁师范大学2019年分别由钦州学院、广西师范学院更名而来，故钦州学院、广西师范学院的数据一并包含在内；广西职业师范学院于2019年成立，故仅统计2019年之后的数据；广西农业职业技术大学于2021年9月成立，不列入统计范围。最终本文统计对象确定为广西25所本科高校图书馆。

3.1.3 统计方法。本文采用文献计量学的方法，对广西25所本科高校图书馆各项检索时间段统一限定为2012—2022年。①通过中文学术期刊全文数据库，以主题为"图书馆"、作者单位为"××高校图书馆"进行发文量统计，同时利用CNKI的"北大核心"限定条件和"发表年份"及"被引频次"排序功能，统计广西各本科高校图书馆的核心期刊发文数量及被引频次情况。②通过中国高校教学科研成果大数据分析平台对2012—2022年本科高校论文产出情况进行统计。③通过中国引文数据库进行H指数分析。数据检索日期为2022年10月1—15日。

需要说明的是，在实际统计过程中有极少数图书馆的发文仅标记为学校单位，此类文章占比较小，故忽略不计。

3.2 科研产出分析

3.2.1 科研产出力。

（1）近10年科研论文发展统计。发文量是衡量一个科研单位科研成果的重要指标，不仅能体现其科研水平，还能反映学术氛围[16]。由图1可知，广西本科高

校图书馆 2012 年发表论文 223 篇，2022 年发表论文 59 篇，2014 年发表论文数量最多，达到 265 篇。2012—2022 年平均每年发表论文 171.4 篇。2012 年发表核心论文 48 篇，2022 年发表核心论文 10 篇，核心论文发文数最多的为 2012 年及 2014 年，均为 48 篇，平均每年发表 26 篇。从数据结果来看，广西本科高校图书馆近 10 年来科研论文发表数量总体呈下降趋势。

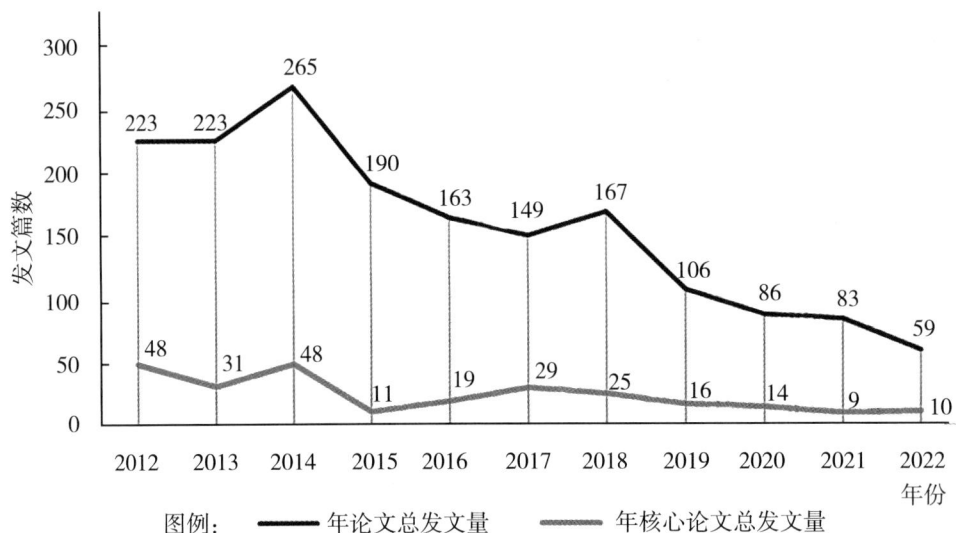

图 1　广西本科高校图书馆近 10 年发文情况

（2）图书馆论文总体发文数量分布。从表 1 可知，2012—2022 年，发文数量在 200 篇以上的只有广西师范大学图书馆；发文数量在 100～200 篇的有广西大学图书馆、广西科技大学图书馆、桂林电子科技大学图书馆、桂林理工大学图书馆、玉林师范学院图书馆、广西财经学院图书馆；发文数量在 50～100 篇的有广西中医药大学图书馆、广西民族师范学院图书馆、河池学院图书馆、广西民族大学图书馆、梧州学院图书馆、北部湾大学图书馆、贺州学院图书馆；发文数量在 50 篇以下的图书馆共 11 所。2012—2022 年，广西 25 所本科高校图书馆共发表论文 1 714 篇，平均每所高校图书馆发文 68.56 篇，超过发文平均值的广西本科高校图书馆有 13 所。从数据结果来看，近 10 年来广西本科高校图书馆总体发文数量偏低。

（3）图书馆核心论文发文数量分布。从表 1 可知，2012—2022 年，广西 25 所本科高校图书馆共发表核心论文 331 篇，核心论文总发文量占图书馆总发文量的 19.31%。核心论文发表数量最多的是桂林理工大学图书馆，核心论文数为 100 篇，其图书馆核心论文总发文量占图书馆论文总发文量比重最大，达到 62.89%，远远高出其他高校图书馆；核心论文发表数量在 20～50 篇的图书馆仅有 5 所，分别为桂林电子科技大学图书馆、广西财经学院图书馆、广西师范大学图书馆、广西大学图书馆、广西民族大学图书馆，图书馆核心论文发文量占图书馆总论文发文量比重分别为 38.89%、27.00%、11.88%、15.83%、28.00%；核心论文发表数量在 10～20 篇的有 4 所，10 篇以下的有 15 所。从数据结果来看，近 10 年广西本科高校图书馆核心论文总体发文数量偏低，核心论文发文数量与核心论文发文比重不平衡，说明核心论文发文数量有待进一步提高。

（4）图书馆论文发文量与学校论文发文占比分布情况。2012—2022 年，广西本科高校图书馆论文总发文量占学校论文总发文量的比重最高的是梧州学院，达2.03%；占比为 1%～2% 的图书馆有 7 所，低于 1% 的图书馆有 17 所。图书馆核心论文总发文量占学校核心论文总发文量的比重最高的是广西警察学院图书馆，为1.70%；占比为 1%～2% 的图书馆有 6 所，低于 1% 的图书馆有 19 所。从数据结果来看，近 10 年来广西本科高校图书馆科研论文产出水平远远低于整体本科高校的科研论文产出水平，广西本科高校图书馆的科研水平与其所属高校的整体发展水平存在较大差异。

表 1　2012—2022 年广西本科高校图书馆科研论文产出情况

图书馆名称	图书馆论文总发文量	学校论文总发文量	图书馆论文总发文量占学校论文总发文量的比例	图书馆核心论文总发文量	学校核心论文总发文量	图书馆核心论文总发文量占学校核心论文总发文量的比例	图书馆核心论文总发文量占图书馆论文总发文量的比例
广西大学图书馆	139	40 837	0.34%	22	16 515	0.13%	15.83%
广西科技大学图书馆	107	9 611	1.11%	10	3 301	0.30%	9.35%
桂林电子科技大学图书馆	118	17 018	0.69%	46	6 468	0.71%	38.98%
桂林理工大学图书馆	159	20 842	0.76%	100	7 710	1.30%	62.98%
广西医科大学图书馆	49	8 979	0.55%	6	2 845	0.21%	12.24%
右江民族医学院图书馆	17	4 801	0.35%	1	934	0.10%	5.88%
广西中医药大学图书馆	59	14 238	0.41%	1	3 647	0.03%	1.69%
桂林医学院图书馆	12	4 710	0.25%	1	1 505	0.07%	8.33%
广西师范大学图书馆	202	27 160	0.74%	24	6 389	0.38%	11.88%

续表

图书馆名称	图书馆论文总发文量	学校论文总发文量	图书馆论文总发文量占学校论文总发文量的比例	图书馆核心论文总发文量	学校核心论文总发文量	图书馆核心论文总发文量占学校核心论文总发文量的比例	图书馆核心论文总发文量占图书馆论文总发文量的比例
南宁师范大学图书馆	43	13 355	0.32%	8	2 489	0.32%	18.60%
广西民族师范学院图书馆	72	4 833	1.49%	4	853	0.47%	5.55%
河池学院图书馆	82	4 617	1.78%	10	1 000	1.00%	12.20%
玉林师范学院图书馆	105	6 736	1.56%	8	1 546	0.52%	7.62%
广西艺术学院图书馆	16	10 219	0.16%	0	1 161	0	0
广西民族大学图书馆	75	13 218	0.57%	21	3 686	0.57%	28.00%
百色学院图书馆	32	5 995	0.53%	1	1 100	0.09%	3.13%
梧州学院图书馆	74	3 645	2.03%	13	949	1.37%	17.57%
广西科技师范学院图书馆	12	3 097	0.39%	1	476	0.21%	8.33%
广西财经学院图书馆	100	7 732	1.29%	27	1 923	1.40%	27.00%
北部湾大学图书馆	93	7 172	1.30%	6	1 889	0.32%	6.45%
桂林航天工业学院图书馆	27	4 391	0.61%	2	1 022	0.20%	7.41%
桂林旅游学院图书馆	13	3 613	0.36%	1	543	0.18%	7.69%
贺州学院图书馆	92	5 032	1.83%	14	1 209	1.16%	15.22%
广西警察学院图书馆	16	1 697	0.94%	4	242	1.70%	25.00%
广西职业师范学院图书馆	0	2 607	0.04%	0	398	0	0

3.2.2　科研影响力。

（1）高产作者分布。高产作者是指在其科研领域发表较多科研文献的学者，其科研水平和研究成果往往对该科研领域的发展具有十分重要的价值与意义[17]。根据普赖斯定律，撰写全部科研论文一半的高产作者数量等于全部作者总数的平方根[18]。据统计，2012—2022年广西本科高校图书馆共有791名作者发表了论文，其中前28名为高产作者（$\sqrt{791} \approx 28$）。从表2可知，高产作者发文量最多的是桂林理工大学图书馆的张兴旺，共发表54篇论文；发文量在20篇（含20篇）以上的共9人，20篇以下的有19人。高产作者分布情况：桂林理工大学图书馆6人，广西大学图书馆5人，广西师范大学图书馆5人，广西民族师范学院图书馆2人，北部湾大学图书馆2人，河池学院图书馆2人，贺州学院图书馆、广西科技大学图书馆、桂林电子科技大学图书馆、广西民族大学图书馆、广西财经学院图书馆各1人。

高产作者分布在广西 11 个本科高校图书馆中，占全部统计本科高校图书馆的 44%。从数据结果来看，广西各本科高校图书馆之间科研论文产出差距较大。

表 2 2012—2022 年广西本科高校图书馆高产作者统计

作者	发文量/篇	被引总次数	作者单位	作者	发文量/篇	被引总次数	作者单位
张兴旺	54	1 465	桂林理工大学图书馆	范继荣	16	30	广西民族大学图书馆
陆浩东	36	132	贺州学院图书馆	凌宵娥	15	57	广西民族师范学院图书馆
万文娟	24	439	广西师范大学图书馆	王显燕	15	57	玉林师范学院图书馆
秦晓珠	22	629	桂林理工大学图书馆	龚军慧	15	18	北部湾大学图书馆
吴高	21	798	广西师范大学图书馆	林芳	14	110	广西师范大学图书馆
吴进琼	21	47	广西大学图书馆	吴云珊	14	101	广西师范大学图书馆
李晨晖	20	990	桂林理工大学图书馆	金秋萍	14	101	广西财经学院图书馆
陈茳	20	295	桂林理工大学图书馆	朱会华	14	95	广西师范大学图书馆
高飞	20	44	广西科技大学图书馆	蓝冬梅	14	86	广西民族师范学院图书馆
刘开琼	19	133	广西大学图书馆	彭年冬	14	74	河池学院图书馆
唐吉深	19	109	河池学院图书馆	周秀玲	14	63	广西大学图书馆
郑聪	19	87	桂林理工大学图书馆	樊伟红	13	302	桂林理工大学图书馆
韦楠华	18	543	桂林电子科技大学图书馆	胡昌文	13	140	广西大学图书馆
曹红兵	16	91	广西大学图书馆	彭春艳	13	33	北部湾大学图书馆

注：相同篇数按被引次数进行排名。

（2）高频被引论文分布。论文被引次数越多，学术影响力就越大。从表 3 可知，被引频次超过 50 次以上的论文有 12 篇，其中被引频次最高的为 306 次，为《我国高校图书馆阅读推广所存在的问题与对策研究》。从著作方式来看，被引频次前 4 名的论文都为合著论文，50% 的高频被引论文为合著，这说明了合著论文是提高科研论文产出力及影响力的方式之一，论文的合作程度越高，合作智能就发挥得越充分[13]；从期刊分布来看，12 篇被引 50 次以上的论文分布在 7 种图书馆学情报学专业核心期刊上，说明论文水平越高，影响力越大；从高校图书馆分布来看，12 篇高频被引论文的作者分别来自 10 所高校图书馆，占全部统计本科高校图书馆的 40%，拥有高频被引论文的高校图书馆比例不足一半，其中桂林理工大学图书馆

3 篇、广西财经学院图书馆 2 篇，其余高校图书馆各 1 篇，说明广西本科高校图书馆之间科研影响力差距较大。综上所述，广西本科高校图书馆论文合著意识较弱，缺乏科学研究团队力量，各高校图书馆之间的科研影响力差距大。

表3　2012—2022 年广西本科高校图书馆高频被引论文统计

篇名	作者单位	作者	刊名	发表时间	被引频次
我国高校图书馆阅读推广所存在的问题与对策研究	广西师范大学图书馆、桂林电子科技大学图书馆	吴高、韦楠华	图书情报工作	2013年	306
图书馆需要怎样的"大数据"	桂林理工大学图书馆	樊伟红、张兴旺、秦晓珠	图书馆杂志	2012年	259
当图书馆遇上"互联网+"	桂林理工大学图书馆、桂林理工大学现代教育技术中心	张兴旺、李晨晖	图书与情报	2015年	183
大数据知识服务的内涵、典型特征及概念模型	桂林理工大学图书馆、桂林理工大学现代教育技术中心	秦晓珠、李晨晖、麦范金	情报资料工作	2013年	129
面向数字人文研究的大规模古籍文本可视化分析与挖掘	广西民族大学图书馆	欧阳剑	中国图书馆学报	2016年	106
我国高校图书馆微信服务现状调查研究	广西师范学院图书馆（现更名为南宁师范大学图书馆）	叶佩珍	图书馆学研究	2014年	102
"211工程"高校图书馆学科服务现状调查与分析	广西财经学院图书馆	陆莉	图书馆学研究	2013年	95
我国真人图书馆发展现状、问题及对策研究	广西财经学院图书馆	唐野琛	图书馆建设	2013年	89
高校图书馆微信服务现状及建议	广西医科大学图书馆	黄浩波	图书馆学研究	2014年	76
高校图书馆移动信息服务中轻应用模式的应用及其借鉴——基于高校图书馆微信公众号的分析	贺州学院图书馆、同方知网（北京）技术有限公司	白明凤、匡惠华	情报资料工作	2014年	71
服务营销组合策略在阅读推广中的实践与探索——以广西科技大学图书馆"微书评"为例	广西科技大学图书馆	薛宏珍	图书情报工作	2016年	62
我国阅读推广研究述评	河池学院图书馆、河池学院教师教育学院	彭年冬、贺卫国	图书馆工作与研究	2014年	55

（3）H 指数。H 指数是从引证关系上评价学术实力的指标[19]。从表 4 可知，广西 25 所本科高校图书馆的平均 H 指数为 8.76，超过平均 H 指数的高校图书馆有 11 所，占全部统计本科高校图书馆的 44%，其中桂林理工大学图书馆最高，H 指数为 25，其次是广西师范大学图书馆，H 指数为 22。广西 25 所本科高校图书馆平均核心 H 指数为 6.28，超过平均核心 H 指数的高校图书馆有 7 所，占全部统计本科高校图书馆的 28%。桂林理工大学图书馆、广西师范大学图书馆、广西民族大学图书馆位列前三名。从综合发文量、高产作者、被引频次及 H 指数来看，桂林理工大学图书馆在广西本科高校图书馆中具有最强的科研实力及科研影响力，同时反映了广西本科高校图书馆之间科研发展水平差距大。

表 4　2012—2022 年广西本科高校图书馆 H 指数统计

机构	H指数	核心H指数	机构	H指数	核心H指数
桂林理工大学图书馆	25	25	广西医科大学图书馆	7	4
广西师范大学图书馆	22	20	梧州学院图书馆	7	4
广西民族大学图书馆	14	12	桂林航天工业学院图书馆	6	4
广西大学图书馆	14	11	广西民族师范学院图书馆	6	3
南宁师范学院图书馆	14	10	右江民族医学院图书馆	6	1
桂林电子科技大学图书馆	11	11	广西警察学院图书馆	5	4
广西财经学院图书馆	10	10	广西艺术学院图书馆	4	2
玉林师范学院图书馆	10	5	广西科技师范学院图书馆	4	2
河池学院图书馆	9	6	百色学院图书馆	4	2
广西科技大学图书馆	9	5	桂林旅游学院图书馆	3	2
北部湾大学图书馆	9	4	桂林医学院图书馆	3	1
贺州学院图书馆	8	5	广西职业师范学院图书馆	1	0
广西中医药大学图书馆	8	4			

（4）基金论文资助情况。基金论文是指由国家各级政府部门、各类基金组织和企事业单位提供专项科研经费资助研究而产生的研究论文，不仅代表该研究领域的发展方向和水平，还反映了该学科的科学基金资助情况[20]。从表 5 可知，2012—2022 年广西本科高校图书馆发表的论文中，获得国家社会科学基金资助的论文有 27 篇，获得国家自然科学基金资助的论文有 9 篇，获得省社会科学基金资助的论文有 25 篇，获得其他基金资助的论文有 236 篇。基金资助的论文数量占全部论文数

量的 17.3%，获省部级及以上政府部门立项的基金论文占全部基金论文的 20.54%，且获得资助数量最多的均为桂林理工大学图书馆。从数据结果来看，近 10 年广西本科高校图书馆基金论文数量偏少，省部级及以上政府部门立项基金资助论文占比小。

表 5　2012—2022 年广西本科高校图书馆获基金论文资助统计

项目	基金论文数量/篇	基金论文数量最多的图书馆
国家社会科学基金	27	桂林理工大学图书馆
国家自然科学基金	9	桂林理工大学图书馆
省社会科学基金	25	桂林理工大学图书馆
其他基金	236	广西师范大学图书馆

注：其他基金指除省部级及以上政府部门立项之外的基金项目。

4　加快广西本科高校图书馆科研发展的建议

通过对广西 25 所本科高校图书馆在 2012—2022 年科研论文产出情况进行统计分析发现，近 10 年广西本科高校图书馆科研发展取得了一定的成果，但整体科研发展速度较慢，产出力和影响力呈下降趋势，存在科研水平不高、科研发展不均衡、科研项目意识淡薄等问题。针对这些问题，提出以下建议。

4.1　高度重视广西本科高校图书馆科研发展

2012—2022 年，广西本科高校图书馆发表论文数量逐年下降，且高校图书馆发表的论文数量在所属高校论文数量中比重偏低，这从侧面反映了广西本科高校图书馆总体上对科研水平的要求有一定的松懈，这需要引起我们的高度重视。一是探索可行的科研发展路线。建议对高校图书馆现有科研水平及论文产出情况进行反思，针对当前重服务、轻科研的现象，根据各高校图书馆的实际情况，提出具体的解决办法，探索出一条适合本馆的科研发展路线。二是重视高校图书馆科研队伍建设。从统计数据来看，大部分高校图书馆仅有一两个馆员在"单打独斗"，馆内合作或馆外合作的科研论文偏少，应从整体层面组建一支强大的科研队伍，形成科研合力。三是为馆员提供良好的学术支持。在日常科研管理中，通过必要的制度导向，激励和引导馆员开展科研活动，制定必要的奖励性措施来提高馆员开展科研活动的积极性；同时，重点培养高水平的研究人员，在制度保障和经费支持上适当向高水平的研究人员倾斜，为他们的科研活动提供必要的保障和支撑。

4.2　提升科研成果质量

通过表 1 可知，近 10 年广西本科高校图书馆发表的 1 714 篇论文中，核心论文 331 篇，核心论文仅占全部论文的 19.31%，比例偏低。此外，通过对表 2 和表 3 进行对照分析，可以看出在 28 位高产作者中，只有 5 名高产作者的论文被高频引用。也就是说，超过一半以上的高产作者的论文未被高频引用，超过一半以上的高频被引论文的作者不是高产作者，高产作者和高频被引论文只同时出现在少部分人身上。这表明不同作者的发文量和学术水平之间存在不平衡的现象。因此，高校图书馆更应重视提升科研成果质量。一方面，聘任有成果的高校图书馆学情报学专家来指导科研工作，广西大多数本科高校图书馆在图书馆学情报学方面的专家比较匮乏，可积极聘请高水平的图书馆学情报学专家长期为高校图书馆员开展论文写作、投稿及申报课题等方面的科研培训。另一方面，大力培养高校图书馆学术领军人才。学术领军人才对科研发展具有引领和示范作用。目前，广西本科高校图书馆均面临缺乏学术领军人才的状况，因此，应重视培养学术领军人才，制订切实可行的人才引进计划，引进图书馆学情报学方面的学术人才或跨领域研究的通才，同时为优秀人才开展科研工作提供制度保障，大力支持高层次人才的进修、学习及深造，推动科研的跨越式发展。

4.3　增强科研可持续发展能力

从统计数据可知，近 10 年广西本科高校图书馆科研发展并不稳定，2014 年广西本科高校图书馆发文量最高，2014 年也是高频被引论文数量最多的一年，2016 年后再无高频被引论文。此种不稳定的现象对科研的可持续发展极为不利，因此，广西本科高校图书馆必须制定长期科研发展战略，促进高校图书馆科研的可持续发展。一是形成高校图书馆科研发展闭环。科研工作不应是 8 小时工作以外的事情，应把科研工作融入日常业务工作之中，把科研能力适当纳入馆员业绩考核、职级晋升等考核范围，形成科研和服务双向并行的闭环。同时，在科学研究方面，达成老带新、强带弱的共识，形成学术领军人才带动年轻馆员的良性循环。二是立足区位优势，规划重点研究方向。广西本科高校图书馆立足于中国西南边陲，享有民族地区、红色革命老区、沿海及东盟等区位优势，应在牢牢把握国内外图书馆学情报学前沿动态的基础上，立足区位优势和特色，规划重点科研方向，有目的地开展区域性的创新研究。三是设立馆内专项科研项目，加大科研经费投入。通过统计分析发现，仅有广西大学曾设有图书馆专项研究课题经费，以保障馆内项目科研的开展。因此，高校图书馆可设立馆内专项研究课题，按年限培育精品科研成果，使具备一定研究能力的馆员长期开展学术研究，促进整个高校图书馆科研的可持续发展。

5　结语

本文运用文献计量学的方法，对2012—2022年广西本科高校图书馆科研论文产出情况进行了统计分析。通过研究发现，近10年广西本科高校图书馆科研发展取得了一些成果，但整体科研发展速度较慢，产出力和影响力呈下降趋势，存在科研水平不高、科研发展不均衡、科研项目意识淡薄等问题。因此，建议广西本科高校图书馆高度重视科研发展，不断提高科研成果质量，持续增强科研可持续发展能力。

本文在为广西本科高校图书馆科研发展提供了数据参考的同时，也存在一定的局限性。尽管在收集数据的过程中尽可能地考虑了数据的完整性和真实性，但仍可能存在一定程度上的误差。此外，本研究只对广西本科高校图书馆之间的纵向进行比较，并未将广西与其他省份本科高校图书馆之间的横向进行比较。未来将对不同区域之间的科研论文产出进行比较，进一步探讨本科高校图书馆科研发展的路径。

参考文献

［1］石慧.面向区域和类型合作的我国大陆地区图书馆整体科研现状研究［J］.图书馆工作与研究，2022（6）：75-85.

［2］唐咸明.浅析新桂系统治时期广西的高校图书馆建设［J］.图书馆界，2010（6）：18-22.

［3］HEDJAZI Y, BEHRAVAN J. Study of factors influencing research productivity of agriculture faculty members in Iran[J]. Higher Education, 2011, 62(5): 635-647.

［4］丁云华，沈红.内在驱动还是外部驱使？高校教师科研产出及其影响机制分析［J］.复旦教育论坛，2022，20（1）：78-85.

［5］李欢，杨希."双一流"建设学科团队青年教师晋升标准对科研产出的影响：基于高校国家重点实验室的调查分析［J］.重庆高教研究，2019，7（5）：45-56.

［6］曹高芳，马忠庚，庞雪玲.地方高校图书馆科研实力分析：以山东医学院校图书馆为例［J］.图书馆工作与研究，2014（2）：49-53.

［7］张国臣.高校图书馆数字资源量与教学科研相关性研究：以国内37所财经院校为例［J］.图书情报工作，2011，55（7）：90-93.

［8］赵迎红.图书馆学术信息量与高校研究竞争力相关性探讨：基于48所高校的实证研究［J］.大学图书馆学报，2013，31（1）：21-27，58.

［9］杨世玲，刘静."双一流"高校图书馆科研情况计量分析［J］.图书情报导刊，2021，6（8）：8-16.

［10］秦奋，高健.中国图书馆外文文献科研产出探析：以SSCI平台INFORMATION SCIENCE & LIBRARY SCIENCE为例［J］.图书馆工作与研究，2018（8）：75-82.

［11］王舒.近10年国内外高校图书馆科研产出比较研究［J］.情报杂志，2014，33（6）：122-126.

［12］潘艳.图书馆学与情报学学术研究的趋同与分野：全国高校图书情报类科研产出与影响力对比分析（2006—2017年）［J］.图书馆工作与研究，2018（11）：32-39.

［13］钟文娟.从学术论文看我国师范大学图书馆科研产出力［J］.图书馆，2011（4）：80-82，102.

［14］柯平，彭亮.图书馆高质量发展的赋能机制［J］.中国图书馆学报，2021，47（4）：48-60.

［15］周云峰，刘琼，刘桂锋，等.高校图书馆科学研究生态系统模型构建及运行机制［J］.大学图书馆学报，2022，40（5）：16-25.

［16］莫燕玲，骆柳宁.基于CNKI的广西民族大学近10年科研论文产出统计与分析［J］.广西民族大学学报（哲学社会科学版），2018（1）：193-196.

［17］阳广元，邓进.国外E-Science研究论文的计量研究［J］.西南民族大学学报（人文社会科学版），2015，36（3）：234-240.

［18］杨超超，李俊.党的十八大以来图书馆文化扶贫与乡村振兴研究的知识图谱：现状、热点及趋势［J］.西南民族大学学报（人文社会科学版），2022，43（9）：232-240.

［19］秦慧.民族高校图书馆科研发展实证研究：以西南民族大学图书馆近十年科研发展为例［J］.高校图书馆工作，2015（4）：46-50.

［20］刘柳，吴新年.世界主要国家近5年对部分基础学科基金资助情况的比较分析［J］.中国科学基金，2021，35（3）：462-472.

虚假信息治理视域下公共图书馆信息素养教育职能的再审视

李 裴[①]

（广西壮族自治区图书馆，广西 南宁 530022）

【摘要】在移动互联网环境下，虚假信息的产生速度更快、传播效率更高，使其更具有破坏力。不论是在工作还是在生活中，人们的交流与行为容易受到虚假信息的负面影响。因此，信息环境治理对每个人的信息素养提出了更高的要求。本文分析了公共图书馆开展信息素养教育的重要性，梳理了公共图书馆开展信息素养教育的本体、主体和客体以及它们之间的关系；提出公共图书馆应针对不同的受众群体开展不同形式、不同内容的信息素养教育；希望公共图书馆能成为信息素养教育的重要阵地，在不断变化的社会环境下彰显自身的核心价值和作用。

【关键词】社交媒体；虚假信息；治理；公共图书馆；信息素养教育

【中图分类号】G254.97　　　　　　【文献标志码】B

1 虚假信息及其在当今社会环境下的新变化

虚假信息是指经过有意、无意地扭曲的不真实的消息或凭空捏造的消息。虚假信息并不一定是通过恶意篡改或捏造而得的，一些信息本身在传播过程中也会无意失真，但无论如何，虚假信息会造成不同程度的负面影响是有广泛共识的。虚假信息是隐藏在信息流中的灰暗部分，只要人类世界还存在信息交流，虚假信息就不会消失。在互联网出现之前，信息交流的方式、速度都受到较大的限制，虚假信息的负面影响并未受到人们的重视。而在互联网成为人类社会公共基础设施的重要部分之后，尤其是在移动互联网蓬勃发展的今天，虚假信息仿佛冲开潘多拉魔盒一般，在正常的信息世界中不停地制造争议和混乱，给社会的健康发展带来不同程度的冲

[①] 李裴（1987— ），女，本科，馆员，就职于广西壮族自治区图书馆。

击和损害。自 2019 年底新冠肺炎疫情暴发并肆虐全球之后，人与人之间的交流方式产生了一些新的特征，这为虚假信息的治理带来了新的难题。

1.1 对传统人际关系的冲击

1.1.1 线下转线上。在工作方面，网络办公、虚拟工作室、云协作等曾经离我们很远的新概念如今已经成为现实并被越来越多的人所接受。移动互联网快速发展，可穿戴式智能设备层出不穷，使得在线远程协同办公的体验得到显著提升。2020 年疫情严重，主打在线视频会议业务的硅谷黑马科技公司 Zoom 总市值曾高达 1 412 亿美元，一度超过了老牌科技巨头 IBM，相比 2019 年同期，其股价和市值暴涨近 7 倍。疯狂的资本市场表明疫情背景下在线办公拥有远大的前景。在娱乐方面，2020 年初，世界卫生组织曾联合多家游戏公司推出一项名为 "Play Apart Together" 的活动，在全世界范围内倡导游戏玩家尽可能地宅在家玩游戏。疫情防控期间，线下娱乐方式基本中断，社交隔离使得以家庭为单位的线上娱乐方式成为大众首选，游戏行业整体呈现井喷式增长，多家游戏公司因此受益，游戏行业也成了为数不多的盈利行业。在教育方面，据 Counterpoint Research 的数据显示，2021 年第一季度，全球平板电脑出货量同比增长 53%，这得益于线上教育对可移动智能设备的巨大需求。

1.1.2 对话转文字。当真实的线下交流转变为虚拟的线上交流时，交流的载体就从口语转变为文字。在社交媒体和即时通信软件上，各种话题每天都有大量的账号参与评论或转发。虽然短视频和各种视频网络日志及直播很受欢迎，但是它们的拍摄需要脚本甚至剧本，本质上仍是基于文字的内容输出，只是形式有所改变。在线下交流场景中，口语对话具有即时、即兴的特点，交流双方可以通过肢体语言和面部表情来辅助交流。为了提高交流的效率和质量，对话内容有时会根据情境、语境的不同而有所简化甚至部分省略。而在线上交流场景中，交流各方被简化为一个个数字账户，成为真实人格在网络世界的虚拟投射。在文字交流过程中，有时候受限于一方的文字水平或另一方的理解能力会造成表意失真。因为没有现实身份的束缚，有的网络发言会违背公德甚至违反法律，这些都是虚假信息产生的主要原因。

1.1.3 信息传播节点增多。在现实生活中，信息传播需要介质和路径，介质和路径受限于物理条件，并影响信息传播的速度和效果。而在网络空间，以社交媒体为例，人与人之间的物理距离可以忽略不计，信息的传播只需要节点，即用户数量，并呈现链式传播的特征，传播的速度和广度都被放大。"六度分隔"（six degrees of separation）理论指出，"两个陌生人之间所间隔的人不会超过五个"，关于"人的一生会认识多少人"的问题也存在几百至几千人的争论。然而，这些现实世界的心理学研究在社交媒体中失去意义。想要认识一个陌生人只需要搜索并关注其账号，而粉丝数从几万至上千万的高人气账户随处可见，即使其中只有 1% 的真实用户也决非现实世界能够比拟。在社交媒体中，每个用户拥有自己的一条"时间线"，在时间线上软件算法会按时间顺序持续呈现所关注的其他用户的动态（包括原创信息、评论信息和转发信息）更新，即"信息流"。巨量用户的信息流互相交织、纠缠，形成一张无边无际的、由无数节点构成的信息传播网，任何信息都可以在 24 小时内传遍全世界，当然也包括虚假信息。

1.2　社交媒体的巨大威力

1.2.1　发声的少部分与沉默的大多数。在社交媒体中，有一部分用户很少发布原创信息，也不参与评论或转发其他用户发布的信息，社交媒体对他们而言仅仅是浏览各种信息的平台和渠道，这样的用户被称为"沉默用户"。例如，根据新浪微博数据中心发布的《微博 2020 用户发展报告》显示，微博的活跃用户规模，2020年 9 月月活用户（MAU）为 5.11 亿，2020 年 9 月日活用户（DAU）为 2.24 亿[1]，这表明超过 5 亿的注册用户在 2020 年 9 月期间至少登录过一次微博账号，而其中仅有不到一半的用户每日至少登录一次微博账号。在 2.24 亿日活用户中，除无意义的默认转发和简单评论之外，真正持续发布原创微博的用户更少。相较于那些少数热衷发声的高频用户，低频用户则属于沉默的大多数。疫情防控期间，特别是在疫情暴发的初期，社交媒体上的相关讨论非常热烈，但是作为研究者要时刻注意，少数人的声音不等同于多数人的意见，其中"大 V"的作用不可小觑。

1.2.2　不可忽视的网络 KOL。"V"标识是微博的用户认证体系，黄色的"V"为个人身份认证，若黄色的"V"用户满足近 30 天阅读量大于 1 000 万、粉丝数大于 1 万且遵守社区公约等条件则可升级为金色的"V"；蓝色的"V"为官方机构认证。大"V"一般是指粉丝数多且异常活跃的个人认证用户，后用来指代所有社交媒体中有一定影响力的个人账号。在现实世界中，人与人之间的交往受到诸多因素的影响，如距离、外貌、习性、爱好、经历等。在社交媒体中，用户之间的聚合或离散往往只取决于是否拥有相近的价值观。例如，对于一个事实，A 用户表达 a 观点，B 用户表达 b 观点，a、b 观点存在较大共识；若 A 用户表达 a 观点，B 用户也持 a观点，但无法准确表达出来，因此认同 A 用户作为其"代言人"。以上两种情况下 A、B 用户有较大可能成为网络社交关系更近的互相关注者，反之，则"道不同不相为谋""话不投机半句多"。在社交媒体中，以价值观作为黏合剂聚合起来的用户群体比现实中的人际关系更牢固，更容易形成"圈层"，其中聚合节点则是一个个大"V"。他们无一不具备强烈的个人价值取向和优秀的文字表达能力，在粉丝群体中颇具影响力。因此，他们被称为"关键意见领袖"（key opinion leader，KOL）更准确。疫情防控期间，他们有的利用自身专业知识解读国家防疫政策、普及健康安全常识；有的收集和转发各种求助信息与志愿者信息，成为民间救助的中坚力量。与此同时，有的KOL则热衷传播，甚至编造各种虚假信息和阴谋论。上文提到，社交媒体的属性会造成"虚假多数"的假象，KOL更像是社交媒体中的扩音器，放大了其中正面或负面的声音。

2 公共图书馆开展信息素养教育的重要性

国家有关部门多次出台各类措施对虚假信息进行治理。例如，2022年，中央网信办从9月2日起在全国范围内启动为期3个月的"清朗·打击网络谣言和虚假信息"专项行动，明确对首发恶劣谣言、多次传播谣言、利用谣言进行恶意营销炒作的账号主体纳入黑名单管理，情节特别严重的全网禁止注册新账号。对于虚假信息这类"牛皮癣"顽疾，除了通过法规的约束力与惩治力来确保治理的底线，达到"治标"的效果，也需要净化其产生的土壤，达到"治本"的目的。因此，提高公民的信息素养是一个有效的办法。

2.1 信息素养是公民素养的重要组成部分，信息素养教育属于公民通识教育的一种

身处信息社会之中，如何培养敏锐的信息意识、正确处理信息需求、解决信息利用过程中遇到的问题已经成为公民素养的重要组成部分，在很大程度上影响着一个人的生活、工作和学习状态。信息素养较高的人往往具有以下特征：①思维活跃，容易对新事物产生兴趣与学习的动力；②知识储备丰富，愿意为学习行为付出经济成本与时间成本；③守法合规，倾向于拒绝和抵制虚假信息、错误信息。信息素养的提高既有助于公民素养的整体提升，还有助于信息在社会和网络空间中的有序传播，减少不良信息的产生，降低虚假信息带来的负面影响。

信息素养教育不是应试教育、职业教育，没有一个十分具体的目标，也没有终点，它更注重教育过程中对受教育者思维习惯的影响和对其行为逻辑的塑造。唯物辩证主义认为，物质决定意识，意识对物质具有反作用。社会在不断发展，让公民的整体素质符合社会发展的要求，同时对社会发展具有推动作用，作为公民通识教育中的一种，信息素养教育不可缺少。

2.2　信息素养教育是对抗反智主义的武器

《国际图联趋势报告 2017 新进展》中引用了未来学家、小说家 Karl Schroeder 提出的"antilibrary"（反图书馆）的定义："想象有一个'反图书馆'，它只包含谎言、死胡同和挫折；它的目的不是教育，而是误导。反图书馆包括数以百万计的文本、文章和散文，并且看上去都是有权威的历史人物所著。这些作者们都有传记（全是捏造的），记录着他们之间辩论和斗争的历史以及围绕他们成长起来的各种思想流派。该图书馆包含许多科学论文，这些论文以详尽的细节相互引用；它们记载了关于某种不存在之物的品质实验记录、关于从未发生过的政治丑闻的书籍以及不存在的大陆地图。所有这些都与对真人和真实历史事件的引用相混淆，并且彼此配合得天衣无缝。"[2] 中文文献中并未对 antilibrary 有太多探讨，因此也无法找出一个相对准确的词来对其作出解释和定义。然而，有一个相近的词——"反智主义"（anti-intellectualism）可以部分涵盖 antilibrary 的内容。反智主义最初的本质是打破精英知识分子的话语体系和霸权，逐渐演变和发展为如何以打破常识的观点迅速吸引眼球、博取关注、获得流量。在这个过程中，反智主义者收获了存在感，同时还能宣泄情绪、获得即时快感。为了不断追求这种快感和满足感，"打破常识的观点"越来越突破人们在科学知识、生活经验和行为逻辑上的共识与底线，最终滑向各种"伪新闻""假消息""阴谋论"的深渊。只有对社会公众进行长期科学有效的信息素养教育，当重大事件和危机发生时才能有更多具备良好信息素养的人对广为传播的虚假信息进行甄别与判断，并通过及时传递健康、科学、理性的声音来消弭社交媒体中不时出现的虚假信息，营造清朗的舆论环境。

2.3　信息素养教育是公共图书馆社会教育职能在新的社会环境和舆论环境下的重要内容

公共图书馆普遍被认为具有以下职能：保存人类文化遗产，传递科学情报，开发智力资源，提供文化娱乐，开展社会教育。前 4 个职能清晰地描绘了公共图书馆的公众形象，但是在开展社会教育方面，大多数人潜意识里认为公共图书馆不属于教育机构。教育的本质是知识从知识富有者向知识欠缺者流动，从知识拥有量的角度出发，二者的地位是不对等的：知识富有者扮演着教育者的角色，知识欠缺者则扮演着受教育者的角色。人们会理所当然地认为各类学校是教育机构，因为学校里的教师相对于学生而言无疑是知识富有者。而公共图书馆里的图书馆员相对于不特定的读者群体在大多数方面无法被称为知识富有者，除了信息素养。公共图书馆里海量的信息资源需要图书馆员经过查询、采编、分类、标引等专业处理后才得到科学化、有序化存储和展示，并被推送给有信息需求的读者。可以说，图书馆员拥有专业的信息素养，这是公共图书馆开展信息素养教育的前提。公共图书馆社会教育职能的式微不代表其摒弃了该职能。在社交媒体、自媒体大行其道的新的社会舆论环境下，公共图书馆开展信息素养教育是积极参与社会和网络空间治理的体现。

3 公共图书馆开展信息素养教育

3.1 信息素养教育的界定

3.1.1 本体：什么是信息素养。正如知识包含知识本身以及寻找知识的知识一样，信息素养也包含了信息本身以及寻找信息的能力（其中又包含信息意识和信息技能），考虑到信息具有可传播性、可复制性、可编辑性等特点，信息道德也应该成为信息素养中不可缺少的组成部分。信息本身毋庸赘述，信息素养中最关键、最核心的内容还是后两者，即寻找信息的能力和信息道德。

（1）寻找信息的能力：信息意识。

①信息敏感性。即对于已获取的信息是否能从客观事实、逻辑甚至生活经验的角度判断或部分判断其真伪。一个信息敏感的人常常是"多虑"的，其思维习惯是发散的甚至跳跃的。对于一条普通的信息，其最常产生疑问的是信息来源是否可靠，是否有其他信息可以印证，等等。

②进一步获取信息的主观意愿。即俗话说的"知其然，知其所以然""知其一，还要知其二"。同样是在信息敏感性被调动起来的情况下，有的人浅尝辄止，不求甚解；有的人希望获得更多、更深入、更全面的信息。无疑，后者的信息意识较前者更强，该行为产生的积极效应也更明显。一方面，其获取的信息量更大，并且将成为个人知识储备的一部分；另一方面，其信息获取能力得到了锻炼和提升，为信息敏感性带来了正反馈，从而有益于信息意识的整体提高。

（2）寻找信息的能力：信息技能。

信息处理的逻辑过程可分为信息获取、信息分析和信息利用，信息技能在以上环节中有着不同的表现形式。

①信息获取能力。信息获取能力可分为主动获取信息和被动获取信息两种。主动获取信息指带着主观意愿或出于某种目的，通过已掌握的信息途径或已拥有的信息工具去发掘或探索未知信息。主动获取信息能力的高低与个人的知识结构和水平高低密不可分。被动获取信息指无目的性地接收或得到信息，有时在主动获取信息的过程中一些无关信息的出现也是一种被动获取信息的行为。被动获取信息能力的

高低与信息意识有关，如果信息敏感性不高，则会将其视为无效信息或信息"噪声"而忽略。

②信息分析能力。对通过主动或被动方式获取的信息进行分析是信息技能的核心体现。信息分析的标度包括真伪、来源、合理性、合法性等，目的是判断信息价值，并以此实现修正信息获取方式、途径、工具或利用信息进行个体表达的目标。信息分析的结果带有鲜明的个性特征，其受到的变量影响也非常多，如年龄、性别、受教育程度、生活经历、情绪状态、立场取向等。以上变量中，只有受教育程度能够通过后天训练得到有效提高。因此，提升信息分析能力最关键的是通过提高个体的知识水平，如增加知识储备、加强逻辑训练、锻炼科学思维等来掌握一套有效的信息分析工具。

③信息利用能力。信息利用是将获取到的信息进行分析后的一种"再创作"行为，信息利用的目的主要是以此作为个体表达的前提或基础，有时也用于证实或证伪其他信息，其表现形式通常是通过口语、文字以及一些具有艺术特征的方式来表达某种观点或观点的集合。显而易见，信息利用的核心是"表达"。因此，影响信息利用能力的因素实质上就是决定表达能力的因素，主要包括以下因素：一是语言能力。不论是口头表达还是书面表达，对所使用语言的熟练程度是基础，一个人使用非母语肯定不及使用母语进行表达更贴切；口头表达强、书面表达弱的人更喜欢即兴发言；口头表达弱、书面表达强的人更喜欢写作与记录，本质上都是个体对信息利用能力的偏好。二是逻辑思维。它是人们在认识过程中借助于概念、判断、推理等思维形式能动地反映客观现实的理性认识过程。逻辑思维能力强的人能够在混乱的信息流中获取到某些具有内在联系的有效信息，凭借逻辑关系将其有序组织起来，从而使表达的内容更严谨，即信息利用的效果更好。当利用某些信息来证实或证伪其他信息时，逻辑思维能力非常重要，因为逻辑正确与否直接关系到信息利用的结果。三是信息丰富程度。即使拥有良好的语言能力和严密的逻辑思维能力，如果没有其他信息作支撑，表达就会言之无物。观点、论据不会凭空出现，它们均来自对其他信息利用结果的积累和转化。

（3）信息道德。

信息道德，又称信息伦理，是信息行为中个体应该遵守的准则和规范。这些准则和规范既有法律规定的，如《中华人民共和国著作权法》中列明了许多与著作权有关的权利的保护条款；也有一些社会生活中约定俗成产生的，如科研、学术领域的抵制学术不端行为的倡议。信息道德在信息行为的每个过程都有体现：①在获取信息阶段，行为人应该合理、合法地采集信息，遵守相关法律法规，未经著作权人许可或允许不盗用信息；②在信息分析阶段，行为人应该基于事实、逻辑对信息进行研判，自觉抵制错误信息和不良信息；③在信息利用阶段，行为人应该做到不制造、不传播虚假信息，不剽窃他人智力成果，能够对自身的言论负责。信息道德属于私德的一部分，它与个人素质密不可分，受到价值观的影响较大，也直接影响着个体的信息行为。从这个角度来说，信息道德需要个体在正确的观念引导下由内至外地养成。由于信息的流动与传播特性，个体在信息道德的影响下做出的信息行为会对周边甚至信息传播链条上的其他信息主体产生正面或负面的影响，由此信息道德已经超出了私德的范畴而进入公德领域。从这个角度来说，信息道德还需要被信息环境由外至内地约束和塑造。在一个良好的信息环境中，被倡导和维护的信息道德应该是"实事求是、守序包容"，如果放任信息道德滑坡，则虚假信息、不良信息泛滥会对真实信息、良好信息产生"劣币驱逐良币"的效应，最终伤害的将是信息环境本身。

（4）信息素养主要构件之间的关系。

信息素养教育的目的是帮助人们高效率、低成本并尽可能准确地获取所需信息。因此，信息能力（信息意识、信息技能）和信息道德都是为了达到这一目的所采取的手段。这几个构件之间有三层关系：一是信息本身与信息能力、信息道德的关系。对一个人来说，获取未知信息是目的，同时其自身拥有已知信息的多少（即知识储备）是基础，这在很大程度上影响着其信息能力水平和信息道德水准；反之，信息能力水平和信息道德水准也影响着信息获取的效率与效果。二是信息能力中信息意识与信息技能的关系。一方面，信息意识的提高是信息技能获得提升后的外在体现；另一方面，信息技能的提升是信息意识不断增强的必然结果。三是信息能力与信息道德的关系。从表面上看，前者为"术"，后者为"道"，二者似乎并无关系，但是一个信息道德低劣的人会在信息获取、分析、利用的过程中产生负面的路径依赖，如非法获取信息、篡改并传播错误信息等，最终污染的是整个信息环境，为他人获取正确信息增加了难度和"噪声"，同时也降低了自身参与信息传播的效度和信度。

3.1.2 主体：谁来开展信息素养教育。公共图书馆作为开展信息素养教育的主体是抽象的，需要由具体的个体参与来实现该职能。在这个过程中，公共图书馆的定位是平台，通过该平台来构建教育者与受教育者之间的关系，主要体现在两个方面：一是公共图书馆开展的许多活动如讲座、展览、沙龙、论坛等常常会邀请知名人士、专业人士参与，这些人有的具有一些社会知名度，有的对所处行业有一定了解或具有比较丰富的从业经验，由他们来担任信息素养教育者的角色，可以使公众了解和掌握某些日常接触较少且比较专业的信息，如律师的普法讲座、设计师的作品展、作家的文学沙龙、工程师的技术论坛等。二是公共图书馆内负责参考咨询工作的图书馆员负责解答咨询提问、编制专题信息资料、开展科技情报查新与查引工作、提供文献传递服务，由他们来担任信息素养教育者的角色，可以将他们在工作中培养和积累的信息意识、信息能力及信息道德传授给受教育者。以上两方面，前者是传递信息本身，后者是教授寻找信息的能力，二者结合起来正是前文所述信息素养的内涵。公共图书馆作为一个平台，其在信息素养教育主体的选择上（馆内和馆外）是合适的。

3.1.3　客体：谁来接受信息素养教育。公共图书馆的服务对象是全社会公民，因此信息素养教育的受众自然也是社会大众。然而，"社会大众"是一个模糊、笼统的集体称谓，对于教育行为而言需要因材施教，否则难以达到理想的教育效果。因此，到公共图书馆接受信息素养教育的对象会随着信息素养教育的具体内容而变化，如未成年人、老年人、残疾人、进城务工人员、传统文化爱好者等。需要指出的是，对特定群体开展特定内容的信息素养教育绝不是对其他群体的歧视与排斥，所有人都有权利通过公共图书馆提高自身信息素养。在此过程中，公共图书馆作为一个平台不应该、也不被允许剥夺用户的受教育权，这是公共图书馆保障公民信息平等的一种体现。

3.2　公共图书馆信息素养教育方法论

在商业领域，只有精准定位自身产品或服务的消费群体，了解并解决用户的痛点才有可能获得成功。同样，要想提高教育的效果，关键是要因材施教，即针对不同的受教育者选择不同的方案，提供差异化的内容，采用不同的评价标准。概括地说，即"细分"。

3.2.1　受众细分。公共图书馆的用户群体成分复杂，各有特点，根据共性特征将其分类是一个可行的办法。只有将不同信息需求的用户筛选出来，公共图书馆才有可能有针对性地提供信息素养教育的具体内容，从而提高信息素养教育的有效性。例如，根据年龄特征，可细分为未成年用户群体、青少年用户群体和老年用户群体；根据身体健康特征，可细分残障用户群体；根据职业特征，可细分进城务工人员群体。这些被细分出来的用户群体通常都是信息弱势方，通过学习来提高信息素养的迫切性也比较强烈。从普惠、均等的角度出发，他们是公共图书馆信息素养教育的重点受众。

3.2.2 内容细分。除了对受众进行细分，通过对内容进行细分来开展信息素养教育也十分有效。对某一内容感兴趣的用户会因为有相似的信息需求而自动聚集，公共图书馆可围绕该内容进行信息素养教育。例如，在新冠感染疫情背景下，公共图书馆可顺势开展与以下内容有关的信息素养教育：①健康信息素养教育。普及科学、正确的健康知识，破除迷信、落后的思想观念，提高对传染病的认识，了解感染传染病后规范的诊疗程序，获取权威的疫情防控信息。②科普信息素养教育。掌握一些基本的科学常识，对于社会上一些打着科学旗号进行的伪科学活动保持警惕，学会运用理性的、有逻辑性的思维来解决问题，能分辨甚至抵制一些广为流传的阴谋论和谣言。③法律信息素养教育。增强法治观念，了解国家关于疫情防控的法律和政策并严格遵守，积极配合防疫措施，不制造、不传播危害社会稳定的虚假信息，了解日常生活中与个人生命、财产、家庭有关的司法程序。此外，可根据用户需求适时开展职业信息素养教育、金融信息素养教育等。

3.2.3 方式细分。公共图书馆信息素养教育的方式是根据细分受众的特征而定的。不同的用户群体对不同的教育方式的接受程度不一致，如果使用同一套教育方式来面对所有用户，那么对受众的细分就失去了意义。例如，青少年和未成年人活泼好动，喜欢接触新鲜事物，可以借助数码设备和数字资源以游戏的方式开展信息素养教育；老年人反应慢一些，可以采用小班课堂的方式来保障信息素养教育的效果；面对残障人士时，需要邀请从事特殊教育的专业教师配合开展信息素养教育；进城务工人员普遍文化程度不高，在内容的选择上要浅显易懂且贴合实际。结合公共图书馆经常开展的活动来看，开展信息素养教育最好的方式是讲座，除了能直接获取大量信息，受教育者还能与教育者直接沟通交流，当场反馈教育效果；展览也是不错的方式，它通过不同的艺术形式对某一主题进行集中展示，使参观者获得不同的感受和体验；沙龙、分享会等形式注重交流和对话，能锻炼参与者的思辨能力和表达能力。

3.2.4 效果评价。由于公共图书馆信息素养教育的受众、方式和内容都各有细分，因此很难像高校图书馆那样用一套比较科学的公式和算法对信息素养教育的效果进行统一评价。总体上看，公共图书馆信息素养教育重在提高用户的信息量，增强信息意识以及培养模糊的信息道德感，其效果可以通过每次完成教育后采用问卷的形式得到粗略反馈。但是，公共图书馆信息素养教育不具有强制性，受教育者的记忆能力也会随着时间的流逝而消退，因此想要直观地感受用户信息素养的整体提升，公共图书馆需要将信息素养教育作为一项长期的工作持续不懈地开展，促使受教育者群体不断扩大。

3.3　事实、立场与信息茧房

按前文所述，肆意捏造信息，不当引用或篡改其他信息是虚假信息的滥觞，其本质都是脱离事实，那么基于事实去使用信息是否就能杜绝虚假信息的产生？答案是否定的。原因之一：客观事实往往与人的主观认识中的事实存在偏差，有时前者与后者甚至是相悖的。基于不正确甚至错误的主观认识中的事实进行后续的判断、分析和利用同样会制造虚假信息，只不过行为人没有"造假"的恶意，属于个体认知缺陷。原因之二：信息意识、信息能力、信息道德的主体是人，而人是有立场的。立场即价值取向，一个包含多个要素的事实可以在行为人立场的影响下，通过隐瞒关键信息、改变要素之间的顺序、制造逻辑陷阱等"话术"来产生多条含义截然相反的信息。可以说，如今社交媒体上大多数的喧嚣、争执都是事实与立场角力的结果，如先"射箭"，还是先"画靶"？一个理性的、信息素养高的行为人应该是先"找靶"，立场虽然重要但不应超越基本的事实。

"信息茧房"（information cocoons）是立场的产物，其概念据说由哈佛大学法学院教授、曾任美国总统奥巴马法律顾问的凯斯·桑斯坦在 2006 年出版的著作《信息乌托邦——众人如何生产知识》中提出。维基百科对此解释：在信息传播中，人们只注意自己选择的东西和使自己愉悦的通信领域，久而久之，会将自身桎梏于像蚕茧一般的"茧房"中。"茧壁"会过滤掉与行为人立场（价值观）不一致的言论和声音，使身处"茧房"之人所获取的信息单一化、极端化，导致行为人的言行偏离正常的轨迹，加剧了不同社会群体之间的撕裂，极大地弱化了群体的功能，使社会丧失黏性。

对于用户来说，首先要认识到"信息茧房"的危害，其次要有打破"信息茧房"的自觉意识，主动走出"舒适区"，提升自身的信息素养（媒介素养、网络素养）。在处理事实与立场的关系上，一要允许犯错误，提倡通过学习来提高个体的认知水平；二要肯定社会模糊空间的价值，在不违反法律、不违背社会公德的前提下，包容不同立场的声音存在，形成广泛的社会共识。

4　愿景与展望

4.1　公共图书馆要意识到信息素养教育的重要性，并将其常态化

教育从来不是一蹴而就的事情，需要有明确的目标、长期的规划、科学的措施，

这一切的前提是要对教育的重要性有深入的认识。文化行业应该发挥自身"软实力"的作用，在凝聚社会力量、抚慰公众情绪、引导正面价值、发挥舆论监督方面承担起应尽的社会责任。对公共图书馆而言，在社会大众中提倡和普及信息素养教育不仅是履行自身社会责任的体现，还是在特殊的历史时期用专业知识抵抗信息污染的作为和担当。只有认识到信息素养教育的价值，公共图书馆才能潜移默化地将其融入日常的读者服务和信息服务工作中。

4.2　将信息素养教育与公共图书馆常规工作有机结合

信息素养教育不是空中楼阁，需要落地，也需要抓手。以阅读推广为例，这是未来一段时间内公共图书馆的一项重要任务，目的是激发公众的阅读兴趣，营造公众热爱阅读、享受阅读的社会氛围。为了达到这一目标，当前全民阅读推广的书目阅读门槛设置得很低，可以尝试在开展某一主题的阅读推广活动时挑选内容深浅有别的相关书籍，如有入门类的，也有深入研究类的，还有不同研究派系类的；有严肃研究类的，也有花边轶事类的，还有奇思妙想类的。既为不同水平的读者推荐合适的书籍，又引导读者进行自我学习，提高自身知识水平。从信息素养教育的角度来说，读者通过循序渐进的阅读行为完成了信息由少到多的积累，并在思辨的过程中锻炼了信息获取和信息分析能力，为增强信息意识和提高信息利用能力打下基础。

4.3　公共图书馆对于公共议题要积极参与、敢于发声，营造崇尚知识、尊重科学、倡导理性的社会公共形象

国际图联图书馆管理与营销专业组于 2002 年起设立国际图联国际图书馆营销奖，旨在表彰富于创造性的、结果导向的图书馆营销项目和活动。其具体目标为表彰上一年度的最佳图书馆营销项目，鼓励图书馆业界的营销实践，为图书馆业界提供在全球范围内共享营销经验和专业知识的机会。营销的目的既是为业内提供一些实践案例，更是为了"出圈"，即从行业内部走入社会公众视野。同样是文化行业，相比近年来人气火爆的博物馆，公共图书馆则稍显黯淡。在馆藏资源上，二者固然各有侧重，不宜直接类比，但是以读书人惯有的低调、内敛风格自处也是公共图书馆在社会上缺乏存在感的原因。没有存在感就没有话语权，没有话语权更弱化了存在感。公共图书馆需要正视自身的社会角色和责任，对于一些能引发社会关切、引起公众关注的公共议题，如防范金融风险、提倡性别平等、保障教育公平、保护自然环境等，通过结合日常工作来发出自己的声音。博物馆的火爆带动了文创产业的升温，强化了民众保护文物的意识，激发了民族自信。公共图书馆若勇于打破"沉

181

默"，长此以往一定能树立起崇尚知识、尊重科学、倡导理性的公共形象。

5　结语

服务是公共图书馆的底色，服务者与被服务者之间是平等的关系，公共图书馆只有贴近读者才能感知读者的需求，从而提供更加科学、合理、有温度的服务，提高读者的在馆体验和满意度。然而，"教育"一词带有一种居高临下的距离感，这源于教育行为中教育者与被教育者之间自然存在的不平等关系。基于此，公共图书馆在对外宣传时总是避谈自身的教育职能，这是可以理解的。但是，作为一项提升公民整体素养的工作之一，尤其是在虚假信息泛滥的移动互联网环境下，公共图书馆应该重新审视信息素养教育的重要性，制订长远规划，明确阶段目标，发挥资源优势，为社会信息环境的清朗与稳定贡献一份力量。

参考文献

［1］新浪微博数据中心.微博 2020 用户发展报告［EB/OL］.（2021-03-12）［2022-10-31］.https：//data.weibo.com/report/reportDetail?id=456.

［2］李晓蔚，张盛强.后真相时代图书馆的困境、机遇与责任：基于 IFLA"反图书馆"的思考［J］.图书馆建设，2020（1）：55-60，67.

图书情报机构智库服务研究
——以广西科学技术情报研究所为例

徐 燕[①] **陆桂军**[②]

（广西科学技术情报研究所，广西 南宁 530022）

【摘要】图书情报机构拥有丰富的信息情报资源和专业化的图书情报研究人才团队。图书情报机构应当由传统的图书情报服务研究向中国特色的新型智库建设转型，积极为地方科技经济建设提供强有力的支撑保障。文章以广西科学技术情报研究所为例，阐述了图书情报机构向智库服务研究转型的背景和意义，重点分析了图书情报机构向智库服务研究转型的创新实践和存在的问题，并提出了图书情报机构向智库服务研究转型的意见与建议。

【关键词】图书情报机构；智库建设；研究

【中图分类号】G254.97　　　　　　　【文献标志码】B

1 引言

智库作为国家软实力的重要标志之一，越来越受到国家和全国各地的重视。党的十八届三中全会通过《中共中央关于全面深化改革若干重大问题的决定》中，明确提出"加强中国特色新型智库建设"的任务。中共中央办公厅、国务院办公厅印发了《关于加强中国特色新型智库建设的意见》，强调要把中国特色新型智库建设作为一项重大且紧迫的任务，采取有力措施，切实抓紧、抓好。图书情报机构拥有丰富的信息情报资源和专业化的图书情报研究人才队伍，应顺应新时代中国特色社会主义发展的潮流，主动向智库转型，积极成为中国特色新型智库的重要组成部分，为地方经济社会发展提供决策咨询服务，为深入实施创新驱动战略提供思想保障和科技支撑。

① 徐燕（1974—），女，本科，高级经济师，就职于广西科学技术情报研究所。

② 陆桂军（1982—），男，在职研究生，研究员，就职于广西科学技术情报研究所。

近年来,广西科学技术情报研究所(广西科技图书馆)依托丰富的图书信息资源,不断加强对广西科技情报与战略研究智库(以下简称"科情研究智库")的持续投入和严格管理,建立功能强大的方法工具库、专家人才库等数据资源库,在服务宏观决策、引领创新方向、推动产业发展方面成效显著,决策影响力、学术影响力、社会影响力持续提升,智库建设取得了一系列智力成果,为广西科技创新重大决策提供了高质量智力支持。本文以广西科学技术情报研究所为例,探索开展图书情报机构智库服务研究所面临的机遇和挑战。

2 广西科学技术情报研究所向智库服务研究机构转型的创新实践

广西科学技术情报研究所成立于 1959 年,增挂广西科技图书馆牌子,其主要职能是为政府部门和科技创新主体提供科技情报服务,开展科技图书收藏与借阅工作,为促进广西生产力发展服务。长久以来,广西科学技术情报研究所按照"耳目、尖兵、参谋"的定位,重点开展科技文献服务、科技战略研究、科技传播等,在科技创新发展中取得了一定的工作成效。2019 年,以广西科学技术情报研究所为依托单位的科情研究智库,被自治区科技厅认定为 2019 年度广西壮族自治区科技智库。聚焦自治区党委、自治区人民政府重大决策部署和科技创新发展需求,坚持"科情特色、战略导向、服务决策、协同创新"的工作思路,以提升广西科技创新治理能力为目标,基于大数据的图书情报挖掘和分析,产出一批具有决策影响力的标志性科技创新智力成果[1]。广西科学技术情报研究所由综合性科技情报服务机构向智库的角色转变,在科技服务创新发展中逐步打造成为广西较具影响力的创新型科技智库。

2.1 加强图书情报资源建设,为智库研究提供基础支撑

聚焦服务党委和政府科学决策、助力企业创新及产业转型升级,建设科技文献信息共享与服务平台及一批专业数据库,不断丰富科研资源,增强知识储备,夯实研究根基,激活智库发展内生动力。广西科技文献共享与服务平台文献资源拥有量达 1.97 亿篇,总容量达 70 TB,收藏电子图书 43 万册;审核收录科技报告 4 500 多份;收藏科技图书、期刊 110 多万册。夯实了广西科技文献共享与服务平台资源,加强了广西科技信息资源共享服务工程技术研究中心科技文献利用,并结合地方产业发展与转型升级需求,主动嵌入创新链的各个环节。运用专业数据挖掘和分析工具,在挖掘、分析、重组、关联的基础上,提供高质量的产业情报服务,完成《贵港市板材加工产业分析研究报告》《贵港市板材加工业发展现状及对策建议》《防城港金

花茶产业科技创新现状及问题分析研究报告》等。

2.2 强化图书情报研究成果产出，提升智库社会影响力

聚焦为学之用、为政之用的研究目标，充分发挥广西科学技术情报研究所作为创新型特色智库的作用，围绕自治区党委、自治区人民政府关注的焦点问题和科技发展重点、难点和热点问题，积极参与政策调研、文件起草、评估论证、建言献策等，积极拓展智库服务决策的途径，在服务宏观决策、引领创新方向、推动产业发展方面产出一批高质量研究成果并转化应用，决策影响力、学术影响力、社会影响力持续提升，为广西科技创新重大决策提供了高质量智力支撑。近3年来，共报送对策建议、咨询专报等65篇，获得省部级批示11篇；47项研究成果和政务信息被国家、自治区级党政部门采纳应用；13项政策建议转化为自治区级和厅级政策文件。

2.3 加强智库人才队伍建设，为打造高端智库提供支撑保障

人才是智库建设的第一资源。图书情报研究人才是科技智库建设最核心的资产，是科情研究智库发展的核心竞争力[2]。高水准的图书情报人才队伍是打造高端智库的重要支撑和保障。科情研究智库围绕打造高水平的智库专家团队，按照激活存量、储备增量、提升质量的思路，坚持"不求所有、不求所在、但求所用"的人才引进导向，以高标准、严要求做好人才引进和培养这一项重要工作，柔性引进了一批覆盖多领域的高端智库专家，并通过共同开展项目实施等方式积极加强与在库专家的联系和交流，推动科情研究智库高水平研究人才队伍不断发展壮大。目前，科情研究智库共有在职人员117人，其中博士1人，硕士39人，学士51人；有专业技术人员83人，其中正高级职称8人，副高级职称37人，中级职称38人。

2.4 创新图书情报研究方法，提升智库研究能力

为了提升智库的科研能力，广西科学技术情报研究所创新研发了先进的科技信息数据采集分析工具，包括Windows、Unix及Linux等多个不同的软件研发平台，以及能集成实体资源和虚拟资源的异构资源统一检索系统、大型关系数据库管理系统、搜索引擎开发包、专题数据库采编发系统、科技决策支持系统、INNOGRAPHY专利分析工具等软件及数据分析研发工具。同时，广西科学技术情报研究所引进了由北京科学技术情报研究所开发的系列科技情报信息采集分析工具，为提升科研能力、科研效率和科研水平提供了强有力的理论与方法支持。

2.5 构建特色图书情报呈现系统，为智库研究提供高端定制服务

为提升大数据支撑科学决策的能力，受自治区科技厅的委托，建设广西科技创新决策与数据监测系统。该系统依托自治区科技厅各处室有关科技管理信息编制十

大科技信息数据库目录，对广西主要科技指标数据进行筛选与梳理，汇总出一套涵盖广西研发人员、经费、研发投入强度、规模以上工业企业研发情况、地方财政科技支出情况及有关科技产出的数据表，对收集到的各项数据进行检查、加工和整理。目前，已搭建了满足基本功能的软件系统，对科技成果、高新技术企业、科学研究与试验发展（R&D）等统计数据源进行整合，初步实现科技创新资源的展示。广西科学技术情报研究所充分发挥信息资源和学科优势，主动适应自治区党委、自治区人民政府发展战略需求，凝练智库主攻方向，注重突出情报与战略研究的特色，初步建成广西科技创新决策与数据监测系统，建立一批独具特色的专业数据库，形成特色优势研究领域。

3 图书情报机构向智库服务研究转型存在的问题

3.1 高端数据资源建设不足

科情研究智库虽然具有一定的信息资源优势，但信息资源主要以学术型资源为主，资源建设沿用了传统图书馆的做法，按学科体系来设置资源，且主要通过付费的方式直接从外部购买获得[3]，资源面宽泛，专业、特色资源开发累积不足，高端数据资源缺乏。

3.2 高效、持续的情报收集和分析系统开发不足

目前，科情研究智库数据库资源、信息库资源、知识库资源还比较传统、单一，尚未完全建立独立完备的信息采集分析系统，对信息的采集和加工还停留在依靠大量人力的传统信息采集方式上，高效、持续的情报收集和分析系统开发不足。

3.3 智库创新能力不足

科情研究智库的创新能力包括培育智库专家的创新能力、智库研究团队的创新能力和智库组织管理的创新能力。科情研究智库创新能力不足主要表现在创新意识淡薄、创新动力不足、研究技术和方法落后、理论积淀和实践积累不够、管理机制和体制适应性不够等[4]。

3.4 智库沟通和传播渠道不足

科情研究智库的沟通和传播能力不强，一方面是主动与外部沟通机会少，智库成果主要是通过政务信息报送和广西科协的《科技创新成果智库专报》等平台上报自治区党委、自治区人民政府，难以被民众知晓，这说明了智库与外部沟通能力欠缺；另一方面，没有充分使用短视频、微信、微博等先进的社交媒体，缺乏新媒体传播通道，与先进智库相比还有较大的差距。

4 图书情报机构向智库服务研究转型的意见与建议

4.1 夯实科情研究智库建设根基

围绕创新主体的科技文献信息需求和智库研究需求，坚持"高标准建设、高效率应用、高水平管理"的思路，以资源建设为重点，以应用服务为核心，以规范管理为保障，继续夯实广西科技图书馆、广西科技文献共享与服务平台、广西科技信息资源共享服务工程技术研究中心的基础科技文献资源；按照"互联网＋智库"的建设思路，加强与中国科技信息研究所、北京市科学技术情报研究所等的密切合作，建立文献平台决策支持系统，融入分析、加工、重组、创新等方法，深层次开发和利用图书情报资源，实现对海量数据的挖掘和知识加工，最大限度地发挥大数据知识挖掘、整合和分析的服务功能。围绕科技创新支撑产业高质量发展的需求和专业领域研究需要，开发符合广西产业创新发展需要的产业专题数据库；升级和完善广西科技报告共享服务系统，建立以科技报告为核心的特色科技文献资源体系，为广西科技创新提供有效的信息支撑，进一步夯实科情研究智库建设根基。

4.2 充分调动智库研究人员的积极性

针对智库人才撰写的决策咨询类信息在个人职称申报时难以被职称评审认可的问题，期待有关部门加强对接和沟通，建立畅通的智库成果快速报送渠道，让智库人才撰写的决策咨询类信息能有效报送自治区党委、自治区人民政府，并能被自治区党委、自治区人民政府、职称改革部门等多方认可，充分调动科研人员建言献策的积极性，充分发挥智库在服务决策、服务大局中的参谋作用。

积极借鉴先进地区的经验，抓紧制定推动广西科技智库建设的各项扶持政策，强化研究人员主体责任和主体地位，赋予其充分的人、财、物的支配权，避免科研人员为研究之外的事务耗费精力，使其潜心向学、创新突破。积极探索经费管理办法，提升经费使用效率，加大绩效支出和优秀成果奖励，多劳多得、优劳优得，充分调动科研人员的积极性和创造性。

4.3 优化智库运行机制，全面激活智库发展内生动力

按照权责明确、管理科学、充满活力的原则，建立符合现代发展需要的科情研究智库架构体制，充分发挥"小机构、大网络""小核心、大外围"的同心圆作用。加强完善科研管理机制、交流合作机制、成果应用转化机制、人才引进评价激励机制、经费投入使用机制，让科情研究智库的活力得到最大程度激发，让科情研究智库的成果得到最大程度转化，让科情研究智库的功能得到最大程度发挥。

4.4　统筹协调整合智库力量

当前，科情研究智库已经粗具规模，但研究力量和资源比较分散，信息沟通和成果共享机制滞后，存在各自为政、多头组织、课题重复等现象。对此，要加快建立健全统筹协调机制，加强智库机构之间的协调合作、协同创新，切实把各方面的力量组织起来、整合起来，促进跨学科、跨部门、跨机构协同研究，强化科情研究智库建设的引领作用[5]。

4.5　拓宽智库传播交流途径

智库成果既要重视在传统媒体上的表现，以对公众形成权威性、系统性的认知，还要将智库成果在新媒体平台上传播，通过提高转发率、转载率、引用率等方式，引导公众交互与共享。此外，还要打破传统媒体与新兴媒体的界限，统一引导线上线下舆论，创新媒体内容建设和传播手段，使科技智库成果更具吸引力、感染力和引导力，从而提高社会的关注度，增强科技智库的品牌效应。

4.6　深化科技战略研究，进一步提升科技智库影响力

聚焦自治区党委、自治区人民政府和自治区科技厅的重大决策部署、重大战略需求，加强与自治区内外先进智库的项目合作，依托各自拥有的平台、资源和人才优势，开展促进广西新型研发机构发展的政策措施、广西智能制造、新一代信息技术产业前瞻性技术调查等研究，进一步加强科技发展战略、科技创新规划、科技政策等研究，着力打造科技决策咨询品牌，为自治区党委、自治区人民政府科学决策提供有效支撑，不断提升科情研究智库的社会影响力。

科情研究智库将坚持面向广西创新驱动发展的需求，以科技信息资源为基础，以科技情报研究为核心，以服务创新创业为重点，以改革创新为动力，以人才队伍建设为支撑，充分利用"科技情报、生产力促进"两个体系、两种资源，扎实完成服务决策、团队培育、学术交流、政策研究、平台搭建等智库建设各项任务，为提升广西科技创新支撑能力提供智力支持，推动科情研究智库成为高水平科技决策智库。

参考文献

[1] 金学慧，夏勇琪，付宏.情报机构参与智库建设的 SWOT 分析与策略选择 [J].智库理论与实践，2016（4）：64-71.

[2] 王燕文.建设站位高　导向明　聚焦准　机制活的新型智库 [N].光明日报，

2015-11-12（2）.

［3］李建强.高校智库功能定位与特色发展研究［D］.广州：华南理工大学，2017.

［4］陆桂军，唐青青.新时代推进科技情报机构智库建设的实践与思考：以广西科
技情报研究所为例［J］.创新科技，2018（5）：25-28.

［5］邱水平.深入贯彻习近平新时代中国特色社会主义思想 推进高校新型智库
建设［N］.光明日报，2020-2-3（16）.

基于 WOS 核心数据库的学术图书馆研究可视化分析

薛静静[①] 邓 敏[②]

（广西科技大学图书馆，广西 柳州 545006）

【摘要】为客观、全面地反映学术图书馆的研究状况，文章以 Web of Science™ 核心数据库为检索源，利用知识图谱 CiteSpace 可视化工具对 2012—2021 年的学术图书馆研究文献进行计量可视化分析，绘制出相关文献的国家与机构、出版源期刊、文献作者、关键词共现及研究热点等知识图谱，分析得出学术图书馆的研究热点和前沿趋势，以期为我国学术图书馆研究提供客观参考。

【关键词】学术图书馆；知识图谱；CiteSpace；可视化分析

【中图分类号】G250　　　　　　　【文献标志码】B

1 引言

哈佛大学原校长查尔斯·威廉·艾略特（Charles William Eliot）曾把学术图书馆（academic library）描述为"大学的心脏"[1]，这说明了学术图书馆在人们工作和学习中的重要性。Heery 和 Morgan 将学术图书馆定义为"图书馆、学术部门和其他服务机构之间在广泛的联络活动中培养积极的伙伴关系，以响应学术界的信息需求"[2]。该定义强调了学术图书馆之间的一项重大倡议，即促进学术整合。Geraldine Delaney 和 Jessica Bates 认为，学术图书馆是保持和促进其在整个大学中的关系，需要持续调整其角色[3]。美国新墨西哥大学和科罗拉多州立大学荣誉退休院长卡米拉·艾莱尔（Camila A. Alire）认为学术图书馆是为那些始终保持求知欲的人群而提供的，从而帮助提升机构研究、教学和学习知识库的图书馆[4]。美国大学与研究图书馆协会 ACRL（Association of College and Research Libraries）认为今天的学术图书馆应该为大学、学院及学生、教职工提供学科专业知识的教学科研服务[5]。

---

① 薛静静（1984—），女，硕士，馆员，就职于广西科技大学图书馆。

② 邓敏（1980—），女，硕士，副研究馆员，就职于广西科技大学图书馆。

我国著名图书馆学教授初景利认为学术图书馆是指依托学术机构支持教学和科研的图书馆，主要是指高校图书馆、专业图书馆和科学图书馆[6]。

因此，本文在已有相关研究的基础上，以 Web of Science™（以下简称"WOS"）核心数据库为源数据库，以科学知识图谱 CiteSpace 可视化分析为研究工具，客观、全面地分析学术图书馆的研究现状，以帮助我国图书馆学者们更精准地预测学术图书馆的研究趋势，深化我国学术图书馆的研究体系，助推我国学术图书馆研究的可持续发展。

2 数据来源与研究方法

2.1 数据来源

为确保原始数据的全面性和客观性，本研究使用科睿唯安（Clarivate Analytics）旗下的 WOS 核心数据库作为检索源，检索日期为 2022 年 10 月 22 日，检索条件设置为主题 TS（Topic）=（"academic library" or "academic libraries"），出版日期范围设置为 2012–01–01 至 2021–12–31，文件类型选择 Article。为了确保源数据的权威性与代表性，文献来源为 Web of Science Core Collection（核心论文库），数据导出方式为普通文本模式，包含所有字段，共获得 138 篇相关文献。

2.2 研究方法

本文采用 CiteSpace 6.1.R3 可视化分析工具，对从 WOS 核心数据库中检索到的 138 篇学术图书馆研究文献的国家机构、出版期刊、文献作者等进行可视化分析，识别主要国家机构、期刊、文献作者、文献关键词的研究分布路径，得出当前学术图书馆的研究热点和前沿问题。

3 学术图书馆研究文献的知识图谱分析

为了更精准地得到分析结果，在软件 CiteSpace6.1.R3 的操作页面，首先按照软件操作流程对源数据进行降重。具体操作步骤：①点击 Data 里的"Import/Export"按钮，进入数据降重页面；②选择 WOS 源数据，在 Input Directory 里导入 Input 文件夹（WOS 下载的源数据），在 Output Directory 里选择 Output 文件夹；③点击"Remove Duplicates"按钮，得到"Document Types Retained 138 Article"，这说明从 WOS 核心数据库下载的源数据无重复项。

3.1 文献的发文量统计分析

基于 WOS 数据库的源数据，本文使用 Excel 统计 2012—2021 年学术图书馆相关研究的文献发文量，以便更好地了解学术图书馆研究的基本现状。根据图 1 的数

据可知，2012 年有 12 篇文献，2013 年有 19 篇文献，2014 年有 12 篇文献，2015
年有 13 篇文献，2016 年有 5 篇文献，2017 年有 8 篇文献，2018 年有 9 篇文献，
2019 年有 19 篇文献，2020 年有 25 篇文献，2021 年有 16 篇文献。由此可见，近
10 年的学术图书馆研究的顶峰是 2020 年，最低谷是 2016 年。总的来说，学术图书
馆研究的文献发文量有上升和降落，是不充分发展的具体体现，但总体是上升的趋
势，未来值得更加深入且全面地研究。

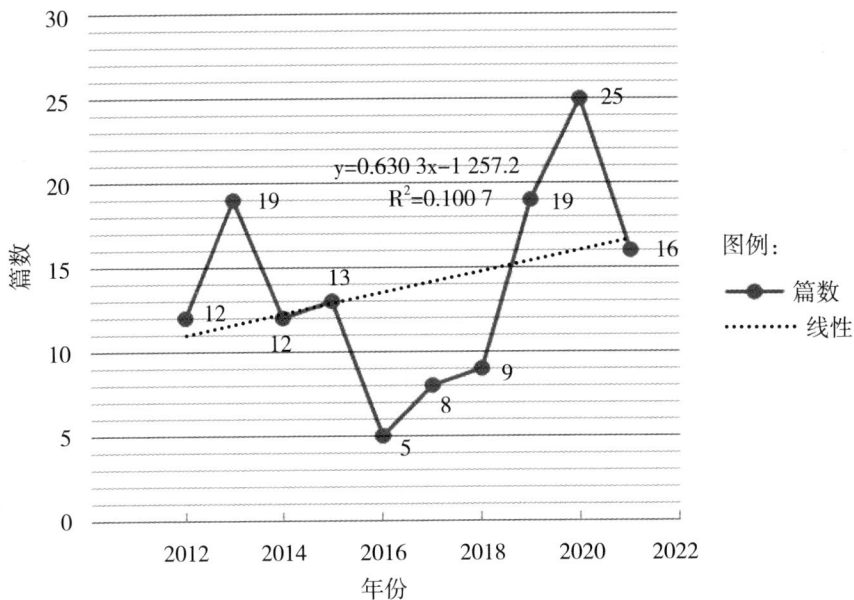

图 1　2012—2021 年学术图书馆研究文献的发文量统计

3.2　文献的国家与机构可视化分析

在软件 CiteSpace6.1.R3 的操作页面，首先将时间切片（time slicing）的范围
设置为 2012 年 1 月至 2021 年 12 月，Years Per Slice=1。其次将聚类词来源（Term
Source）设置为标题（title）、摘要（abstract）、作者关键词［author keywords（DE）］
及 "关键词 + keywords Plus（ID）"。然后将节点类型（node types）设置为机构
（institution）和国家（country）。再次链接 Links 选择默认的 "Strength=Cosine" 和
"Scope=Within Slices"。最后阈值范围标准选择为 g-index，即在每一个切片中运用
以下公式：

$$g^2 \leqslant K\Sigma_{i \leqslant g}c_i, k \in Z^+ \tag{1}$$

节点的比例因子设置为"The scale factor k=25"，精简优化Pruning选择Minimum spanning tree和Pruning slice networks，从而得到有关学术图书馆研究的国家与机构的知识图谱（如图2所示）。

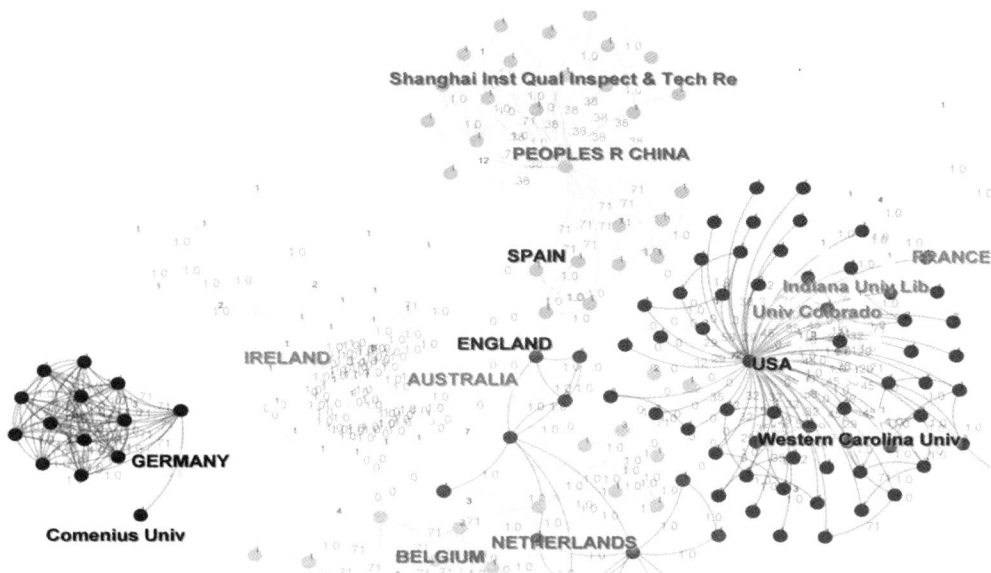

图2　学术图书馆相关研究的国家与机构分布图谱

从国家分布图谱来看，研究学术图书馆的国家主要集中在美国、中国、英国、澳大利亚、西班牙等。经过对源数据的统计与分析，可知每个国家的相关文献发文量，如发文量最多的是美国（72篇），其次是中国（15篇）、英国（7篇）、澳大利亚（5篇）和西班牙（5篇）等。相较而言，美国、中国和英国在学术图书馆研究方面获得较多的研究成果，具有较大的优势。

基于研究机构分布图谱[7]发现，研究学术图书馆的机构主要集中在高校，如美国的西卡罗来纳大学、科罗拉多大学、印第安纳大学、匹兹堡大学、亚利桑那大学、宾夕法尼亚州立大学等，中国的华东师范大学、上海理工大学、南京大学等，英国的谢菲尔德大学，西班牙的格拉纳达大学，等等。

3.3　文献的出版期刊可视化分析

WOS核心合集是获取全球学术信息的重要数据库，有严格的收录筛选机制，并且只收录各学科领域中的重要学术期刊，因此它的收录比较广泛且权威。本研究针对学术图书馆研究的期刊进行分析，一是了解该研究的分布特点，为学术图书馆研究提供文献检索依据；二是了解该研究的期刊发文特征，为研究学术图书馆的专家和学者提供发文参考。

　　在软件 CiteSpace6.1.R3 的操作页面，按照处理数据的流程，将节点类型设置为相关期刊和关键词，阈值范围选择 "TOP N"，从而得到学术图书馆研究的期刊分布图谱（如图 3 所示）。

图 3　学术图书馆相关研究的出版期刊分布图谱

　　从图 3 的图谱可知，发表学术图书馆研究文献的主要期刊是《学术图书馆杂志》（*Journal of Academic Librarianship*，以下简称 "*J ACAD LIBR*"）、《大学与研究图书馆》（*College & Research Libraries*，以下简称 "*COLL RES LIBR*"）、《图书馆高新技术》（*Library Hi Tech*，以下简称 "*LIBR HI TECH*"）、《信息技术与图书馆》（*Information Technology and Libraries*，以下简称 "*INFORM TECHNOL LIBR*"）、《图书馆学与情报学研究》（*Library and Information Science Research*，以下简称 "*LIBR INFORM SCI RES*"）、《电子图书馆》（*Electronic Library*，以下简称 "*ELECTRON LIBR*"）、《美国信息科学与技术学会杂志》（*Journal of the American Society for Information Science and Technology*，以下简称 "*J AM SOC INF SCI TEC*"）、《图书馆管理》（*Library Management*，以下简称 "*LIBR MANAGE*"）、《图书馆趋势》（*Library trends*，以下简称 "*LIBR TRENDS*"）、《信息处理与管理》（*Information Processing and Management*，以下简称 "*INFORM PROCESS MANAG*"）。

　　从以下表 1 的数据可知，*J ACAD LIBR* 的被引频次最高，达到 62 次，其次是 *COLL RES LIBR*（47次）、*LIBR HI TECH*（39次）、*INFORM TECHNOL LIBR*

（38次）等。

表1 2012—2021年发表学术图书馆研究文献排在前10名的期刊统计

序号	期刊名称	被引频次
1	*J ACAD LIBR*	62
2	*COLL RES LIBR*	47
3	*LIBR HI TECH*	39
4	*INFORM TECHNOL LIBR*	38
5	*LIBR INFORM SCI RES*	33
6	*ELECTRON LIBR*	30
7	*J AM SOC INF SCI TEC*	25
8	*LIBR MANAGE*	22
9	*LIBR TRENDS*	20
10	*INFORM PROCESS MANAG*	18

3.4 文献的作者分布可视化分析

在软件CiteSpace6.1.R3的操作页面，按照处理数据的流程，将节点类型设置为Author后，得到学术图书馆相关研究的作者分布图谱（如图4所示）。基于图4的作者分布图谱，我们可以获得相关作者的发文量（见表2）。

图4 学术图书馆相关研究的作者分布图谱

表 2　2012—2021 年研究学术图书馆的排名在前 10 名的作者统计

单位：篇

序号	作者名	发文量
1	Isfandyari-moghaddam，Alireza	3
2	Cox，Andrew M	3
3	Lyon，Liz	2
4	Zhang Tao	2
5	Pinfield，Stephen	2
6	Chan Stephen	2
7	Islam，A Y M Atiquil	2
8	Chu，Samuel Kai-Wah	2
9	Ahmad，Khurshid	2
10	Adams，John H	1

基于图 4 的作者分布图谱，我们可以看出作者分布比较零散，只有一个较大的作者节点，这说明当今研究学术图书馆的水平还较低，作者合作研究的较少，大部分作者是单打独斗的研究。

从表 2 的数据可知，作者 Isfandyari-moghaddam，Alireza 和 Cox，Andrew M 的发文量为 3 篇，是研究学术图书馆发文最多的两位作者，大部分作者的发文量是 2 篇，其中也有中国的 1 位作者（Zhang Tao）。总体来说，研究学术图书馆的发文量较少，学术图书馆的研究还处于初始状态。

4　学术图书馆的研究热点及前沿问题

4.1　研究热点

关键词是帮助研究者使用搜索引擎或索引器检索相关文献资料的重要工具之一。一般来说，一篇标准的学术文献具有 3 ～ 8 个关键词，关键词的频次能够反映某研究领域的热点问题。某一领域的研究热点是该领域内的相对数量较多且有关系的文献共同讨论的问题。因此，找出文献的关键词聚类核心节点，即可确定研究热点。利用知识图谱 CiteSpace 可视化工具对本研究的源数据进行关键词共现分析，得到学术图书馆研究的热点知识图谱。该图谱具有 268 个节点、717 条连线（如图 5 所示）。

图5　学术图书馆研究热点知识图谱

从图5和表3的数据可知，频次最高的关键词是学术图书馆（academic library），出现频次为46次。由此可见，学者们以学术图书馆为该领域的研究核心开展各种实践和研究。学术图书馆研究领域的其他热点关键词还包括影响（impact）、信息（information）、洞察力（perception）、教育（education）、数字图书馆（digital library）、信息素养（information literacy）、学生（student）、图书馆（library）、大学图书馆（university library）等。

表3　2012—2021年学术图书馆研究排名在前10位的热点词汇统计

序号	关键词	频次
1	academic library	46
2	impact	9
3	information	8
4	perception	8
5	education	7
6	digital library	7

续表

序号	关键词	频次
7	information literacy	5
8	student	5
9	library	5
10	university library	4

基于关键词的可视化分析图谱，在"Clusters"选择"Summary of Clusters"，得到关键词共现聚类数据统计表（见表4）。

表4　学术图书馆研究的关键词共现聚类数据统计

聚类序号（Cluster ID）	聚类大小（Size）	剪影（Silhouette）	标识关键词（LLR）
0	30	0.881	aigital libraries；informatics training；current practices；active learning；publicly-facing websites
1	27	1	institutional repositories；information resource；subject librarians；valuable information resource；library managers
2	19	0.992	user satisfaction；symbol information；intuitionistic fuzzy information；group decision-making；future research directions
3	18	0.913	information resource；subject librarians；information resources；change agent；research model
4	17	0.917	academic libraries；big data；big data analytics；technology acceptance model；rasch model
5	16	0.934	rasch model；technology satisfaction model；postgraduate students；online research databases；using online research databases
6	16	0.908	user satisfaction；flow；scanpath

续表

聚类序号 （Cluster ID）	聚类大小 （Size）	剪影 （Silhouette）	标识关键词（LLR）
7	16	0.895	search engines; opac users; university library; developed countries; punjabi university
8	16	0.957	data management; research data; data management methods; research community; professional knowledge
9	12	0.863	mobile technology; undergraduate students; desktop computers; information science; academic institutions
10	11	0.965	academic libraries; information services; disabled patrons; information value chain; assistive technologies

基于表4的关键词聚类分析可知，2012—2021年的学术图书馆研究热点主要集中在以下3个方面：

一是学术图书馆资源的研究。共现标识词为面向公众的网站（publicly-facing websites）、机构资料库（institutional repositories）、信息资源（information resource）、在线研究数据库（online research databases）、研究数据（research data）、大数据（big data）、使用在线研究数据库（using online research databases）、专业知识（professional knowledge）和台式电脑（desktop computers）等。学术图书馆的资源作为其服务的基础，是学术图书馆正常运行的前提条件，因此对学术图书馆资源的研究是研究学术图书馆的开端。

二是学术图书馆管理的研究。共现标识词为信息培训（informatics training）、大数据分析（big data analytics）、搜索引擎（search engines）、数据管理（data management）、数据管理方法（data management methods）、移动技术（mobile technology）、信息服务（information services）、学科馆员（subject librarians）和图书馆管理员（library managers）等。学术图书馆拥有海量的文献资源是其为用户提供学术服务的基础，如何将学术资源实现最大的利用率是学术图书馆管理的中心问题，如何为用户提供更精准的服务是学术图书馆需要不断探索的领域。

三是学术图书馆用户的研究。共现标识词为主动学习（current practices）、用户满意度（user satisfaction）、群体决策（group decision-making）、技术满意度模型（technology satisfaction model）、研究生（postgraduate students）、opac 用户（opac users）、本科生（undergraduate students）和弱势读者（disabled patrons）等。学术图书馆的最终目标是为用户提供更优质且精准的服务，针对用户的研究，可以提高学术图书馆的服务质量，促进学术图书馆的可持续发展。

4.2 前沿问题

突现词是指某一时间段内突然增加出现频次的词语，通过检测关键词的突现性，可以清晰地知晓某段时间内某领域的研究前沿动态。采用知识图谱 CiteSpace 可视化分析工具，对源数据进行突现检测分析，得到由 7 个集群（280 个节点、768 条线）组成的学术图书馆研究前沿知识图谱（如图 6 所示）。

图 6 学术图书馆研究的前沿知识图谱

基于图 6 的知识图谱，学术图书馆研究前沿的最大突现集群是学术图书馆（academic library），包含了 38 个节点，该集群里被引频次最多的突现词是学术图书馆（academic library）、行为（behavior）和设计（design），主要被引文章是 Kumar S.（2012.0）的 PROGRAM-ELECTRONIC LIBRARY AND INFORMATION SYSTEMS，V46，P15。第二大突现集群是影响（impact），该集群有 34 个节点，被引频次最多的突现词是影响（impact）、信息（information）和图书馆（library），主要被引文章是 Isfandyari-moghaddam A.（2014.0）的 PROGRAM-ELECTRONIC LIBRARY AND INFORMATION SYSTEMS，V48，P14。第三大突现集群是信息素养（information literacy），该集群有 28 个节点，被引频次最多的突现词是教育（education）、数字图书馆（digital library）和管理（management），主要被引文章是 A Y M Atiquil（2020.0）的 JOURNAL OF INFORMATION SCIENCE，V47，P14。

5 结语

通过对 WOS 核心数据库收录的 2012—2021 年学术图书馆研究方面的 138 篇文献，利用知识图谱 CiteSpace 可视化工具进行分析，分别从国家、机构、期刊、作者、关键词等方面详细绘制了学术图书馆研究的国家机构分布、期刊分布、作者、热点及前沿等知识图谱，得出以下结论，以期为我国的学术图书馆研究提供客观参考。

第一，通过学术图书馆研究的国家和机构知识图谱，可以看到美国在研究学术图书馆方面遥遥领先于其他国家[8]，说明美国在学术图书馆研究方面强于其他国家，而仅次之的中国、英国、澳大利亚、西班牙等国家需要更加重视学术图书馆研究，加强国家与机构之间的研究合作，提升学术图书馆研究的核心竞争力。

第二，通过学术图书馆研究文献的出版期刊的知识图谱，可知《学术图书馆杂志》（J ACAD LIBR）、《大学与研究图书馆》（COLL RES LIBR）、《图书馆高新技术》（LIBR HI TECH）、《信息技术与图书馆》（INFORM TECHNOL LIBR）、《图书馆学与情报学研究》（LIBR INFORM SCI RES）、《电子图书馆》（ELECTRON LIBR）、《美国信息科学与技术学会杂志》（J AM SOC INF SCI TEC）、《图书馆管理》（LIBR MANAGE）、《图书馆趋势》（LIBR TRENDS）、《信息处理与管理》（INFORM PROCESS MANAG）等是国际学术图书馆研究的核心期刊，可为国际上研究学术图书馆的学者们提供期刊投稿参照。

第三，通过学术图书馆研究的作者知识图谱可以看到，在学术图书馆研究领域，发文量排在前 10 位的作者分别是 Isfandyari-moghaddam，Alireza、Cox，Andrew M、Lyon，Liz、Zhang Tao、Pinfield，Stephen、Chan Stephen、Islam，A Y M Atiquil、Chu Samuel Kai-Wah、Ahmad，Khurshid 及 Adams，John H。

第四，通过学术图书馆研究的关键词聚类知识图谱发现，学术图书馆研究领域的热点问题主要集中在学术图书馆（academic library）、影响（impact）、信息（information）、洞察力（perception）、教育（education）、数字图书馆（digital library）、信息素养（information literacy）、学生（student）、图书馆（library）、大学图书馆（university library）等。

第五，通过学术图书馆研究的前沿知识图谱发现，学术图书馆研究领域的前沿问题主要集中在学术图书馆（academic library）、行为（behavior）、设计（design）、影响（impact）、信息素养（information literacy）、数字图书馆（digital library）和教育（education）等。

参考文献

［1］PETER B. The academic library［M］.London：Facet Publishing, 2005.

［2］HEERY, MORGAN. Academic library services to non-traditional students［J］. Library Management, 1996, 17（5）: 3–13.

［3］DELANEY G, BATES J. Envisioning the academic library：A reflection on roles, relevancy and relationships［J］. New review of academic librarianship, 2015, 21（1）: 30–51.

［4］EVANS G E, GREENWELL S. Academic librarianship［M］.Chicago：American Library Association, 2018.

［5］Academic library［EB/OL］.［2022-10-23］. https://www.ala.org/educationcareers/libcareers/type/academic.

［6］初景利.学术图书馆与新型出版［M］.北京：国家图书馆出版社，2021.

［7］张立红，王娟，张双狮，等.基于CiteSpace的我国信访研究热点与趋势分析［J］.文化与传播，2020，9（1）: 75–79.

［8］赵启玥.2020年美国高校图书馆发展趋势［J］.晋图学刊，2020（6）: 80.

说明：本文系广西高校中青年教师科研基础能力提升项目"管理沟通视域下高校图书馆文化的构建研究"（项目编号为2020KY08037）。

图书馆工作研究

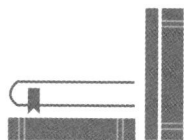

高校智慧化图书馆数据中台模型构建研究

符荣鑫[①]

（广西师范大学图书馆，广西　桂林　541004）

【摘要】文章研究高校智慧化图书馆建设中面临的数据体量大、类型多、价值低和呈现单一的问题，构建数据中台三层架构模型，从技术层面解决高校智慧化图书馆面临的数据问题。研究结果表明，数据中台能够整合异质数据，挖掘价值数据，提高检索效率，多种方式呈现数据特征，改进图书馆数据管理方式，提升图书馆智慧化服务水平。

【关键词】智慧化图书馆；数据中台；模型

【中图分类号】G258.6　　　　　　　　【文献标志码】B

1　引言

随着大数据时代的到来，数据每天都在爆炸式增长，海量数据带来极大的管理难题，对于数据获取、分析和展示都是极大的考验。传统的数据管理模式更适合"小数据"时代的信息处理，面对大数据的挑战则略显力不从心，亟须一个统一数据管理平台来处理和管理大数据资源，因此数据中台应运而生。

数据中台是阿里巴巴提出的大数据架构平台，目的是解决大数据获取和处理困难的问题[1]。2021年，李子昕和陈晋在建设高校科学数据管理服务平台时通过数据中台体系全面采集并打通各类数据资源，实现资源的安全交互和管控，协助挖掘数据价值[2]。蔡迎春等以数据中台技术赋能，探讨以科研数据管理、开发和服务为主导的图书馆数据服务模式[3]。2022年，郑聪等研究数据中台在图书馆数字化重构与智慧化提升中的潜在作用，用实验验证法研究数据中台在图书馆领域的应用场景与建设方式[4]。以上研究结果表明，数据中台技术在图书馆界研究较少，是一个新兴技术领域，但对智慧图书馆的建设和发展起到良好的促进作用。

---

① 符荣鑫（1984—），男，硕士，工程师，就职于广西师范大学图书馆。

2　高校图书馆智慧化数据面临的问题

高校图书馆是高校的数据中心，数据来源繁多，总体可分为图书文献数据和业务信息数据两大类。图书文献数据来自馆藏图书数据和购买的电子资源数据库，业务信息数据来自高校图书馆各个业务系统产生的数据，包括系统日志、来访记录、操作记录等信息。这些数据体量较大，类型复杂多变，影响了高校图书馆获取和分析数据统计信息，主要表现为以下 4 个特点。

2.1　数据体量大

高校图书馆购买了大量的国内外数据库供师生参考学习，其中的数据都以 TB 量级计，总数据量可达几十 TB 甚至上百 TB，每次访问、检索、下载所产生的系统日志会占据巨大的空间。传统的数据管理方式对于大数据的处理显得力不从心，表现为检索效率低、性能下降，SQL（结构化查询语言）查询获取数据等待的时间较长，读者用户体验不佳。

2.2　数据类型多

高校图书馆购买的数据库基本都是异构数据库，每家数据供应商的数据产品并不相同，数据结构相差很大。而且，在数据产品中非结构化数据居多，结构化、半结构化数据偏少，使得资源获取的过程大部分时间耗费在非结构化数据的处理上。高校图书馆希望通过一个平台能够把结构化数据和非结构化数据统一起来，在应用层面解决数据管理和呈现的问题，提高数据管理效率。

2.3　数据价值低

高校图书馆的数据大部分都是文献资源，这些数据是大数据中宝贵的数据资源，但这些资源都湮没在海量的大数据中，我们需要通过沙里淘金的方式才能在大数据中找到所需的数据。传统的检索平台无法实现这一功能，需要建立新的数据平台，用数据挖掘的方式来获取数据。

2.4　数据呈现单一

传统的数据展示基本都是列表的形式，即使在 APP 端、PC 端两个不同的设备平台，看到的数据效果并没有什么不同。但在智慧化环境下，大数据纷繁复杂，都以列表显示显得过于单一且不够直观，因此我们需要多种数据呈现方式来表现数据的不同侧重点，让读者能够直观地感受数据的多样性。

3　高校图书馆数据中台模型构建

数据中台是通过数据技术收集、计算、存储、加工大量数据，在数据中心形成统一标准数据，集成化为大数据生产层，为客户提供高效服务的数据管理平台[5]。数据中台整体架构是以云计算为基础，利用云服务器里面的存储资源和计算资源整合现有数据，为用户提供一站式服务[6]。这套架构方案最适合应用于图书馆数据资源管理，能够实现图书馆异构数据整合，综合统计分析，统一检索展示，提高图书馆数据分析水平。

目前，高校图书馆建立数据中台需要以云服务平台为建设基础，在云端服务中架设数据中台服务，用服务器集群方式管理数据中台中心数据库。同时，建立数据统一标准，用数据规划工具对信息数据进行标准化操作，便于上层服务应用程序获取数据，多元化展示数据特征。数据中台方案采用3层架构进行设计，模型如图1所示。

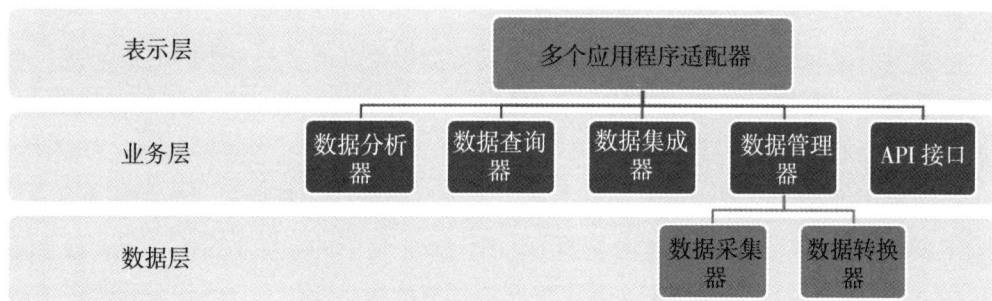

图 1　高校图书馆数据中台架构模型

3.1　数据层

数据层是处理图书馆基础数据的关键层。高校图书馆以异质数据居多，难以形成统一的标准。数据层的采集器则需要打破高校图书馆各数据库之间的数据隔阂，在新的数据中心建立统一的数据集合，为高校图书馆后续价值挖掘打下坚实的基础。

数据层包含数据采集器和数据转换器。数据采集器负责采集高校图书馆中各个系统的数据内容，并保存到中心数据库。数据转换器负责处理采集到的数据，将异质数据按照系统的数据标准进行统一转换，形成能够进行统一管理的基础数据。

3.2　业务层

业务层是对数据中心的数据进一步加工，根据用户需求制定不同业务逻辑，解决数据获取不一致的问题。业务层的数据管理器能够对数据进行实时管理，整合数据资源供用户访问和使用，利用 API 接口提供数据访问方法，为上层应用程序访问数据提供便利。

业务层包括数据分析器、数据查询器、数据集成器、数据管理器和 API 接口。数据分析器负责分析获取到的中心数据，根据用户需求产生分析结果。数据查询器则接收用户的访问需求，向数据分析器发起请求，要求数据分析器按查询需求提供分析数据。数据集成器负责把分析后的数据结果进行集成，按照用户的需求整合成请求的数据资源。数据管理器负责管理数据分析结果，综合数据管理方式，为数据安全访问提供保障。API 接口是业务层与表示层连接的外部访问接口，提供数据安全访问服务。

3.3　表示层

表示层是对数据实时动态展现，呈现数据的不同特征，根据高校图书馆应用服务的需求，快速应用到高校图书馆场景中。例如，APP 端、PC 端、微信端、数据大屏等应用所需数据皆不同，就需要表示层提供不同的展示方式。

表示层主要由适配器来实现，对于不同的数据呈现需求配置不同的适配器，通过业务层的 API 接口获取相应的中心数据，再由适配器呈现所需数据的特征图表，展示数据的不同呈现方式。

数据中台是三层架构的有机结合体，为上层服务应用程序提供数据治理服务，为下层数据存储系统提供数据分析服务。作为承上启下的业务平台，承担着整个高校图书馆数据流的管理和分析工作，处于数据流的核心地位。其运作方式改进了传统数据管理方法，将数据与应用完全剥离，分散数据管理和分析压力，利用人工智能算法挖掘智慧化数据价值，展示数据发展的未来趋势，在图书馆数据管理中起着重要的作用。

4　研究结果分析

数据中台模型具有配置灵活多样、系统反应迅速、访问方便快捷、数据治理良好等特点，应用于高校图书馆数据管理中，能够提高高校图书馆的数据管理效率，改进数据获取方式，整合数据结构资源，统计多源数据信息。主要改进以下几种管理方式：

（1）在大体量数据环境下能够实现快速返回检索结果的目的。数据中台将数据集中存放于分布式系统中，并将数据处理过程放入业务层。业务层提供数据安全访问控制和数据质量保障体系，方便用户定位所需数据，实施数据治理，提高数据可用性和易用性。采用大数据分析处理方式处理海量数据，保证数据查询的时效性，提高数据检索效率，改善读者检索体验。

（2）整合异质数据，统一数据标准。数据中台提供统一数据标准整理异质数据，将数据经标准方法转换后存入中心数据库，使得结构化数据和非结构化数据都能在同一个平台得到统一管理，解决不同数据商数据差异的问题，为应用服务提供统一查询数据的接口。扩展智能数据映射能力，缓存各种来源数据，规范高校图书馆数据标签，并增强结合业务标签的可扩展性，提高数据访问效能。

（3）采用人工智能方法挖掘价值数据。数据中台提供机器学习、回归分析等人工智能算法来处理获取的数据，根据用户的需求从海量数据中挖掘需要的内容，得到价值数据，将低价值的海量数据向高价值的精华数据转变，满足用户的需求。提供基于场景的数据应用，探寻跨数据库业务的价值能力，用大数据驱动图书馆业务行动，评估图书馆业务的行动效果，提升智慧化服务水平。

（4）改进数据单一呈现的页面，实现多源数据多元化呈现方式。数据中台提供多种适配器实现数据呈现的不同方式，优化页面布局，改进用户体验。将用户需求放在首位，根据用户需求实时配置用户数据表，能够实现个性化数据展示，提供友好的数据可视化界面，并对实时数据流进行价值分析，动态展示实时数据结构，丰富数据分析功能，发挥高校图书馆数据统计分析功能，提升大数据的表现力。

从研究结果来看，数据中台解决了高校智慧图书馆面临的大数据管理的问题，提高了数据访问检索效率，更好地治理多源异构数据，提供统一数据标准管理数据，挖掘大数据中用户的数据价值，改进数据呈现方式，以用户需求为中心定制数据展示方法，为高校图书馆的数据管理提供新的解决方案。

5 结论

综上所述，高校图书馆采用数据中台管理海量数据，能够改进高校图书馆数据管理方式，提升高校图书馆智慧化服务水平，提高数据访问效率，改善读者访问体验。在不远的将来，数据中台将发挥越来越重要的作用。

参考文献

［1］谭虎，陈晓勇 . 详解阿里云数据中台［N］. 中国信息化周报，2019-10-28（14）.

［2］李子昕，陈晋 . 基于数据中台的高校科学数据管理服务平台建设［J］. 大学图书情报学刊，2021，39（2）：56-62.

［3］蔡迎春，欧阳剑，严丹 . 基于数据中台理念的图书馆数据服务模式研究［J］.

图书馆杂志，2021，40（11）：99-107，63.

［4］郑聪，柏雪，张兴旺.高校图书馆中台构建路径与实践研究［J］.图书馆工作与研究，2022（10）：5-12.

［5］张凯，李忠博，张云超，等.基于知识图谱的安防数据中台智能化研究与应用［J］.现代传输，2021（2）：34-37.

［6］林宇帆，卜心田.基于数据中台的高校档案管理系统模型设计与实现［J］.浙江档案，2022（9）：22-25.

新型公共阅读空间的建设思路研究

蒋张施宁[①]

（南宁市少年儿童图书馆，广西　南宁　530022）

【摘要】 新型公共阅读空间建设作为公共文化服务向基层延伸的重要途径，是对传统公共图书馆总分馆模式的拓展和再造。文章通过梳理新型公共文化空间的发展脉络，研究其现状和特点，把握建设思路和发展方向，为公共图书馆在新型公共阅读空间的建设和运作提供参考，以期打造社会满意、服务高效的新型公共阅读空间。

【关键词】 图书馆；新型公共阅读空间；新型公共文化空间；公共文化服务

【中图分类号】 G258.9　　　　　　　**【文献标志码】** B

1　概论

图书馆作为公共文化基础设施，面向社会提供免费的公共文化服务。近年来，我国各大公共图书馆不断延伸服务阵地，拓宽服务范围，探索与社会力量融合协作的新型管理模式，以分馆、流通站等形式在全国范围内建立起多个公共阅读空间，为进一步推动全民阅读普及、创新公共文化服务提供有力范本。2021 年 3 月，文化和旅游部、国家发展和改革委员会、财政部联合印发的《关于推动公共文化服务高质量发展的意见》指出："鼓励在都市商圈、文化园区等区域，引入社会力量，按照规模适当、布局科学、业态多元、特色鲜明的要求，创新打造一批融合图书阅读、艺术展览、文化沙龙、轻食餐饮等服务的'城市书房''文化驿站'等新型文化业态，营造小而美的公共阅读和艺术空间。""鼓励将符合条件的新型公共文化空间作为公共图书馆、文化馆分馆。"[1] 随后，文化和旅游部印发《"十四五"文化和旅游发展规划》中提到："结合老旧小区和厂房改造等，创新打造一批'小而美'的城市书房、文化驿站、文化礼堂、文化广场等城乡新型公共文化空间。"[2] 可见，国家在政策上对于新型公共文化空间的建设予以支持和鼓励，也对公共图书馆的分馆建设提出

---

① 蒋张施宁（1991—），女，硕士，馆员，就职于南宁市少年儿童图书馆。

新的要求，打造"小而美"的新型公共文化空间是公共图书馆未来一段时间内需要研究和规划的目标。

2　新型公共文化空间的定义和现状

"文化空间"原来是联合国教科文组织在进行非物质文化遗产保护工作中使用的专有名词，主要指人类口头和非物质遗产代表作的形态与样式。联合国教科文组织于 1998 年颁布的《人类口头和非物质遗产代表作条例》中明确指出，人类口头和非物质文化遗产划分为两大类，一类是各种民间传统文化表现形式，包括语言、文学、音乐、舞蹈、游戏、神话、礼仪、习惯、手工艺、建筑术及其他艺术、传统形式的传播和信息等民间传统文化表现形式；另一类是文化空间。该条例将"文化空间"定义为"一个集中了民间和传统文化活动的地点，但也被确定为一般以某一周期或是某一事件为特点的一段时间"[3]。这是非物质文化遗产的重要形态之一。2003 年联合国教科文组织发布的《保护非物质文化遗产公约》指出："非物质文化遗产指被各社区、群体，有时是个人，视为其文化遗产组成部分的各种社会实践、观念表述、表现形式、知识、技能以及相关的工具、实物、手工艺品和文化空间。"由此可见，在非物质文化遗产工作中被定义的"文化空间"，包含具象性和非具象性两种类型。它可以是一个具体地点的体现，也可以指某种事件所产生的延续性的时间段。相较于文化空间的传统定义，公共文化空间则跳出非物质文化遗产工作范畴，覆盖面更广泛，定义更具体，目前被用于指代一切为社会提供公共文化服务的场所，如图书馆、文化馆、博物馆等公益性公共文化场馆，或画廊、影剧院、书店等私营性公共文化场所。而新型公共阅读空间则是在原有公共图书馆等一类公共阅读空间的基础上，创新运营模式、拓展服务范围的有益尝试。

公共图书馆对新型公共阅读空间的探索从未止步，温州市的"城市书房"是早期一批较为成功的实践范例。城市书房采用政府与企业、社区等社会力量合作的方式建设，将书房落地到小区、公园、商圈等市民日常休闲的场所。其雏形是张家港市的"图书馆驿站"，基于 24 小时自助图书馆建设，面向市民公开征集名称，并统一命名为"城市书房"，较传统公共图书馆拥有品质化环境、嵌入式空间、长时间服务、专业化支撑的基本特征[4]。随着探索和实践的不断深入，结合文旅融合发展的新局势，新型公共文化空间的建设日益完善，许多看似标新立异的想法得以大胆尝试，并且取得了不错的成绩。广州市海珠区南洲侨建 HI CITY 文创商业中心的御溪书斋，是海珠区图书馆侨建分馆，作为广州市首个落地建成的新型公共文化空间，荣获广州市首届新型公共文化空间设计案例征集活动最佳空间规划奖。这个建设在商场中的图书馆，目标是通过设计及科学手段打破图书馆的边界，实现图书馆与商业的完全结合，以图书借阅为核心，驱动文化与商业、文化与旅游、文化与教育的经营[5]。新型公共阅读空间在建设上的大胆尝试，不仅有利于提升公共文化的服务水平、创新服务内容，还为文化、旅游、商业融合发展的产业模式提供有力支撑。

3 新型公共阅读空间的特点

与传统公共阅读空间相比，新型公共阅读空间主要强调一个"新"字。这种"新"体现在为社会提供公共阅读服务时打破常规，推陈出新。新型公共阅读空间的设计、管理和服务与原有的公共图书馆有所区别，正是这种区别构成它独有的特点。

3.1 服务多元化

公共图书馆是收集、整理、保存图书资料以供读者阅览、参考的机构，以向社会提供书籍借阅服务为主，在不断发展和演变中逐步增加开展阅读推广活动、开发信息资源、参与社会教育等其他服务内容。以公共图书馆为主导建设的新型公共阅读空间要打破传统公共图书馆的服务理念，在提供阅读服务的基础上，为公众附加多元化的公共文化服务。新型公共阅读空间是阅读与各类文化服务形式的综合体，能让公众除了享受图书借阅服务，还可以在同一空间范围内享受其他文化服务。

3.2 建设便民化

目前，由于对新型公共阅读空间在建筑面积、人员配备等方面没有硬性规定，加之国家提倡"小而美"的建设理念，使新型公共阅读空间在建设上更为灵活。作为图书馆公共文化服务的延伸，新型公共阅读空间的"灵活"应始终建立在更加便捷地为社会公众提供服务的基础上，除选址上需满足"15分钟生活圈"这一基本要求外，还要了解公众对于公共文化场所的需求。以南宁市为例，2020—2021年南宁市级公共图书馆通过"12345"热线、人民网领导留言板等官方渠道收到投诉建议共81份（见表1），经过归纳整合分为设施设备、服务水平、开放时长、预约方式、场馆建设布局、座席数量等六大类（如图1所示）。其中，公共图书馆设施设备较为老旧、服务水平有待提高、开放时间有待延长等问题是大多数市民所关心的。在规划建设新型公共阅读空间时，应将公众对公共图书馆的意见和建议作为参考，以为社会提供更便捷的公共阅读服务作为考量。

表1　2020—2021年南宁市级公共图书馆收到投诉建议汇总

单位：份

年份	投诉类别	投诉数量	合计
2020年	设施设备	9	43
	服务水平	14	
	开放时长	6	
	预约方式	4	
	场馆建设布局	3	
	座席数量	7	
2021年	设施设备	9	38
	服务水平	5	
	开放时长	8	
	预约方式	9	
	场馆建设布局	4	
	座席数量	3	

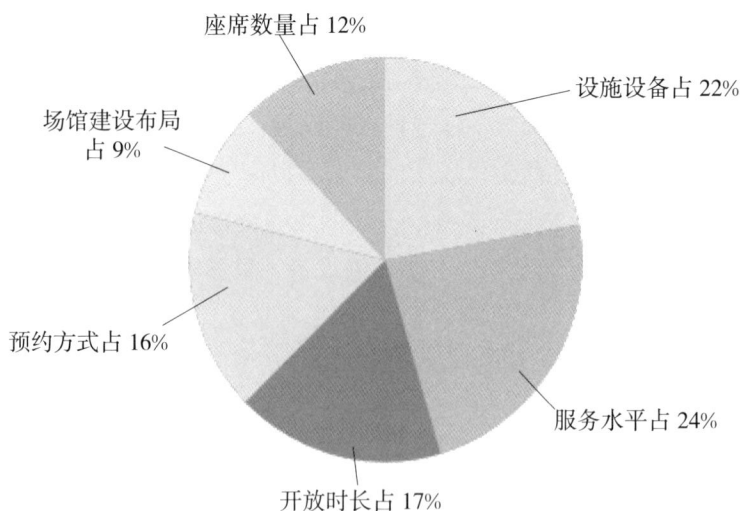

图1　2020—2021年南宁市级公共图书馆收到各类别投诉数量占比

3.3 管理社会化

图书馆分馆作为公共图书馆与社会力量合作管理的雏形，为新型公共阅读空间的管理模式提供参考。与传统公共图书馆以政府管理为主不同，新型公共阅读空间应赋予社会力量更多的管理权限。公共图书馆作为其指导单位，对新型公共阅读空间进行目标拟定、专业指导、制度规范、考核评级等。政府在新型公共阅读空间的管理上应起到统筹协调的作用，完善对作为管理方的社会机构的奖惩制度，适度提供税收优惠政策或福利政策，建立长期、有效的保障机制，保护社会力量的基本权益。社会化的管理有助于激励良性竞争，打破固化思维，在政策允许的范围内实现服务效益最大化[6]。

3.4 设计精品化

新型公共阅读空间在环境和氛围的把握上应更强调建立对公众的吸引力，融入选址周边环境，打造具有文化艺术氛围的精品休闲场所。空间的装饰装修、场景布局应顺应时下流行的设计理念，应用时尚元素加以点缀，结合当地历史文化或民族特色进行挖掘，室内空间的设计风格力求让人眼前一亮，将新型公共阅读空间打造成为市民竞相打卡的"网红"景点，体现文化、旅游、商业融合的产业发展新态势，让新型公共阅读空间作为城市的一道亮丽风景线，成为现代公共文化服务的样板和典型示范[7]。

4 新型公共阅读空间的建设思路

新型公共阅读空间的建设与规划应建立在现有公共图书馆的基础上，是对现有公共图书馆服务的延伸和补足。一是由于公共图书馆除少年儿童图书馆外，多为综合性图书馆，为全体市民服务，在图书的选购、馆舍的布局上以满足多数人的需求为考量，虽有面向特定群体开展的服务，但无法保持较强的针对性和持续性。二是公共图书馆虽面向全体市民开放，但辐射范围有限，难以为距离较远、没有交通工具直达的读者提供方便、快捷的阅读服务。三是公共图书馆的馆舍面积、座席数量有限，容易出现座位供不应求的情况，无法满足读者日益增长的阅读和学习需求。为解决公共图书馆存在的局限性，新型公共阅读空间应打破原有的分馆、流通站的建设管理思路，以"补短板"为建设理念，以"特定性"为发展方向，为读者提供更高效、快捷、便利的公共阅读服务。

4.1 服务更具有针对性

新型公共阅读空间的"新"主要体现在它打破固有思维，将多元文化相结合，为市民提供一个文化综合体。但想要在一个空间内享受多种公共文化服务，意味着空间布局开阔，建设场地较大，与国家所提倡的"小而美"的概念相悖。公共阅读空间作为公共文化空间的一部分，以阅读为基础，从节省空间的角度来考虑，新型公共阅读空间的服务应更具有针对性，即在特定的地点提供特定的服务，不拘泥于将公共文化服务全部糅进一个空间，而是多点布局，每个点面向特定人群开展对应的服务。例如，在公园里设置公共阅读空间，针对前来运动的中老年群体提供保健类书籍；在医院设置公共阅读空间，为带小孩前来就诊的家长提供绘本、漫画阅览，在住院部针对不同年龄段的患者开展健康知识讲座、绘本故事会等活动；在城中村等外来务工人员聚集的地方设置公共阅读空间，为其提供业务技能等实用性强的书籍，并联合商家开展阅读点数换购商品活动等。以点带面、以小见大，通过针对性、靶向性的服务弥补公共图书馆因人员、资金限制在面向特定人群开展服务的劣势。

4.2　布局更具有定制性

定制性体现在新型公共阅读空间的布局和设计不只局限于几张桌子、几个书架等传统的图书小站模式，而是更灵活、更开放，根据所处的环境进行调整，达到因地制宜的效果，以期填补目前市民对公共图书馆的诉求。公共图书馆应加强与其他部门和社会力量的合作，充分利用现有场所资源的"时间差"打造新型公共阅读空间，实现资源的整合和循环利用。例如，为解决读者对公共图书馆座席数量少、夜间开放时间短的问题，公共图书馆在社区建立以提供自习服务为主的学习室，摆放教学参考书籍；也可利用中小学校、培训机构下课后的空余教室合理设置仅供夜间开放的公共自习室。又如，在商场分层设置多个书架，打破固有空间观念，将整个商场化为大型公共阅读空间，让市民在排队等位、休息时养成阅读的习惯。

4.3　方式更具有高效性

高效性的阅读方式离不开技术手段的更新和迭代。随着信息化的进一步发展，阅读方式更趋向于数字化、电子化，通过手机即可阅览海量书籍。新型公共阅读空间的概念也将逐步由有形转为无形，整个社会即是一个可随时随地享受阅读的空间。除电子化的阅读方式外，应满足传统纸质媒体提供的阅读乐趣，必须更多地利用物联网及新型交通技术，节约人力成本，扩大阅读服务范围。通过开展"外卖借还""快递借还"等新型借还书方式，拉近公共图书馆与读者之间的距离，方便距离公共图书馆较远的读者足不出户即可享受便捷的借阅服务。今后还可通过购置小型无人驾驶车作为在社区内随叫随停的图书阅读车，让公共阅读空间真正实现无处不在。

5　结语

新型公共阅读空间的建设并非一蹴而就，想要符合人民群众日益增长的新型化、多元化、个性化公共阅读需求，需要花费时间和精力深入打磨、完善。公共图书馆应积极把握合作共赢的思路，通过与社会力量和其他政府部门的通力协作，使新型公共阅读空间的管理更合理、功能更完善、服务更多样化，为社会提供优质、便捷、高效的公共阅读服务，也为公共图书馆的转型发展提供参考和机遇。

参考文献

［1］文化和旅游部 国家发展改革委 财政部关于推动公共文化服务高质量发展的意见［EB/OL］.（2021-03-08）［2022-10-26］.http：//zwgk.mct.gov.cn/zfxxgkml/ggfw/202103/t20210323_923230.html.

［2］文化和旅游部关于印发《"十四五"文化和旅游发展规划》的通知［EB/OL］.（2021-04-29）［2022-11-29］.http：//zwgk.mct.gov.cn/zfxxgkml/ghjh/202106/t20210602_924956.html.

［3］伍乐平，张晓萍.国内外"文化空间"研究的多维视角［J］.西南民族大学学报（人文社会科学版），2016（3）：7-12.

［4］金武刚，王瑞芸，穆安琦.城市书房：2013—2020年：基层图书馆建设的突破与跨越［J］.图书馆理论与实践，2021（3）：1-9，21.

［5］探秘广州首个落地的"新型公共文化空间"［EB/OL］.（2022-02-22）［2022-12-22］.https：//v.qq.com/x/page/e3324plnimp.html.

［6］司新丽.公共文化服务领域PPP模式的探索：以新型公共阅读空间为例［J］.学海，2021（6）：128-133.

［7］王海英.文旅融合背景下新型公共文化空间建设分析：探索郑州的城市美学新范式［J］.河南图书馆学刊，2022（2）：99-101.

信息化时代下高校图书馆员"三全育人"意识能力的思考

赖 漩①

（河池学院图书馆，广西 宜州 546300）

【摘要】信息化时代的到来促进了高校图书馆功能的转变，但其教育职能是不会改变的，高校图书馆应该在"三全育人"系统工程中发挥应有的作用。高校图书馆员必须深刻理解"三全育人"意识能力的丰富内涵，并提高"三全育人"意识能力，切实担负起为党育人之职责。

【关键词】信息化；高校图书馆员；三全育人；意识能力

【中图分类号】G251.6　　　　　　　　【文献标志码】B

近年来，尽管"图书馆消亡论"的呼声日渐式微，但是随着物联网、云计算、大数据、人工智能等新概念渐入人心并逐步改变我们的工作与生活方式，数字信息化时代已然到来，人们必将迎来一场新信息技术革命，风起于海，鲜无波澜，高校图书馆将面临一场不可回避的信息技术革命。在这场革命中，高校图书馆会不会真正地消亡，或者以何种新的生存形态延续下去，高校图书馆员应该具备什么意识能力才能立于不败之地？窃以为，不管风云如何变幻，时代如何发展，人总是最核心的因素。作为一名高校图书馆员，唯有不断提高自身的"三全育人"意识能力，图书馆才不会消亡，图书馆员才能真正地立于不败之地。

1 信息时代下高校图书馆功能的转变与职能的不变

信息化时代不是突如其来，而是在继承发展的前提下走进我们的生活，它的到来是一种逐渐积累的过程。信息化时代背景下高校图书馆的发展是一个革故鼎新的过程，高校图书馆一些功能的转变在所难免，但其主要职能是不会改变的。如果一所高校没有图书馆是不可想象的，是不完整的，至少是不完美的。一般而言，传统

---

① 赖漩（1969—），女，本科，馆员，就职于河池学院图书馆。

高校图书馆的重要工作主要在于不断完善采购、编目、阅读推广和典藏纸质文献资料等功能，而在信息化时代下，随着读者需求的改变或提升及信息技术的飞跃发展，高校图书馆逐渐往智能化、网络化方向发展，高校图书馆各项传统功能发生了一些改变，一些传统的手工操作逐渐被取代，如现在完全可以通过网络进行线上采购图书并进行联合编目，读者的自助查询、检索、借还已是常态等，尤其是馆藏资源建设发生了颠覆式的革命改变，电子书籍的出现和读者网络阅读习惯的形成使高校图书馆的馆藏资源逐渐从以纸质资源为主转变为纸质资源与数字资源并存的局面，由此产生高校图书馆空间功能发生根本性变化，馆藏空间由现实的物理空间转变为虚拟的想象空间，高校图书馆情报知识服务手段的改进、学习中心与机构功能的升级嬗变，如此等等，不一而足。这些变化都是大数据信息化时代带来的，图书馆业界应该秉持欢迎的态度对待这些变化，只有顺应科技力量的发展才能永葆图书馆的生命力。

历史唯物主义告诉我们，历史永远是发展的，唯一不变的就是改变。然而，辩证唯物主义同样告诉我们，所有的改变都是为更好地发挥事物的最本质作用。2015年，教育部颁布《普通高等学校图书馆规程》，要求高校图书馆从文献信息中心转变为文献资源中心[1]。《普通高等学校图书馆规程》明确指出，教育职能和信息服务职能是高校图书馆的主要职能，高校图书馆须发挥人才培养、科学研究、社会服务和文化传承创新的作用[2]。由此可知，高校图书馆发展到今天，它的教育职能依然是主要职能，高校图书馆依然是高校重要的育人平台及高校的三大支柱之一。不管高校图书馆如何在深化学科服务和创新服务模式等方面做出改变，不管高校图书馆如何向知识中心、交流中心等方向转变，其最终的目的是发挥高校图书馆的资源优势以履行育人之职能，这应该是每所高校图书馆和每位图书馆员必须明白的道理，尤其是图书馆员，如果不明白这个道理，自身的职业生涯规划就没有明确的方向，自身的职业角色就没有得到清晰的定位，自身的职业能力提升就缺乏内生的动力。在数字技术渗透到我们生活每个角落的信息化时代背景下，明确图书馆员的思想意识和能力提升方向是十分重要的，这是由高校图书馆的教育职能所决定的。有人认为，在信息化时代和高校"双一流"建设双重背景下，高校图书馆员最重要的是培养自身的"三全育人"意识能力，这样才能使每位馆员获得真正的存在感、成就感与幸福感，高校图书馆才能真正激活人的积极因素，避免"说起来重要，做起来不要"的边缘化尴尬境地。

2　信息化时代下高校图书馆员"三全育人"意识能力的现状

"三全育人"即全员育人、全过程育人、全方位育人，是 2017 年 2 月中共中央、国务院印发的《关于加强和改进新形势下高校思想政治工作的意见》（以下简称《意见》）提出的要求。《意见》指出，坚持全员全过程全方位育人是加强和改进高校思想政治工作的基本原则之一，高校要把思想价值引领贯穿教育教学全过程和各环节，形成教书育人、科研育人、实践育人、管理育人、服务育人、文化育人、组织育人的长效机制。"三全育人"要求的提出，为每一位高校教育工作者如何在自己的岗位上自觉参与培养中国特色社会主义合格的建设者和接班人提供了根本遵循。每一位高校教育工作者都应该牢记"立德树人"的根本任务，不忘为党育人、为国育才的初心使命，自觉以"四有"好老师的标准要求自己，以德立身，以德立学，以德育德，这也是每一位高校图书馆员应有的政治自觉与价值需求。然而，在信息技术已经在全过程全方位育人作用日益凸显的形势下，高校图书馆员的"三全育人"意识能力仍不容盲目乐观，亟待提升，主要表现在以下方面。

第一，高校图书馆员角色意识模糊，职业热情缺失，服务意识不强。高校图书馆是服务于教学和科研的，以"读者第一，服务至上"为办馆宗旨，高校图书馆员应爱岗敬业、乐于奉献，自觉为广大师生提供各类信息资源服务。高校图书馆员本应更容易理解践行"三全育人"的根本内涵，但由于种种原因，有的馆员思想保守，面对新知识、新技术无动于衷、麻木不仁，职业热情不高，又不愿从零学起，有时甚至对新知识、新技术抱着抵触的态度；有的馆员政治站位不高，跟不上形势，没有责任、担当的意识，没有教师身份意识，单纯认为上讲台才是教师，不上讲台就没有教育学生的责任；有的馆员由于自身能力不足，不善于发现问题和总结经验，缺少创新，工作上力不从心，有畏难情绪，服务能力不强；有的馆员仅仅把图书馆当作过渡岗位，当一天和尚撞一天钟，但求无过；等等。这些馆员根本跟不上"三全育人"的时代要求，要真正提高这些馆员的思想认识，培育"三全育人"意识，还有很长的路要走。有人认为，由于人事制度上存在弊端和受图书馆岗位特殊性的影响，很多高校图书馆缺少话语权、用人权，导致高校图书馆成为照顾关系户家属的"后花园"，造成了图书馆工作人员队伍混乱、素质参差不齐、结构不合理、难以管理的现象[3]。

第二，高校图书馆员专业能力不足，服务手段单一。高校图书馆员应该具备专业学科与图书情报背景。在信息数字化飞速发展的时代，其他学科的融入可促进高校图书馆向复合型正确方向发展，多学科的交叉工作也能够为读者提供多样性和综合性服务，满足不同层次、不同需求读者的需要，每位高校图书馆员都能够熟练地掌握高校图书馆工作的基本流程和现代化信息技术操作手段，以体现他们扎实的专业基础知识，这样高校图书馆才能得到长远发展，但很多高校图书馆的师资队伍并非如此。众所周知，高校图书馆师资队伍的学缘背景比较复杂，导致高校图书馆员在学历上参差不齐，整体素质不高。非专业图书馆员选择了这份职业后都面临角色转换的过程，往往需要经历一段长时间的学习过程，在积累了一定工作经验后才可以熟悉高校图书馆的馆藏资源，运用学科专业知识为师生提供针对性、专业化、深层次的服务[4]。这些馆员的成长过程需要时间，他们服务育人的能力不足，服务手段不够丰富。因此，他们参与全方位育人较困难，他们的"三全育人"意识能力有待提高。

3　信息化时代高校图书馆员"三全育人"意识能力的主要内涵

不管是否身处信息化时代，专业知识都是每一位高校图书馆员参与"三全育人"的前提与基础。每一位高校图书馆员都必须清醒地认识到，在日新月异的信息化时代背景下，没有自觉投身到"三全育人"洪流之中注定会被淘汰。每一位高校图书馆员只有自觉提高对"三全育人"重要意义的再认识，才能顺应时代的发展。在信息化时代，除图书情报专业知识能力之外，高校图书馆员应具备"三全育人"意识能力主要包括以下方面。

3.1　良好的职业道德素养

在信息化时代，高校图书馆的职业道德必定会不断被赋予新的内涵，但是奉献精神永不过时，没有奉献精神，高校图书馆员的"三全育人"就无从谈起。虽然现代科学技术为图书馆的发展提供了诸多便利的条件，但高校图书馆的发展离不开馆员的无私奉献。同时，高校图书馆员应积极走出传统观念的圈子，加强政治理论学习，加强学习习近平总书记关于高等教育的重要论述，牢记初心使命，提高政治站位，要有高度的政治自觉与担当意识，不断厚植家国情怀，强化自身的教育工作者意识。同时，高校图书馆员应主动走向学生，以德育德，做学生灵魂的引路人。因此，高校图书馆员必须不断解放思想、转变观念，提升自身职业道德素质。高校图书馆员应具备任劳任怨、勇于开拓、坚韧不拔的精神，具有默默无闻、爱岗敬业的工作态度，全心全意为读者服务，提升自身责任感[5]。

3.2　熟练的现代信息技术运用能力

信息化时代的到来，计算机和网络技术的进步，不仅改变我们的日常生活，还深刻影响到高校图书馆员的工作方式和服务水平。在信息化时代，衡量一个高校图书馆的发展水平和一名馆员"三全育人"的参与度，不再是简单地以藏书量的多少和借阅量的大小作为主要标准，而是以资源建设的力度和对读者提供信息服务的质量水平为参照指标。时移势易，高校图书馆员在新技术环境下，能够熟练地掌握运用现代信息技术以提高自身服务质量，这不仅是自身工作的前提基础，还是自身参与"三全育人"系统工程的具体表现，也是高校图书馆员自身价值所在。

3.3　良好的组织、沟通和表达能力

"三全育人"工程的最大特点就是开放性。在这个系统工程中，人人都是参与者，个个都是主人公，"躲进小楼成一统，管他冬夏与春秋"的心态是不可取的。在信息化时代，信息技术的运用同样需要人的温度与情怀，而不是冷冰冰的人机对话，或者是虚拟网络里毫无温情的信息传递与接收。不管技术如何进步，高校图书馆员在"三全育人"的过程中，最终的服务对象还是读者。读者是有感情的，因此高校图书馆员要具备良好的组织、沟通和表达能力，尤其在资源推广和阅读分享过程中，这种能力就显得尤为重要。如果高校图书馆员没有组织号召能力，语言表达不清，那么在工作中是很被动的，工作很难开展，高校图书馆的整体形象就会受到损害，"三全育人"的质量就会大打折扣。

3.4　较强的科研能力

在信息化时代，高校图书馆员对文献信息的筛选开发与综合分析能力已经成为衡量其水平能力高低的重要指标，"三全育人"的参与度也成为衡量各高校图书馆长远发展后劲强弱的重要参考指数。高校图书馆是每一位馆员投身"三全育人"工程和实现自身人生价值及事业追求的重要平台与途径，每一位馆员都应该自觉关注高校图书馆的发展趋势，这就要求高校图书馆员具有较强的科研能力。科研能力是一项综合能力，是评判一名高校图书馆员整体能力高低最直接的因素之一。科研工作与业务工作是相辅相成的，科研成果是提高业务工作水平最好的助推剂，而现实是有的高校图书馆员往往忽略了科研工作，仅仅满足于完成日常低层面的工作任务。没有科研就没有创新，没有创新就没有前进的动力，高校图书馆的"三全育人"工作就会无功而返，高校图书馆的存在感就会消弭于无形，因此高校图书馆员的科研能力十分重要。

4　结语

在信息化时代，高校图书馆要完全清除"消亡论"的不良杂音，就应该勇敢地

走上舞台中央，以较高的政治觉悟站位，勇挑历史责任重担，以凸显高校图书馆的教育职能为抓手，革除旧弊，奋发有为，积极落实党的教育方针政策。高校图书馆员只有主动投身"三全育人"系统工程，不断提高自身职业道德素养、现代信息技术运用能力及组织、沟通、表达能力和科研能力，才能使高校图书馆得到持续发展，从而实现更高的人生价值。

参考文献

［1］教育部关于印发《普通高等学校图书馆规程》的通知［EB/OL］.（2016-01-20）［2020-06-23］. http://www.moe.gov.cn/srcsite/A08/moe_736/s3886/201601/t20160120_228487.html.

［2］燕今伟，朱强.《普通高等学校图书馆规程》修订述要［J］. 大学图书馆学报，2016（2）：9-13.

［3］张磊. 新时代高校图书管理员业务能力再提高的路径探析［J］.江苏科技信息，2018（4）：21.

［4］赵叶璇. 信息时代高校图书馆馆员职业能力的培养研究[J]. 科技风,2019(1)：247.

［5］焦艳.信息化时代图书馆员的角色定位及能力素养［J］.河南图书馆学刊，2011（6）：16-17.

公共阅读空间的创新建设与创意营造

——以玉林市图书馆为例

庞晓春①　　李彬莉②

（玉林市图书馆，广西　玉林　537000）

【摘要】 阅读理念和需求的改变正加快塑造城市文化发展的崭新面貌，若想取得良好的阅读体验，不仅对书籍内容提出了高质量要求，还要保证良好的阅读环境，这是不可缺少的重要条件。品质出众的公共阅读空间既是书籍宣传发行的公开渠道，也是读者重获诗意的栖居之地。本文重点介绍了玉林市图书馆如何吸收社会力量参与建设，改革创新，创建新型公共阅读空间。

【关键词】 公共阅读空间；创新建设；创意营造

【中图分类号】 G252.2　　　　　　　**【文献标志码】** B

随着全民阅读渐成风尚，从过去的"有没有"到如今的"好不好"，阅读理念和需求的改变正加快塑造城市文化发展的崭新面貌[1]。当今时代，随着人们生活质量的不断提高，为了追求更好的生活品质，对阅读体验也提出了更高要求。换而言之，若想取得良好的阅读体验，不仅对书籍内容提出了高质量要求，还要保证良好的阅读环境，这是不可缺少的重要条件。品质出众的公共阅读空间既是书籍宣传发行的公开渠道，也是读者重获诗意的栖居之地。因此，图书馆应让阅读浸润心灵，引领阅读时尚潮流，吸引更多人真正热爱阅读，从而营造出一道最美的风景线。

1　公共阅读空间的内涵及性质

1.1　公共阅读空间的概述

公共阅读空间指的是企业或政府部门、个体及社会组织在社区采用合办或独办的方式兴建的一种新型公共文化空间。从广义层面来看，公共阅读空间指的是可以

---

① 庞晓春（1977—），女，本科，副研究馆员，就职于玉林市图书馆。

② 李彬莉（1986—），女，本科，助理馆员，就职于玉林市图书馆。

开展阅读或读书交流的公共空间，一般可表现为图书馆、书店、文化馆及阅报栏等形式。从狭义方面来看，公共阅读空间指的是建设在社区或街道上的新式公共场所，人们可以自由出入，也可以免费阅读书籍。

1.2 公共阅读空间的性质

公共阅读空间的性质是指免费对公众开放，不设置任何门槛限制，采用错峰开放、不间断开放及错时开放等多种方式，居民可以在这一空间内自由出入、阅读书籍，也可以查找相关资源信息，在轻松、愉悦的环境下，感受读书带来的美妙体验。因此，公共阅读空间具有一定的公益性。

1.3 公共阅读空间的特征

作为一类组织机构，公共阅读空间可以实现文化传播、知识交流及与好友交流等目的，同时具有多元化的特征。在构建文化体系时，必须要具备政府部门、社会力量及市场资本等投入因素。通过采用以上方式建立公共阅读空间，具有许多的优势特征：第一，能够减少公共文化服务及管理缺位的问题，保持公共文化服务的均衡发展[2]；第二，吸引更多的社会力量与社会资本，构建规范的共享机制；第三，使组织结构得到优化，采取开源节流的方式，提升服务效率。

2 公共阅读空间的科学化建设

通过对公共阅读空间进行研究后发现，公共阅读空间一般由政府部门主导，吸引更多的社会力量参与其中，共同建设共享机制，免费向市民开放[3]，营造出良好的阅读环境。通常情况下，这类场所主要具有以下特征：第一，具有高颜值的特点，为市民提供高品质的阅读服务，让阅读引领时尚潮流，吸引更多人参与其中；第二，融入市民的日常生活中，构建出更加完善的公共文化服务体系，形成良好的阅读环境；第三，为市民提供 24 小时自助阅读服务，或持续开放阅读场所，让阅读融入人们的日常生活中；第四，具有明显的服务效能，市民对此表示认可，呈现出良好的发展趋势，并将其列入图书馆总分馆服务体系中，最大程度地发挥社会价值。

2016 年以来，玉林市人民政府构建国家公共文化体系示范区，并引入相应的市场机制，致力于公共文化服务社会化，建设了一系列公共阅读空间，包括社区书吧、读书驿站等。这些公共阅读空间具有不同的文化特色，受到了人们的广泛青睐，丰富了人们的日常生活。

2.1 改变了基层公共文化服务的传统观念

由于公共阅读空间的惊艳亮相，改变了传统的基层公共文化服务理念，从一开始的"有没有"逐渐发展成"好不好"，并对此提出了更高要求，致力于实现小康社会的全面建设，为促进公共文化服务的高速发展打下坚实基础。

2.2 转变了传统的基层文化设施建设方式

在建设公共阅读空间时，主要考虑以下两个方面：一是人们的实际需求，二是城市人口的分布情况。政府起到引导作用，政府出台相应的政策，并提供资源支撑，吸引社会力量共同参与其中，同时提供各式各样的场地空间，从而构建完善的公共文化服务体系，实现市场、政府及社会力量的有机结合，共同发挥最大的作用和价值。

2.3 实现了基层公共文化服务管理模式的创新

自从推出了公共文化服务模式之后，图书馆投入了许多先进的科技装备，各项服务流程均实现自助操作，使科技与文化有效结合，借助技术的先进性，解决了当前存在的人手不足等问题。

2.4 解决了基层公共文化服务存在的不专业问题

公共阅读空间与图书馆存在密切联系，实现一卡通借通还。公共阅读空间在总馆的统筹和引导下，获得技术支持及图书配送等服务，构建出标准化的服务体系，从而提高服务质量。

3 公共阅读空间的创新建设与创意营造

近年来，国内各个地区相继推出了新型公共阅读空间，公共阅读空间呈现高速发展趋势，取得了良好的发展成果。产生这一现象的原因较多，可以总结为以下几点：第一，政府部门对公共文化服务的高度重视，促进相关工作的有序开展，特别在全民阅读方面吸引了更多群体的关注；第二，城市的发展规模逐渐扩增，传统的行政配置模式早已无法适应时代的发展需求，而基层"书房"的优势十分明显，相比之下更加"接地气"，可以满足人们的阅读需求；第三，市场经济环境十分复杂，为了适应时代的发展趋势，人们只有树立终身学习的理念，才可以做到与时俱进，只有在业余时间不断"充电"，才可以满足工作需求；第四，在实际发展中，市场经济十分繁荣，而人们学习的场所却十分匮乏，这时"书房"便成了十分宝贵的资源。这类场所基本建在社区或商业圈周围，交通十分便捷，通过采用自主、自助的学习方式，得到了大家的广泛认可，在政府部门构建的公共文化服务体系中起到至关重要的作用，甚至成为不可缺少的重要组成部分。为了促进玉林市这一产业的高速发展，致力于提高公共文化服务的质量水平，朝着规范化建设的目标前进，为人民群众提供更加便捷、高效的公共阅读空间[4]，笔者所在的玉林市图书馆通过各种渠道吸收更多的社会力量积极参与这项工作中，采取一系列的改革措施，加大创新力度，构建新时代背景下的新型公共阅读空间，不断满足人民群众的学习需求。

3.1 采取"多种平台＋资源"模式，合作创建特色阅读点

玉林市图书馆鼓励各方主体积极参与公共文化服务建设，采取"多种平台＋资源"的模式，在社区、学校、企事业单位成立图书馆流动服务点，合作创造特色阅读点。社区、学校、企事业单位提供设施与场地，图书馆负责配送图书资源，社会力量参与流动服务点的运营，负责日常管理及活动的开展。玉林市图书馆为每个图书馆流动服务点配送价值约5万元的图书。

3.2 采取"读书驿站＋文旅"模式，打造智慧阅读文化空间

读书驿站是一种基层图书馆建设和服务的新模式，也是一种新型公共文化空间，更是公共文化创新发展的缩影。在迈入新时代的过程中，玉林人读书、爱书的风气得到发扬光大。比起古时只有士大夫才能博览群书，今日之玉林，让读书"飞入寻常百姓家"，读书驿站成为市民与书籍接触的媒介。

玉林市图书馆结合当地的人文特色与地域资源，探索以"读书驿站＋文旅"为主题，充分融合文旅、文创元素，从而达到创新发展的目的，打造与众不同的智慧阅读文化空间。通过在社区、景区建设读书驿站，为市民打造温馨、舒适的新型休闲阅读空间。读书驿站到馆人数占总分馆到馆人数的50%以上，服务优势不言而喻，流通量一直占总分馆总流通量的50%以上，成为名副其实的"流量王"。

3.2.1 设立山间读书驿站，漫游书香时光。

"南方西岳"大容山是玉林母亲河南流江的发源地，因"山犷、林翠、水秀、草茵、石奇"而驰名，是一处人文内涵深厚的基地。玉林市图书馆在大容山森林公园设立了读书驿站，让游客可以手捧一卷书，在满山苍翠中享受悠然、惬意的书香时光，别有一番滋味。

3.2.2 设立"网红"打卡地读书驿站，享受"家门口的图书馆"的便利服务。

福绵十丈村、北流河村是乡村旅游"网红"打卡地，也是玉林市推出的乡村振兴示范点。玉林市图书馆分别在这两个示范点设立了读书驿站，在这里，人们可以梦回500年前，体验历史、文化的积淀，感受田园风光之美，把"乡愁"留住，同时也可享受便利服务，极大地提高了图书流通量，切实促进了全民阅读。

3.3 采取"便民服务平台＋资源"模式，打造特色新型文化空间

玉林市图书馆在玉林市党群服务中心和玉州区党群服务中心分别设立了流动服务点，在供需机制上普遍采用预约配送的方式，将人们的基本需求作为服务导向，

从而解决存在的实质性问题。图书流动服务点通过向图书馆预约申请所需的文化服务，由玉林市图书馆审核确认后在约定的时间、地点向该图书流动服务点免费配送1 000册图书，或者由玉林市图书馆定期向流动服务点配送图书。

3.4　采取"军营＋资源"模式，打造军民合作模式

3.4.1　军（警）民共建，设立阅读服务点。考虑到驻玉武警官兵的职业特点，不能随时到馆借书[5]，玉林市图书馆专门在武警一中队、武警三中队、玉林市消防救援支队分别成立流动服务点，设立阅览室，由部队负责场地设计和管理，玉林市图书馆提供书籍。自设立流动服务点以来，玉林市图书馆积极向部队官兵推荐新书、热点话题的图书，定期为官兵更换图书，每年更换图书10 000多册，服务官兵3 000多人次，不仅改善了官兵的生活品质，还最大程度地发挥了馆藏资源的作用。此外，玉林市图书馆在玉林市第一看守所和第二看守所设立玉林市图书馆流动服务点，给特殊的读者带去精神食粮，让他们不因地域限制也能够享受到读书的权利和乐趣。经过多年的努力，军（警）民共建阅读服务点已成为目前玉林市图书馆特色鲜明、成效显著的服务品牌项目，在增进军（警）民友谊、加强"文化拥军"中发挥积极的作用。玉林市图书馆于2012年12月被正式授予第十四批自治区军（警）民精神文明先进单位的称号。

3.4.2　设立法院分馆，推动法院法治文化建设。玉林市图书馆以"小馆也有大作为，跳出图书馆办图书馆"的理念，在玉林市中级人民法院设立分馆，为全院干警提供了良好的学习环境，进一步推动法院法治文化建设。通过图书馆和法院法律图书资源共享，促进法院干警人文思想和业务能力的提升，为司法事业的可持续发展提供有力支撑。

4　公共阅读空间建设的可持续发展

4.1　深入落实政府部门的主导责任

在建设公共阅读空间的过程中，尤其是在运营管理工作中，政府部门需要投入大量资源，将其纳入政府财政预算。在时机成熟的情况下，政府部门应建立完善的立法制度，并提供法律保障。

4.2　强化阅读推广功能

公共阅读空间可激发广大人民群众的阅读兴趣，增强其服务效能。在此过程中，公共阅读空间可以构建科学规范的阅读推广制度，推出一系列文化活动，吸引广大人民群众参与其中，立足于新时代的发展趋势，致力于建设品牌志愿项目，共同促

进相关服务的顺利开展。

4.3 使服务内容更加丰富

以阅读服务为依托，公共阅读空间可以适当扩展基本功能，为人们提供多元化的服务，使不同群体的个性化需求得到满足。同时，公共阅读空间可以与当地的特色文化相结合，增设特色活动，构建文旅融合发展新型载体，并逐渐发展成一种文化地标。

4.4 建设可持续发展的机制体系

公共阅读空间应明确新时代的发展理念，并将其纳入当地图书馆总分馆服务体系筹，进一步强化图书馆专业指导，实现资源共建共享[6]。结合本地的实际情况，使各项标准规范更加完善，提高整体的运行质量与服务品质。此外，公共阅读空间可以构建与之相配套的发展基金，用于财政预算计划外的创新项目孵化及文化活动等。

当今时代，随着公共阅读空间的不断发展，公共阅读将在生活品质与城市文化提升方面扮演更加重要的角色，但须进一步做好管理配套，融入精细化理念，让公共阅读空间真正为生活带来书香涵养，塑造城市新的面貌，将阅读空间打造成为一个充电学习、休闲放松的好去处，让公众在公共阅读空间可以放下日常的疲惫，徜徉在知识的海洋中，享受安静的时光。

参考文献

[1]韩玉.新型公共阅读空间的未来之路［EB/OL］.（2021-01-26）［2022-07-01］.https：//book.youth.cn/zx/202101/t20210126_12681385.htm.

[2]佚名.图书馆双拥工作总结［EB/OL］.（2016-09-06）［2022-05-20］.https：//www.docin.com/p-1729108385.html.

[3]毛梓铭.公共阅读空间 塑造城市新面貌［EB/OL］.（2021-12-08）［2022-05-06］.https://www.360kuai.com/pc/96b551283b104d92e？cota=3&kuai_so=1&tj_url=so_rec&sign=360_57c3bbd1&refer_scene=so_1.

[4]赵华.文旅融合下乡村公共文化服务创新体系研究［J］.经济问题，2021（5）：111-116.

[5]陈金春.提高社区公共文化服务效能的对策研究［J］.民族音乐，2020（4）：60-64.

［6］徐光莹.淄博市三家城市书房（书屋）入选2021年"创新阅读空间"［EB/OL］.
　　（2021-12-28）［2022-05-20］.https：//baijiahao.baidu.com/s？id=172038381
　　4336903904&wfr=spider&for=pc.

"双减"政策环境下少年儿童图书馆馆校合作策略研究

——以南宁市少年儿童图书馆为例

韦春玲 ①

（南宁市少年儿童图书馆，广西　南宁　530021）

【摘要】 少年儿童图书馆不仅能够为广大中小学生提供丰富的阅读资源，拓展学生的思维与视野，更重要的是还能够培养学生检索与利用信息的能力，是"双减"环境下帮助未成年人开展阅读习惯与学习能力的培养及自主学习活动的一个主要场所。本文运用文献检索法、案例分析法，归纳出"双减"政策下少年儿童图书馆与中小学合作的有效策略，建议从提倡政策引领、扩展合作领域、利用大数据信息、整合优化合作资源等方面探寻馆校合作的有效策略，不断提升阅读服务质量，助力全民阅读。

【关键词】"双减"；少年儿童图书馆；馆校合作

【中图分类号】 G251　　　　　　　　　**【文献标志码】** B

1　研究背景与思考

2021 年 7 月，中共中央办公厅、国务院办公厅印发了《关于进一步减轻义务教育阶段学生作业负担和校外培训负担的意见》（以下简称"双减"政策），对于教育领域来说，一方面是减轻义务教育阶段学生过重的课业负担，另一方面则是减轻义务教育阶段学生校外培训的负担。"双减"政策的实施，强化了学校作为教育主阵地的作用，公共图书馆可凭借丰富的文献资源、资深的专家队伍和自身业务的管理优势，为义务教育阶段的学生提供舒适的阅读环境与专业的阅读帮助。中小学与少年儿童图书馆进行合作，形成教育合力，可以充分整合社会资源，最大程度地发挥各自的优势，共同承担起教化育人的社会责任。南宁市少年儿童图书馆（以下简称"南宁市少儿馆"）作为广西为数不多、办馆年龄较长、服务水平较高的国家一级图书馆，2021 年喜获广西第三批自治区级中小学生研学实践教育基地称号，为南宁

---

① 韦春玲（1976—），女，本科，馆员，就职于南宁市少年儿童图书馆。

市青少年提供阅读服务与研学教育服务，获得广泛认可。

2 南宁市少儿馆馆校合作探析

2.1 合作服务模式与实践经验

"双减"政策实施后，中小学生课业负担减少，有了更多时间走入图书馆、博物馆、艺术馆等场馆。在各种课外培训机构被取消的大背景下，学生们参与课外阅读的平台和机会更加掣肘。此时，广大中小学校图书馆的信息资源和图书资源显得尤为重要。据调查发现，众多中小学校图书馆在硬件建设、图书馆的图书添置与流动、图书馆员的专业队伍建设、图书馆的管理等方面仍有很多不足之处，无法满足学校学生"双减"之后日趋增长的阅读需求。南宁市少儿馆是国家一级图书馆，是为少儿、家长及教育工作者服务的文献信息中心，现有各类馆藏书籍 59 万册。南宁市少儿馆秉承"以书育人，优质服务"的办馆宗旨，为广大读者提供简便、快捷的书刊借阅、参考咨询等服务。为充分利用馆内资源，帮助中小学校克服软件、硬件的不足，南宁市少儿馆一直探索与中小学校的合作模式，具有多年丰富的经验[1]。

2.1.1 打造"图书馆进校园"阅读推广活动。一是定期开展"图书馆进校园"活动。每年 4 月，南宁市少儿馆开展为期一个月的"图书馆进校园"主题阅读推广活动。学生现场借阅图书，专业导读师与学生共同参与经典名著导读、儿童读本分享会、科普小实验、故事会、小小朗读者等阅读活动，帮助学校举办读书节，建设班级图书角。2018—2022 年，活动累计达 70 多场次。二是邀请教育专家走进校园，举办"绿城蒲公英讲坛"活动。例如，邀请著名语文教育专家开展"阅读书目的选择与欣赏"的文学讲座。围绕"读什么，怎么读"这一主题，与在座学生畅谈阅读的内容和数量、阅读的幸福感、阅读的品质，并向学生推荐适合年龄段的必读书目和期刊，拓展学生的知识范围，提高学生的认知能力。

2.1.2 积极推进馆校研学活动。一是与南宁市天桃实验学校天桃校区联合举办经典名著导读活动，定期推荐经典书目给班级学生。图书馆专业导读师进入课堂，带领孩子们进行阅读分享，开展读书交流活动。定期在图书馆内展览学生书写的阅读卡，仅 2022 年，已展出阅读卡 6 场次。通过专人引导，少年儿童在活动中逐步培养正确的阅读习惯与方法。二是开展"给你一把金钥匙，带你了解图书馆"系列活动。馆员通过图文并茂的课件，向学生介绍图书馆的基本职能，让学生了解图书分类、掌握排架的规律，让他们根据自己感兴趣的内容去检索图书。结合"我是图书馆的小福尔摩斯"书目检索比赛,让学生对讲座上所介绍的图书分类、图书排架、图书检索等知识进行强化记忆。该活动有利于学生从图书馆空间中主动汲取知识,形成自己的知识体系。三是开放场馆,广泛吸纳中小学生进行志愿服务活动。2022年,共招募图书管理员、小小故事员、文明引导员等 563 名志愿者进行志愿服务活动。中小学生在图书馆内进行课外实践活动,全方位了解图书馆运行的同时,锻炼他们的交际能力、学习能力及动手能力等。南宁市少儿馆还主动与中小学校联系,组织校园志愿者参与图书馆志愿服务及其他工作,加强彼此之间的交流和合作。四是开展"童心看南宁"大型户外创作活动。该活动是南宁市少儿馆与金太阳学校共同创立的户外类品牌服务活动之一,以锻炼少年儿童读者体能、放松少年儿童读者身心、扩大少年儿童读者视野、增强少年儿童读者野外生存能力等为目标,带领学生走出教室,用身体去接触自然万物,用眼睛去观察美好事物,用心灵去感受自然气息,用语言和画作来表达自己的真实感受,这是学校与图书馆共同构建的"第二课堂"。

2.1.3 人力资源共建。一是每年举办 1～2 次中小学校图书管理员培训班,邀请专家进行图书馆知识、图书馆管理、阅读推广等内容的讲授。二是参与建设学校图书馆,培养校园阅读推广人。全程参与协助南宁市那黄小学建设学校图书馆,从空间布局、图书分类、图书上架等方面建设图书馆。走进中小学校,培养校园阅读推广人。三是借助学校老师熟悉少年儿童心理特征的优势,邀请经验丰富的老师到图书馆开展关于学生心理特征、阅读喜好等专题讲座,让图书馆工作人员更好地贴近少年儿童读者。

2.1.4 文献资源共建。图书借阅是南宁市少儿馆与中小学合作的主要形式之一。借阅服务包括普通到馆借阅、集体借阅和流动点借阅。南宁市少儿馆除了在各社区、儿童学习基地设立奇之梦、金珊瑚等 9 个分馆,还与图书馆条件较为落后的中小学校合作设立学校分馆,如金太阳实验学校分馆、五象中学分馆。除了直接为师生们办理借书证实现校内借还外,南宁市少儿馆还为学校捐赠书架,及时更新学校分馆的图书。

2.2 合作服务社会效益

2.2.1 有效利用图书馆资源,减少浪费及重复建设。南宁市少儿馆和学校图书馆各有特色,应相互配合。在未进行馆校合作共建之前,南宁市少儿馆及中小学校图书馆没有进行统一联网,所服务的对象更多的是本地区及本校的学生群体,辐射面相对较窄,图书资源的整体利用率都相对较低。通过南宁市少儿馆与中小学校图书馆的合作共建，实现资源共享，通过联网互通技术，形成图书资源的共建与共享体系。读者数量得到交叉与增加，读者的需求进一步扩大，在促使南宁市少儿馆的藏书资源得到充分利用的同时，有效避免图书馆资源浪费及重复建设等问题的发生。

2.2.2　更好地为少年儿童提供阅读服务。南宁市少儿馆作为公益性文化服务单位，是知识存储和信息资源共享的平台，具有丰富的馆藏文献资源及资深专业队伍和自身业务的管理优势，非常适合作为课堂教育的延伸与学生补充学习的场所。从时间上看，在校期间，学生以建设书香校园班级阅读、师生共读为主，到了周末、寒暑假则是图书馆发挥重要作用的时刻。从学生阅读的内容与形式上看，学校阅读更注重整本书的阅读，重视语文能力的培养，学生阅读是为教育服务的。学生在公共图书馆进行课外阅读更多的是一种泛阅读，通过看起来毫无意义的广泛零碎阅读获取更丰富的知识营养。与此同时，阅读作为学生增加见闻、拓宽视野与思维的主要途径和方式，通过学校和少年儿童图书馆之间的合作能够为广大未成年人提供更加优质、丰富的阅读指导与阅读资源，有利于培养中小学生的阅读习惯，提高其文化素养[2]。更重要的是，少年儿童图书馆与中小学校图书馆之间的合作，能够从小培养中小学生充分利用图书馆各项服务和资源进行研究与学习的良好习惯，为其终身学习与思考创新奠定坚实的基础。

3　馆校合作服务启示

3.1　提倡政策引领，加大合作力度

少年儿童图书馆与中小学校的合作模式须是双向互动模式，图书馆和学校分别隶属于文旅局、教育局，加强馆校合作，需要得到上级决策部门的政策支持和保障。首先，少年儿童图书馆和中小学校的主管部门应共同制定活动的标准，为馆校合作提供明确的操作指导，如中小学校图书馆馆藏书籍需求、活动建设展望等，尤其针对公共图书馆总馆与学校分馆的建设给予政策的支持和引导，为中小学校图书馆的馆制建设开通更多的政策渠道。这有利于提升馆校对合作的重视和作业水准，并为两者在实践中的合作机制建设建立良好的基础。其次，应当推进双方主管部门进行有效对话，制定协调发展的合作机制[3]，推动馆校合作有序性、持续性发展。少年儿童图书馆自身的宣传与推广，在范围与效果上都存在一定的局限性，上级主管部门的协同推进能够从更高层面树立图书馆的权威性和普适性。在馆校合作的过程中，为图书馆量身打造面向中小学生的文化建设方案，对文化服务建设具有更强的

实效性。

3.2 扩展合作领域，密切馆校关系

3.2.1 提供院校专业介绍。"双减"政策的目的是让学生从课业中解脱出来，用大量的时间全面发展德智体美劳。为培育出各行各业的专业型人才，实现教育分流是必然的。很多学生不仅仅在高考后面临未来人生的职业选择，更多学生在中考过后也需要选择。但从小学到初中甚至高中，学生对专业、职业的名称了解甚少，中小学校极少开设专门的职业规划课，甚至大多数专业名称是学生报考志愿时翻阅院校专业志愿书才了解的，根本来不及在几周的时间内充分了解专业的具体情况和未来的就业方向、发展前景。图书馆作为公益性文化机构，具有学术性、开放性的特点，可获取利用的文献信息资源众多，向学生介绍高职院校的专业方向、就业前景、人才要求、培养机制、院校排名等内容，是馆校合作的有效途径之一。通过开展专业院校介绍讲座、学生志愿填报指导等活动，对于帮助学生获取未来可能从事职业的知识，及时培养自身兴趣与能力具有重要作用，同时又能拓宽馆校合作领域，密切馆校关系。

3.2.2 课堂合作助力教学工作。少年儿童图书馆和中小学校合作开展各式各样的阅读活动或服务，但为中小学校教师的教学工作提供支持的服务却不多。少年儿童图书馆与中小学校合作的领域可以覆盖到学校特色课程共建方面，将图书馆特有的资源融入学生课堂教学当中，助力学校教学工作。邀请知名专家、学者对教师提供专业服务，借助信息化的教学手段为教师备课和教学提供多元化的信息支持与服务[4]。例如，围绕学校的课程与本土人物、地方事迹，编写本校、本市、本自治区特有的传统文化课程，让学生在课程中能充分了解传统文化，增强学生的家乡归属感与文化自信。特色课程既有利于学生拓宽知识面，也对图书馆的影响力提供帮助，实现少年儿童图书馆与中小学校的合作双赢。2017 年，国家图书馆选取与传统文化相关的馆藏资源编制成一套以实践为主的学习课程，并将其引入所在学区的中小学。这是公共图书馆参与基础教育、培养未成年人综合素养的一次创新性探索。这种方式值得借鉴，公共图书馆将丰富的资源转变成教学课程，实现了图书馆与学校的资源共建，既有利于学生学习知识、拓宽眼界，又有利于扩大图书馆服务的辐射范围[5]。

3.2.3 馆校联合开展心理咨询服务。少年儿童图书馆是学生的"第二课堂"，扮演着促进少年儿童全面发展、培育健全人格、推动素质教育发展不可或缺的角色。而心理素质是个人素质结构的重要组成部分，长期以来，由于世俗偏见、碍于情面、

缺乏自信或缺少亲人陪同等原因，鲜少有学生踏足校内的心理咨询室。此外，学校心理咨询老师的上班时间与学生的上课时间重叠较长，学生心理困惑或疑虑也非三言两语就能完成疏导，从而导致问询的学生少之又少。少年儿童图书馆与学校联合开展心理咨询服务，可以很好地弥补学校心理健康教育的不足。在开展少年儿童心理咨询工作时，馆校之间应建立长期的合作关系，少年儿童图书馆负责建立馆内心理咨询室，周末、寒暑假由合作学校派遣专业心理咨询教师进驻图书馆开展心理咨询服务，同时为家长处理亲子关系、青少年的青春期等问题提供专业的建议与指导。既能充分发挥学校专业人才的作用，又补齐了图书馆心理咨询人才短板，合力承担少年儿童心理健康教育工作，从而让少年儿童树立信心，摆脱困扰，健康成长，实现社会效益的最大化。

3.3　利用大数据信息，深化合作内容

馆校合作建立青少年阅读大数据库。南宁市少儿馆通过定期对读者借阅的书籍进行大数据分析，有效开展对未成年读者兴趣的研究。在与中小学校的合作中，少年儿童图书馆可以借此技术对某些少年儿童读者群体的阅读喜好进行分析，然后通过大数据反馈给共建学校，让学校对学生课外的阅读情况有所了解，从而更加清楚地认识到学生的阅读兴趣所在。学生也可以获知自己的大数据课外阅读统计情况，帮助自身发现阅读方面存在的问题，从而由专业的图书馆员或资深教师提供科学的阅读指导及合理的阅读计划与建议。此外，学校可以定期开展问卷调查，上传本校学生的阅读情况，图书馆安排专业人员对学生阅读情况进行整理，为后续的阅读服务、馆藏资源的采购进行更有针对性的改进[6]。

3.4　整合优化合作资源，提升服务水平

相较于大部分中小学校图书馆与图书角，少年儿童图书馆的突出资源优势是丰富、更新及时的馆藏资源与专业的馆员团队。"双减"政策环境下，少年儿童图书馆与中小学校之间的共建共享主要体现在双方的馆藏资源和人力资源。在馆藏资源共建共享方面，馆校双方藏书相互配合，孩子必读书目由家长购买；与教学相关度较高的、大多数孩子需要读的书目，如辅导书由学校购买；相对个性化需求的读物，如航空航天、军事类等图书及利用程度较低但专业程度较高的图书，由少年儿童图书馆采购；同时实行分馆式管理，纸质文献通借通还，电子文献资源数据共享，实现线上线下深度融合。不仅如此，少年儿童图书馆通过定期向学校相关教师或者负责人推送馆藏信息和服务信息的方式，方便广大在校师生及时获取到自己所需的资源与服务。在人力资源共建共享方面，少年儿童图书馆需结合所在地区的中小学

校数量及馆内的实际现状，定期免费组织相关中小学校图书馆工作人员进入少年儿童图书馆参加集中培训活动。培训内容不仅包括图书馆图书资源管理、档案管理等专业的图书管理知识与服务技能，还包括专业化的图书馆工作守则、工作规章制度及考核机制等相关内容的辅助制定，以提升中小学校图书馆管理队伍的专业化、系统化与科学化水平。少年儿童图书馆开展中小学校图书馆员和阅读推广教师培训工作，有利于帮助广大中小学校图书馆员和学校教师以更专业、更适合儿童的阅读方式进行阅读指导。

4 结语

"双减"政策环境下，未成年人阅读习惯与学习能力的培养是一个系统工程，需要少年儿童图书馆与中小学校全方位、多领域的合作共建。本文以南宁市少儿图书馆为研究案例，总结南宁市少儿图书馆馆校合作发展状况，提出以下建议：提倡政策引领，加大合作力度；扩展合作领域，密切馆校关系；利用大数据信息，深化合作内容；整合优化合作资源，提升服务水平。希望以小及大、以点及面，为图书馆事业的发展奉献绵薄之力，为中小学生提供更好的服务，共同促进孩子们的健康成长。

参考文献

［1］南宁市文广旅局.南宁市少年儿童图书馆2021年免笔试公开招聘工作人员公告［EB/OL］.（2021-08-02）［2022-07-22］.https：//www.nanning.gov.cn/ggfw/bmfw/jyfw/jgsydwzk/t4826445.html.

［2］刘海丽，苗舍雨，李昕，等.公共图书馆馆校合作开展青少年教育的实践研究［J］.图书馆研究与工作，2022（8）：28-33.

［3］白亚丽.《公共图书馆法》视野下的公共图书馆与中小学合作构想：以甘肃省图书馆为例［J］.甘肃科技，2020（12）：78-80.

［4］史君.公共图书馆与中小学校的馆校合作模式研究［J］.参花（下），2021（4）：69-70.

［5］刘爽.公共图书馆开展馆校合作路径与策略［J］.图书馆界，2017（3）：59-61，69.

［6］黄江玲.高校、公共、中小学三类图书馆资源共享探讨［J］.福建图书馆学刊，2018（3）：6-8.

新型公共阅读空间发展策略浅析

韦良珍①

（广西壮族自治区图书馆，广西 南宁 530022）

【摘要】新型公共阅读空间是公共文化服务体系中新的基站和助力点，也是社会文化的新业态。文章分析了新型公共阅读空间的内涵、发展模式、基本形态及在实践探索中存在的问题，进而从"明确服务定位，坚持差异化建设""科学规划布局，探索发展路径""制度管理双突破，领航保障体系"三个角度提出对策。

【关键词】新型公共阅读空间；发展模式；文化空间品牌；公共文化服务

【中图分类号】G258.9 　　　　　　【文献标志码】B

1 引言

随着第三代图书馆的提出，新型公共阅读空间作为全民阅读的一项重要举措应运而生，图书馆界从"创客空间""学习空间"到"阅读空间"及"智能空间"不断开展新探索。新型公共阅读空间在公共文化服务体系建设过程中扮演着重要角色，不断满足广大人民群众对高品质阅读的需求，同时成为新的基站和助力点，提升服务品质和效能，不断拓展社会文化新业态。目前，关于新型公共阅读空间主题的相关研究主要为基础理论、发展模式、基本形态、服务对象和区域实践[1]，对于新型公共阅读空间在未来发展中如何提升服务效能，在建设过程中的关注点在哪里，如何突破发展中的瓶颈问题有待进一步研究。

2 新型公共阅读空间的基本概念

2.1 新型公共阅读空间的内涵

王子舟在《我国公共阅读空间的兴起与发展》一文中指出，公共阅读空间最早出现于我国城市民营独立书店经营转型的探索过程中，公共阅读空间有广义和狭义之分[2]。广义的公共阅读空间包含图书馆等提供阅读、交流的实体和网络空间；狭

---

① 韦良珍（1990—），女，硕士，馆员，就职于广西壮族自治区图书馆。

义的公共阅读空间指近年来涌现在大街小巷、旅游景区、地铁、高铁、商场等除具有借还书基础功能之外，还承担阅读推广，促进全民阅读效能的新型公共场所。比如，广东的"粤书吧"，北京的"梦想书坊"和"文化小院"，苏州的"四时书房"，成都的"锦书来"，上海的"我嘉书房"，北部湾地区的智慧书房，高铁读书驿站，等等[3]。这些形态多样、承载地域各式文化的公共阅读平台正是本文的研究对象——新型公共阅读空间。

2.2 新型公共阅读空间的发展模式

随着阅读推广和全民阅读的不断推进，新型公共阅读空间的生长空间逐步扩大，初见规模，其发展模式正逐步显现出来，主要有图书馆阅读空间再造、跨界合作、政社合作及众筹4种模式。

2.2.1 图书馆阅读空间再造模式。图书馆阅读空间再造模式即在自身原有场馆中进行改造或者在新建馆舍时设计新型阅读空间。这种发展模式依托原有空间资源进行空间再造，使图书馆空间利用合理且符合读者需求，为到馆读者营造舒适且有氛围的阅读环境。如增设主题阅读空间，分龄、分级、分主题打造阅读空间，如红色文献、地方文献、动漫文化、设计文化等多样化、个性化、特色化的公共阅读空间。

2.2.2 跨界合作模式。"跨界"顾名思义即强调图书馆融合其他元素打造阅读空间，以其他元素为主体或者核心进行交叉整合，达到双方或多方共赢的模式。如图书馆与文化机构、金融机构、企事业单位等合作打造的公共阅读空间，其场馆一般不在图书馆内，图书馆作为新型公共阅读空间的资源保障机构，可以为其开展形式丰富的阅读活动提供指导。如在文旅融合背景下，图书馆与当地旅游景区合作打造的新型公共阅读空间。

2.2.3 政社合作模式。政社合作模式是借助社会力量参与打造、运营和管理新型公共阅读空间的模式。新型公共阅读空间可以在任何一个有阅读需求的地方打造，分布范围广。打造主题多样化的新型阅读空间还需要社会力量的参与才能打造满足人民群众日益增长的文化需求。该模式主要依托社会力量参与建设、运营和后期管理的全过程，更好地调动社会力量的积极性。

2.2.4 众筹模式。众筹模式以民间图书馆建设的公共阅读空间为主，主要是个人或团体自愿在偏远地区或家乡等地方建造的新型公共阅读空间。

2.3 新型公共阅读空间的基本形态

新型公共阅读空间可分为图书馆空间再造、"图书馆＋"、书店转型改造及其他

4 种基本形态。新型公共阅读空间发展模式对应的基本形态见表 1。

表 1　新型公共阅读空间发展模式对应的基本形态

发展模式	基本形态
图书馆阅读空间再造	绘本空间、音乐空间、红色资源阅读空间等
跨界合作	"图书馆+景区"、医院、银行、地铁、高铁等
政社合作	单向空间、24小时书吧、醒山书院等
众筹	荒岛图书馆、民间流动图书馆、快乐小陶子流动儿童图书馆等

2.3.1　图书馆空间再造形态。图书馆空间再造是在图书馆原有阅读空间的基础上，通过硬件和软件改造升级形成新的阅读空间。例如，绘本阅读、党建阅读、地方文献阅读等分龄、分众的主题阅读空间打造。

2.3.2　"图书馆 +"形态。"图书馆 +"形态是指以图书馆跨界合作方式打造的新型阅读空间，把图书馆的资源从馆内引到馆外，为读者提供更便捷的阅读服务。例如，通过"图书馆 +"（企业、花店、咖啡馆、出版发行机构、交通、旅游景区、社区、其他社会组织机构等）的方式打造新型阅读空间。在文旅融合的政策下，"图书馆 + 旅游"的形态在实践中尤为突出，如广西北海的海岛智慧书房、浙江云和县的"漫享书屋"[4]等。学者指出"图书馆 + 景区（公园）"的发展模式是推动新时代文化事业和旅游产业深度融合发展的有效途径[5]。

2.3.3　书店转型改造形态。书店转型改造是指以书店转型改造方式存在的新型公共阅读空间。在经济市场浪潮中传统书店必须进行改造升级才能占有一席之地，单纯以卖书的方式早已被市场淘汰，而全民阅读和阅读推广的不断发展为书店转型提供机遇，如北京的"单向空间"、合肥新华书店三孝口店、深圳的"24 小时书吧"等都是以书会友、承载城市文化的阅读空间。这些书店以书为核心，将思想、文化、休闲、娱乐、审美等多种元素相结合，开展新的经营模式，既让书店焕发生机，也将阅读推广渗透到广大受众生活中。

2.3.4　其他形态。新型公共阅读空间的其他形态主要指由个人出资成立的阅读空间，如广州刘琼雄的"荒岛图书馆"、北京徐大伟的"民间流动图书馆"、公益项目"快乐小陶子流动儿童图书馆"。

3 新型公共阅读空间探索与存在的问题

3.1 新型公共阅读空间案例

新型公共阅读空间经过实践探索已逐渐发展壮大，在阅读推广活动中承担着重要角色和使命。这些新型公共阅读空间形态各异，各具特色，承载着一方文化底蕴和涵养，日益受到人民群众的关注和喜爱，且不断刷新人们对新型公共阅读空间的认知，同时作为城市文化塑造不可忽视的元素，承载着文化魅力的城市形象。笔者根据实地调研、文献调研及新闻宣传等途径对国内新型公共阅读空间实践探索进行不完全统计（见表2），全国各地打造的各具特色公共文化服务空间尽管名称各异、形态不一、模式不同，在学界这些空间统称为新型公共阅读空间。

表 2　新型公共阅读空间实践探索案例

地区	案例
北京市	宸冰书坊、良阅书房、读聚时光、朝阳城市书屋·东区儿童医院馆、北京砖读空间、伯鸿书店、阅谷浮生 6 号、樊登书店、圣学图书馆、特色阅读空间等
青岛市	悦读书房、良友书坊、啡阅青岛、南邻书房、城市音乐会客厅·"音乐+书坊文化空间"等
广西壮族自治区	海岛智慧书房、北部湾高铁读书驿站、青秀区书巢、青秀区图书馆的分馆——403 禾集、悦读驿站等
昆明市	孔雀书屋、悦读小屋、云上乡愁书院、觉晓书房、城市 24 小时智能书柜等
温州市	"全开放、不打烊、高品位"城市书房
临沂市	"一书房一特色"城市书房
长春市	图书馆示范分馆、阅书房等
广东省	粤书吧、罗湖区"悠·图书馆"等
成都市	锦书来
苏州市	四时书房
上海市	我嘉书房

3.2 新型公共阅读空间在发展中存在的主要问题

3.2.1　发展定位问题。新型公共阅读空间发展定位对其模式、基本形态、服务群体及服务内容、服务品质都具有重要的影响。新型公共阅读空间发展定位模糊的表现如下：其一，发展模式不清晰，前期主体建设和后期运营管理难以保障。其二，同质化建设，存在跟风、面子工程等问题，为打造而打造，生搬硬套等不根据本地实际情况统筹规划的粗暴做法。其三，追求数量，盲目扩大规模，而忽视软件与硬件配套、运营管理、资源调配等问题。其四，公益与营利之间的关系未妥当处理，如有些设置了会员门槛，有些免费借阅服务与经营性服务无明显区别，有些本该用作公共空间环境却被用作经营活动场所。这些看似很小的问题实际上隐藏着本质性的问题。

3.2.2 城乡布局发展问题。由于城市和乡村经济等各方面发展程度不同，公共文化服务建设成效各异，新型公共阅读空间在城乡布局发展方面出现一些问题。第一，城乡布局发展不均，发展成效参差不齐，从顶层布局到规模建设、服务管理、资源保障都存在短缺现象。第二，智能化、智慧化程度不高。新技术、新方法在乡村新型公共阅读空间未得到合理应用，缺乏思考和设计，数字资源建设与用户需要的信息不对称。第三，服务品质存在差距，乡镇的服务项目比较保守、传统，仍处于纸质阅读资源利用阶段，未结合区域和乡村发展等元素开展阅读服务创新。第四，乡镇新型公共阅读空间文化形象不佳。城市中的新型公共阅读空间在形象设计、服务理念上较凸显个性，从各方面的元素上彰显城市文化形象内涵，而乡村的新空间则欠缺独特性和象征性，同时存在地域文化、乡村形象等元素融入不协调、空间设计古板等问题。

4 新型公共阅读空间发展建设策略

4.1 明确服务定位，坚持差异化建设

新型公共阅读空间的发展模式决定其基本形态和服务群体及基本走向。因此，明晰发展模式是科学化发展建设的前提，发展模式的确立明确其根本性质，也就明确了服务定位、公益与经营的关系。

4.1.1 明确服务定位。服务定位是新型公共阅读空间个性化、差异化建设的先决条件，定位问题需在打造新空间的规划当中明确。只有明确服务定位，明晰发展方向，才能推进下一步建设发展。服务定位需确定服务项目和服务受众，如服务定位以公益为主、经营为辅则需要思考空间后期建设资金、运营管理、服务资源等基础。

4.1.2 坚持差异化建设方向。公共图书馆总分馆、图书馆联盟的建设有力地促

进当地公共文化服务体系的完善和健全，作为公共文化服务体系"身体"里的毛细血管——新型公共阅读空间，角色虽小，但不可或缺。新型公共阅读空间只有坚持差异化建设，才能融入不同社区、不同群体、不同阶层的生活中。而差异化发展的前提是政府放权，为创办者、参与者提供创业空间。因为打造一个新空间需要他们的专业知识和丰富经验，更需要给他们一个"尝试"的机会，营造一个社区和受众需要的公共阅读空间。另一层面的差异化是需要因地制宜地建设适宜本地经济文化发展、满足人民群众需要的新型公共阅读空间，而非照搬成功案例，更不是由统一标准建设起来的服务体系。新型公共阅读空间差异化建设是遵循自有文化元素和文化需求的生态空间。

4.1.3 坚守公共性设计原则。文化事业和文化产业的发展规律不同，但有着天然联系，两者有机合作便是新型公共阅读空间的发展机会和平台。如书店里创设新的空间用于开展公共阅读服务项目，吸引客流量从而提高销售量。"图书馆＋花店"等新型主题空间在设计、审美方面丰富了阅读服务的形式和内容。但是这些空间必须明确公共性才是新型公共阅读空间的根本，需要厘清公益与盈利之间的关系。新型公共阅读空间的主体进入公共范畴空间便决定了其根本属性，但公益和盈利在新型公共阅读空间上可以实现共赢，不能因片面追求盈利而缺失公共性原则[6]。

4.2 科学规划布局，探索发展路径

城市里的新型公共阅读空间可以借助社会力量来打造，政府主要作为辅助角色引导其建设发展，而相对劣势的乡镇新型公共阅读空间需由政府主导，科学规划布局，积极探索发展路径。温州的"城市书房"和广东的"粤书房"极具参考价值。

4.2.1 平等对接受众群体的需要。付婷等学者提出，公共文化机构参与的文化空间品牌建设只有平等对接受众群体的服务需求，才能合理统筹现有资源、取得建设成效，是对不平衡、不充分的实践发展难题的回应[7]。在文化资源等方面相对贫乏的乡镇地区，只有通过政府主导的方式才能保障平等对接受众群体的阅读及其他文化需求。在政府主导下科学化、理性化地规划系统布局，积极调动各级公共文化机构参与新型公共阅读空间建设和管理，根据基层乡镇群体的需求与喜好进行服务内容和形式的设计，同时尽可能根据地方特色及在人流量多的地方设置公共空间。此外，注重打造新型阅读空间的文化品牌，完善公共文化服务体系，有助于公共文化机构结合文旅融合促进乡村振兴和乡村旅游发展。

4.2.2 提供流动服务方式。流动式阅读空间突破传统对服务阵地、服务空间概念的认识，利用多样化合作方式将书吧服务点周边的单位机构纳入服务网络，开展联合阅读服务，使其成为书吧服务点周边的延伸服务网点，构建阅读服务空间拓展场景[8]。省级公共图书馆可以流动书吧为中心点，形成多级阅读服务网点，打造涵盖市、县、乡镇、村的新型公共阅读服务中心，温州市图书馆在该领域已进行实践探索。以流动方式拓展横向、纵向服务，不仅在服务方式和内容上广泛征求了受众意见与建议，还营造了更广阔的阅读氛围。

4.2.3　塑造文化空间品牌形象。塑造文化空间品牌形象从品牌定位、品牌建设主体、品牌塑造及推广评估4个方面着手。首先，品牌定位需要完整的视觉识别形象和主题，如广东的"粤书吧"以文旅融合为定位，以"粤读书、悦旅游"紧扣阅读主题的"南风窗"设计为视觉识别形象，不仅融合阅读和旅行元素，还彰显地方特色。然后，明确建设主体责任和范畴及主体之间的关系，形成建设、运营、管理有机一体。品牌塑造是在符合定位的前提下对品牌质量、规模、管理和提升知晓度等方面安排相关措施。最后，可从活动宣传和项目推广两个方面进行品牌推广，各级建设主体利用活动平台、自身宣传平台等途径进行宣传推广，同时建立效能评估机制，根据实践数据基础尽可能收集服务数据、受众反馈数据和其他相关数据进行效能评估。

4.3　制度管理双突破，领航保障体系

完善机制建设，打破"分灶吃饭"制度格局，为新型公共阅读空间建设设置专项经费，制定评定等级机制并将其纳入各级工作考核指标。推动跨区、跨市联合建设机制，通过走读、研学等方式与文化馆、博物馆、美术馆、"非遗"馆加强业务协作，推进阅读进景区、进社区、进街区，促进图书馆体系与多类型公共文化机构形成交流和合作机制[9]。在管理上设立新型公共阅读空间建设发展专项基金，通过社会认养的方式拓展社会力量参与建设运营及管理，激活空间活力；同时优化志愿者服务团体相关机制，吸引志愿者加入新型公共阅读空间的建设和管理中。

参考文献

[1]文琴.国内外城市公共阅读空间研究综述[EB/OL].(2022-02-18)[2022-10-30]. http://www.fbxslw.com/jjlw/29591.html.

[2]王子舟.我国公共阅读空间的兴起与发展[J].图书情报知识，2017（2）：4-12.

[3]郭凯倩，巫志南，金武刚.新型公共阅读空间的未来之路[N].中国文化报，2021-01-26（006）.

［4］何义珠，叶伟萍，潘丽敏，等．基于文旅融合的"图书馆＋民宿"实践与建议：以云和县"漫享书屋"为例［J］．国家图书馆学刊，2022，31（2）：42-47.

［5］张磊，周芸熠，方炜．文旅融合时代"图书馆＋景区（公园）"发展模式研究［J］．图书馆工作与研究，2021（5）：106-113.

［6］石晨旭，李武．打造新型阅读空间 助力书香城市建设：阅读空间的公共性与设计原则［J］．出版广角，2022（8）：65-69.

［7］付婷，周旖．公共文化空间品牌建设研究：以广东省"粤书吧"为例［J］．图书馆论坛，2021，41（11）：136-145.

［8］何盼盼，陈雅．图书馆公共文化空间建设研究［J］．图书馆建设，2019（2）：106-111，118.

［9］张启林，何泽，毛薇洁，等．城乡15分钟新型公共阅读空间建设研究：以温州地区为例［J］．图书馆研究与工作，2022（10）：12-17.

基于法人治理结构改革下提升公共图书馆服务效能的对策探究

——以贺州市图书馆为例

余碧玉[①]

（贺州市图书馆，广西　贺州　542899）

【摘要】图书馆实行法人治理结构改革已经成为时代形势改革的趋势。本文以贺州市图书馆改革为例，具体分析法人治理结构改革下的图书馆特点，从而为基于法人治理结构改革下的图书馆提升社会服务效能提供相关的建议与对策。通过科学的法人治理结构的建立，图书馆工作人员、读者用户及专业人士的全方位参与，充分调动公众参与改革的积极性，从而全面提高图书馆的管理水平，实现图书馆管理服务效能的提升。

【关键词】法人治理结构；公共图书馆；社会服务效能

【中图分类号】G251　　　　　　　　【文献标志码】B

1　引言

中共十八届三中全会通过的《中共中央关于全面深化改革若干重大问题的决定》指出："明确不同文化事业单位功能定位，建立法人治理结构，完善绩效考核机制。推动公共图书馆、博物馆、文化馆、科技馆等组建理事会，吸纳有关方面代表、专业人士、各界群众参与管理。"党的十九大报告进一步指出："要深化文化体制改革，完善文化管理体制。"推进公共文化机构法人治理结构改革，是中央从文化领域改革发展大局出发提出的一项重点改革任务。法人治理结构改革是完善公共文化机构管理体制的客观需要，有利于扩大社会参与，形成全社会共同关心和支持文化事业发展的良好局面，对于提高公共文化机构服务水平和效能，为群众提供更加优质的服务具有重要意义。

---

① 余碧玉（1984—），女，本科，馆员，就职于贺州市图书馆。

近年来，贺州市图书馆在上级部门的指导下，在全馆干部职工的共同努力下，积极推进图书馆法人治理结构的改革。2020年10月19日，贺州市图书馆理事会正式成立，标志着贺州市公共文化机构法人治理结构改革工作迈出了实质性的一步。贺州市图书馆理事会的成立，可以让更多社会人士参与公共图书馆决策，有助于进一步提高图书馆科学化决策，提升管理水平和服务效能，为人民群众提供更加优质、高效的公共文化服务，不断增强人民群众的文化获得感。

2 法人治理结构改革下贺州市图书馆的特点

2.1 创新体制

法人治理结构改革实际上是建立以理事会为核心的图书馆管理架构制度改革，在这个管理架构下运行的图书馆需要明确相关的规章制度。在章程的要求下，理事会与管理层共同制定管理机制，决策部署需要互相监督。例如，贺州市图书馆在制定章程时，相继出台理事会、监事会、党委会等相关议事规则；同时，图书馆对相关业务、各部门职位所管理的内容与权责等清单进行公示，确保改革中各方职权行使明确[1]。创新机制的运行旨在通过规范管理机制建立公开、透明的运行机构，确保公共设施为人民提供均等化的服务，通过管理章程的确立，实现制度的运行，确保图书馆管理的规范运行，此外，对于国家管理公共设施的改革也是一种创新型的尝试。

2.2 公开组建程序

法人治理结构改革要求在图书馆推进改革经过的程序和提出的决议必须要公开、透明，如章程的制定、理事确定人选等内容都应该根据要求进行细节披露和内容公示，从而接受社会公众的监督，针对公示内容积极接受公众的意见，对于相关质疑进行具体的解释和说明，对不合理之处进行积极纠正，从而确保所形成的方案能够得到社会大众的认可[2]。贺州市图书馆首届理事会由13名理事组成，其来源、名额与产生方式为贺州市委、市人民政府代表5名（贺州市委宣传部、贺州市文化和旅游局、贺州市委机构编制委员会办公室、贺州市财政局、贺州市人社局代表各1名，由各部门委派产生），社会人士和服务对象5名（贺州市人大代表1名，贺州市政协委员1名，服务对象代表3名，分别由相关单位委派或推选产生），图书馆代表3名（馆长为理事，党组织负责人1名，图书馆界代表1名，由相关单位委派或推选产生）。理事会设执行理事1名，执行理事由馆长担任。理事会另设秘书长1名，负责日常联络、会议记录、文稿起草、档案管理等工作，由举办单位面向社会征选，再进行审核聘任。

2.3　规范运行机制

改革后的图书馆将会按照改革的要求确立各种规范的运行机制，如理事会会议制度、信息公开和工作内容报告等多项制度规范。贺州市图书馆在改革过程中召开相关会议确定资产的管理和财务制度，同时公示有关本馆改革发展的重大事项、决策、本馆管理情况及重要人事任免、民主评价等事宜；领导班子建设及党风廉政建设情况；与职工权益密切相关的人事、福利、职称、年度考核、学习深造及其他与职工密切关注的事项[3]。在建立规范运行机制的过程中，相关参与改革的图书馆均能通过民主监督进行决策管理，通过管理理事的互相监督和交流总结管理图书馆的经验，并且能够向相关专业人士进行机制运行咨询，在初步探索中总结出有效的运行机制。

3　法人治理运行的成效及存在的问题

3.1　取得的成效

贺州市图书馆理事会已召开 3 次工作会议，分别表决通过了《理事会章程》及《贺州市图书馆年度工作计划》等，并为贺州市图书馆"十四五"规划发展积极建言献策。理事们充分讨论和议事，发挥了决策咨询和监督管理的作用。理事会在引进外部治理机制、拓宽工作思路、激发公众参与积极性等方面取得了初步成效，但也面临一定的问题与挑战。

3.2　存在的问题

一是理事会决策地位尚未落实。由于理事会处于起步阶段，当前许多制度不能形成配套，在不能转变政府职能的前提下，理事会在一些问题上有决策权，而在另外一些问题上仅拥有议事权。二是理事会决策支撑机制有待完善。理事会专业委员会或专业咨询委员会尚未建立，在公共服务、组织机构、资源建设、资金投入、绩效评估等专业领域不能为理事会决策提供专业支持。三是理事培训机制不健全。就理事会的构成来看，除内部理事外基本是非专业人员，并且非专业人员理事所占比例要高于专业人员理事，这存在外行领导内行的问题。

4　法人治理结构改革下贺州市图书馆提升社会服务效能的对策

4.1　改革图书馆组织结构

图书馆提升社会服务效能，首先需要从根本上改革组织结构，确立图书馆的法人治理结构，确保在制度层面图书馆能有效运行。贺州市图书馆通过成立法人治理结构改革试点工作领导小组及试点办公室，公开制定图书馆章程（草案），并且公布《图书馆开展法人治理结构改革试点工作方案》，以确保组织机构能够充分接受社会的监督，政府、图书馆与社会各种力量共同治理图书馆，实现图书馆组织结构的有效运行[4]。为获得法人结构治理改革科学理论，贺州市图书馆人员赴广东四会市及广西桂林市、玉林市、钦州市等先进地区开展学习调研。在全面考察和分析先进地区公共图书馆法人治理运行机制与实践效果的基础上，客观分析与本地公共图书馆制度的差异，审慎、借鉴和应用先进地区的经验，提出具有可操作性的适宜本地公共图书馆组织结构改革发展思路，如贺州市图书馆的法人治理结构由决策层、管理层和监督层三个方面的协调与制衡关系构成，决策权力由图书馆理事会行使。章程规定，理事会通过理事会章程和理事会会议行使议事权与决策权，支持管理层工作，不直接参与图书馆管理。馆长是图书馆的法定代表人，负责图书馆的日常工作。馆长与副馆长组成图书馆的管理层，管理层执行理事会决议，接受理事会监督，为理事会提供便利和保障。监督层由政府监督部门、社会监督部门和理事会内部监督部门构成，监督方式包括内部监督和外部监督。

4.2　强化民主决策理念

图书馆权利是民众利用图书的自由和平等的权利。理事会作为民主的决策机构，必须遵循民主决策和科学决策原则。截至 2022 年 11 月，贺州市图书馆共召开 3 次理事会会议，主要议题包括图书馆年度报告、业务方面的重大问题和重要规章制度的修订及讨论，决定副馆长人选、馆内涉及员工切身利益的重大方案等。如在 2021 年 4 月 23 日的理事会上，有的理事会成员建议贺州市图书馆开展阅读推广应面向乡镇和农村地区，贺州市图书馆管理层认真听取建议，结合本馆实际情况，2021 年度贺州市图书馆在贺州市乡镇（黄姚镇、梅花镇）和乡村（湖广小学）举办了 3 场阅读推广活动，并在乡镇和乡村建立了 7 个阅读示范点，进一步满足读者阅读需求，活动受到了所在地居民的欢迎和好评。在 2022 年 4 月 23 日贺州市图书馆理事会上，有的理事会成员提议在贺州市爱莲湖公园打造 24 小时"城市书房"，经理事会讨论研究，最后表决通过并形成决议。从选址、设计到争取项目报批和项目资金，经过多方协调，各方面力量参与，历时半年，于 2012 年 10 月 27 日，贺州市"城市书房"正式启用，"城市书房"迎来了大批读者。读者纷纷表示希望以后有更多类似的新型阅读空间，方便民众阅读和学习。

4.3　建立健全图书馆理事会专业培训机构和专业咨询委员会

法人治理结构改革下的图书馆改革，使图书馆从管理转变为治理，具体来说，就是增加社会力量参与图书馆管理，从最初的一元管理结构转为社会各阶层参与的多元治理结构。一方面，理事会管理层将公开吸收社会各界有能力的人士参与图书馆的管理；另一方面，采用公开招聘的方式进行竞聘上岗，使公众对参与图书馆治理工作的积极性被充分调动起来。图书馆理事会成员结构除内部理事外，基本是外部非专业人员，为破解外行领导内行这一难题，图书馆在吸纳有关方面代表、专业人士、各界群众参与管理的同时，迫切需要建立健全专业培训机构，对新聘图书馆理事会成员进行图书馆专业培训，让其深入了解公共图书馆职能、基本业务、运行机制及理事会章程和各种规章制度；同时，成立专业咨询委员会（成员由图书馆领导及图书馆内外专家组成），通过专业咨询，深入细致了解图书馆存在的问题，对图书馆重大事项作出科学决策，使图书馆的管理水平得到全面提升，从而实现社会服务效益最大化。

4.4　强化信息素养教育

推进图书馆改革，除了要保证组织结构形成过程公开、透明，吸取社会先进力量，同时还需要实现图书馆人员和用户双方的信息素养教育。新模式下运行的图书馆既能够在实体图书馆内进行读书活动、图书借阅、咨询服务等，还能够实现线上24小时的查询、阅读、浏览等多种图书馆服务。图书馆管理员的职业内容从文献查找变为知识性的引导，这需要灵活掌握现代信息化技术，才能够确保用户在线上与线下进行知识查找，对网络信息资源进行准确定位和分析。线下线上整合模式使读书服务更加多元化，两种图书馆模式的结合使读书服务的渠道得到了拓展，读书服务从实体馆延伸至虚拟空间。因此，需要管理人员进行双向培训，加强信息素养教育和知识拓展，提高专业能力与信息素养。此外，为了提升读者信息素养，适应图书馆的改革，还需要加强对用户的培训，通过讲座、视频、竞赛等多种形式提高用户参与信息化教育的积极性。

4.5　引入评价监督机制

《中华人民共和国公共图书馆法》明确规定："公共图书馆应当改善服务条件、提高服务水平，定期公告服务开展情况，听取读者意见，建立投诉渠道，完善反馈机制，接受社会监督。"这就为引入评价监督机制提供了法律层面的保障。建立完善的评价监督机制，需要实现评价主体的多元化，不管是图书馆管理人员、职工，还是社会公众、读者用户等，都应该作为对图书馆服务的评价主体，而不是单纯地进行政府内部的图书馆定级评星[5]。建立有效的监督反馈机制，还需要形成多角度的评价体系，要以图书馆服务效能的提升为目标，尤其是从图书馆的运行、管理机制、服务内容、服务效果等多方面对图书馆管理的有效性进行评价，关注时代发展与信息化建设等发展要素，尽可能挖掘图书馆管理的优势，促进图书馆的全面发展。引入监督评价机制，将对图书馆服务效能评估进行制度化、常态化，同时形成多样化的评价形式。发挥评价的促进改革的功能，建立公众评级基础；注重评价形式的多样化、主体的多元化，有利于推进图书馆多角度的改革。通过确立征集制度，不定时地进行网上意见征集、问卷调查、用户意见反馈等，调动公众对监督评价机制参与的积极性，发挥公众用户的主体地位，参与图书馆的管理，从而满足用户合理的信息需求，加快推进图书馆的信息化建设。

5　结论

综上所述，法人治理结构下的管理模式能够实现民主决策与监督，平衡各方权益，更好地推广线下到线上的读书互动，吸取利于图书馆服务效能提升的有效建议。图书馆法人治理结构改革，必须采用现代化管理方式，创新读书模式，实现阅读方法的创新，坚持以阅读用户为主体，才能更好地推进图书馆改革，有效提升图书馆的服务效能。法人治理结构改革是创新型图书馆管理中的一种形式，主要是为了充分利用管理方式的更新来有效调动读者积极性和读书兴趣，营造爱读书、读好书、想读书的浓厚的读书氛围，同时也是为读者搭建更好的学习交流的平台，促进读者之间的交流，带动更多市民走进图书馆看书和学习。

基于法人治理结构改革下提升贺州市图书馆服务效能，需要改革图书馆组织结构；强化民主决策理念；建立健全图书馆理事会专业培训机构和专业咨询委员会；强化信息素养教育；引入评价监督机制等。通过建立图书馆服务品牌，吸引更多的读者，为读者提供更加舒心的图书馆体验服务。

参考文献

［1］菊秋芳.基于法人治理结构的西部民族地区县域公共图书馆服务体系构建［J］.
　　图书馆理论与实践，2014（10）：86-90.

［2］李国新.公共图书馆法人治理：结构·现状·问题·前瞻［J］.图书与情报，
　　2014（2）：1-6，9.

［3］肖容梅.我国公共图书馆法人治理结构建设现状与分析［J］.国家图书馆学刊，
　　2014（3）：22-28.

[4] 陈顺忠,黄一文,舒睿.国内公共文化机构法人治理工作现状研究:重点基于图书馆的调查 [J].图书馆杂志,2016(11):14-20.

[5] 徐双."互联网+"背景下图书馆与利益相关者间跨界资源整合研究 [J].图书馆工作与研究,2017(3):68-71.

公共图书馆少年儿童阅读空间的创新建设与创意营造

曾 杨①

（柳州市图书馆，广西 柳州 545001）

【摘要】公共图书馆儿童阅读空间的打造有助于少年儿童开展阅读活动，对少年儿童阅读能力的培养具有重要作用。为实现促进少年儿童阅读成长的工作目标，在公共图书馆中建设少年儿童阅读空间，需要从少年儿童的思想特点出发，对阅读空间进行合理设计与建设，为少年儿童营造良好的阅读氛围，使其积极、主动地投入阅读活动中。基于此，本文分析了少年儿童阅读空间建设与氛围营造中存在的问题，在坚持多元化功能设置和以人为本的服务原则的基础上入手搭建少年儿童阅读空间，融合先进科学技术拓展服务功能，优化功能分区方式，从装修设计和环境构成方面营造阅读氛围，以期为少年儿童阅读提供优质的阅读服务环境，提高少年儿童阅读服务质量。

【关键词】公共图书馆；儿童阅读空间；创新；创意；策略

【中图分类号】G258.9　　　　　　　【文献标志码】B

公共图书馆建设的首要目标在于通过提供文献信息服务、文化服务、教育服务和休闲娱乐服务等方式培养少年儿童的早期阅读习惯，为此公共图书馆在内部空间设计和环境功能安排等方面应围绕少年儿童发展需求，以少年儿童为服务对象建设特色阅读空间，空间建设在突出创意色彩的同时保证满足少年儿童的阅读成长需求，帮助少年儿童养成良好的阅读习惯，为实现公共图书馆的少年儿童阅读推广目标助力，让公共图书馆成为少年儿童学习成长的主阵地。

1　少年儿童阅读空间建设存在的问题

1.1　阅读空间硬件设施陈旧、落后

部分公共图书馆的少年儿童阅读空间资金投入相对有限，建设形式较为陈旧，仅在原有设施的基础上加入了儿童桌椅、卡通贴纸、玩具等装饰物，功能类型较为单一，未能真正从少年儿童的成长发展情况、兴趣爱好等方面入手搭建配套的阅读

---

① 曾杨（1984—），女，本科，馆员，就职于柳州市图书馆。

空间环境，少年儿童的阅读成长需求未能得到满足[1]。

部分图书馆预留的儿童阅读空间较小，且采光条件有限，主要通过灯光进行照明；藏书数量较少，书籍库存更新不及时，书籍内容过分注重低龄儿童需求而忽视少年儿童成长需求；儿童活动区域相对有限，难以满足日趋增长的少年儿童阅读需求。

1.2　空间布局未能体现科学性原则

少年儿童年龄较小，性格活泼好动，对未知事物具有较强的好奇心，喜欢与他人进行交流互动，因此在内部空间设计上应充分考虑安全性、互动性和个性化需求，但现有的少年儿童阅读空间建设存在一定不合理情况，如将儿童阅览区域布置在高层环境中，增加跌落风险；楼梯等设施缺少防攀爬保护措施；儿童可能会在阅读空间内部跑跳，而墙面、桌角未能安装防碰撞保护措施；在内部空间设计上家长陪伴区与儿童阅读活动区距离相对较远，未能考虑到家长的陪伴和照顾。不同年龄段的儿童心理特征存在一定差异，3～7岁的幼儿在环境中倾向于亮丽的色彩搭配和活泼的图案，8～14岁的儿童对环境探索能力得到提升，对阅读空间的功能性要求更高，现有的少年儿童阅读空间的布置方式未能照顾到不同年龄段少年儿童的差异化需求[2]。

2　少年儿童阅读空间的建设目标

2.1　强调空间美感

在公共图书馆中打造少年儿童阅读空间，应坚定不移地从少年儿童身心发展特征入手，营造空间环境。在保证阅读环境宽敞的同时强调空间建设的趣味性，吸引少年儿童的注意力，使其主动进入阅读空间中感受阅读活动的魅力，并培养少年儿童的阅读习惯。

2.2　创新服务功能

信息技术的发展带来了VR、人工智能等一系列新兴科技，少年儿童阅读活动应突出服务功能的多样性，积极吸纳科技要素，营造创意阅读空间，在利用数字资源库提高阅读便利性的同时，给予少年儿童新鲜的阅读体验感。

2.3　强化阅读效力

少年儿童群体包括0～14岁年龄阶段的所有儿童，构成较为复杂。0～3岁的儿童处于婴幼儿阶段，无法独立完成阅读活动，需要家长的陪伴；4～6岁的学前儿童知识基础相对有限，能够独立阅读的书籍类型相对单一；7～14岁儿童具有一定的知识积累，求知欲和探索欲较为强烈。少年儿童阅读空间的建设应体现差异化原则，为不同年龄段的少年儿童提供分龄阅读区域，提高阅读活动的针对性。

3 公共图书馆少年儿童阅读空间创设与创意营造策略

3.1 积极引入科学技术，打造智慧阅读空间

为满足少年儿童阅读需求，提供创新性的阅读体验，公共图书馆可选择在建设少年儿童阅读空间的过程中引入 VR、3D 打印机、创客机器人、互动立体书、AR 等先进技术，并结合文字、图形、声音、视频、数字模型等多要素营造数字化的阅读环境，为少年儿童提供多样化的阅读体验。

体验区的建设目的在于通过多样化的手段强化阅读活动的科普性和知识性特征，在 3D 动态互动、VR 全景演示过程中给予学生科技感、未来感的阅读体验。考虑到智慧阅读空间中各类科技设施的操作方式存在一定的差异性，内容理解难度也有所不同，图书馆工作人员应围绕设备功能设置活动内容，为不同年龄段的少年儿童提供差异化的阅读体验。例如，3～6岁儿童的自主探索能力较差，打造阅读活动的内容应以展示为主，如 AR 海洋馆动物介绍、森林景观介绍等，将书籍内容数字化、立体化地呈现在少年儿童眼前，并为其提供新奇的阅读体验；6～12岁儿童具备了基本的认知能力和动手实践能力，可在对应的年龄分区上增加 VR 眼镜实景体验、3D 立体书籍、3D 打印笔等项目，鼓励少年儿童动手操作，利用数字化设备完成阅读活动；10～15岁儿童具备一定的独立思考能力，可在年龄分区中加入创客动画、创客小机床等设备，鼓励少年儿童在阅读的同时动手实践，在阅读与实践过程中为孩子提供全新的阅读体验，使儿童能够以更加积极的态度参与到后续的阅读活动中[3]。

3.2 结合阅读体验需求，完善功能分区

随着社会的不断发展，公共图书馆服务结构走向多元化发展趋势，少年儿童阅读空间的功能性要求越来越完善，需要提供包括信息传递、社会教育、智力开发和文化休闲等多种类型的服务功能。为落实功能设置目标，图书馆管理人员在儿童阅读空间建设中需要打破传统的书库、阅览室、活动室的功能分区方式，将与儿童兴趣爱好相贴合的多种功能类型融入其中，满足少年儿童读者的多元化需求[4]。

少年儿童的性格活泼好动，为避免不同需求间相互影响，可围绕少年儿童活动特点将阅读空间分为静区、动区和次动区。静区主要以阅读活动为主，使少年儿童可在一个安静的环境中阅读书籍，学习知识；内部空间装饰应以暖色调为主，保证空间宽敞、明亮、光照充足，空间墙壁贴装隔音材料，安排服务人员维护静区内部

秩序，为少年儿童提供一个安静的阅读、思考、学习的空间。此外，图书馆管理人员应正确区分图书馆与教室和自习室之间的区别，在提供阅读环境的同时尽可能满足少年儿童的探索欲望。例如，在书架设计上考虑到少年儿童的行为习惯，围绕书架和向上阶梯搭建小尺度空间，利用半私密的空间给予少年儿童安全感。动区主要是游戏区，少年儿童在动区可随意奔跑、跳跃、游戏、大声交流，挥洒汗水，释放精力，满足少年儿童的活动需求。动区的内部环境应尽可能布置在低楼层区域，空间墙壁除加装隔音材料之外，还应在地面和墙壁位置加装防碰撞软垫，避免奔跑、摔跤带来的冲击力，在桌椅边角位置包裹护垫，提高活动的安全系数。次动区主要是实践活动区，如多功能展厅、趣味阅读馆、数字创作馆等，在少年儿童阅读的同时满足其交流、互动的需求。次动区内部建设除加装隔音材料和保护装置外，还需要考虑电力安全问题，应将电力插座替换为安全插座，所有多媒体设备安装接地线路和短路断电保护装置，避免电路短路而影响设备使用安全。在空间设计上考虑到少年儿童交流、互动的需求，在区域内部设置多样化的空间，如围绕小型书桌在周围安置一圈座椅，方便少年儿童以小团队的形式进行交流、互动，在书廊和阶梯位置设置看书座位，让少年儿童能够随时随地坐下，并进入讨论和阅读氛围中[5]。

3.3　围绕少年儿童成长需求，打造交互式阅读空间

随着教育理念的发展，人们越来越重视对少年儿童自主学习的培养，主张在打造一个特定的空间环境激发少年儿童的阅读自主性，在接受知识的过程中产生知识交互行为，提高阅读服务的针对性。为实现建设交互式阅读空间的目标，公共图书馆管理人员在空间布局上应考虑到少年儿童的个体发展和认知发展特征，以少年儿童年龄为划分标准进行针对性设计，满足少年儿童的交互式阅读成长需求。

0～3岁儿童不能独立活动，探索世界的方式比较有限，对环境空间具有较强的安全性需求，因此在年龄分区中应适当增加图形内容占比，如在低龄分区中涂刷彩色墙壁、粘贴卡片等，书籍类型以图画为主，在图形辨识中让儿童与书籍知识产生交互。如条件允许可加入多媒体设备，利用屏幕投影播放数字书籍，提高阅读质量；3～7岁儿童思维相对单一，能够理解简单的文字，完成相对独立的自我思考，因此在年龄分区建设中应设置家长陪同座位及相对独立的隔间，为家长引导儿童完成阅读活动目标提供便利条件；7～14岁少年儿童基本掌握语言结构，能够独立完成中短篇故事的阅读活动，因此在图书内容选择上可适当增加文字占比内容，搭配少量图片培养少年儿童的阅读兴趣，做好隔音布置，为少年儿童提供一个相对安静、无干扰的阅读体验环境[6]。

交互式阅读空间要求在短时间内带动少年儿童进入自主阅读学习的状态中，为实现这一目标，图书馆建设设计人员应从环境氛围入手，打造与少年儿童认知水平相适应的环境氛围，提高少年儿童的认知水平。例如，使用温馨的黄色为主色调装饰空间，营造温暖、舒适的氛围。各区域通过不同纯度的黄色完成空间分区，用绿色盆景补充空间色彩丰富性，墙壁辅以红、蓝两色贴纸进行色彩碰撞，提高视觉的冲击力，促进少年儿童阅读和学习。

儿童阅读思考具有较强的随意性，图书馆少年儿童阅读空间建设应考虑到少年儿童的多样性需求，开设多种样式的阅读空间环境，方便少年儿童自主选择舒适的阅读姿势和阅读方式。例如，在少年儿童阅读空间地面铺设软垫，所有家长和儿童必须穿室内拖鞋进入阅读空间，当少年儿童感到疲累时可随时坐卧，实现内部空间的合理利用。不同少年儿童对空间的需求存在一定差异，部分少年儿童更喜欢体验性空间，与他人一同观看阅读，在沟通互动中开展阅读与学习活动；也有部分少年儿童更喜欢私密性空间，可在室内结合墙体和书架结构设置半封闭式的狭小空间，满足少年儿童多样化的阅读体验需求。

3.4 搭建主题阅读环境，营造情境氛围空间

少年儿童在成长过程中会对外在事物产生强烈的好奇与探索欲望，为此图书馆管理人员可尝试将少年儿童阅读空间分为多个区域，结合少年儿童常见的兴趣特征搭建情境体验空间，布置相关内容的书籍，吸引少年儿童参与阅读活动，体验阅读的乐趣。

以新加坡国家图书馆绿色森林主题阅读空间为例，为让儿童熟悉保护绿色环境的相关知识，使用树形装饰板搭配蘑菇摆件和动物玩偶，在图书馆内部创设森林主题空间，指导少年儿童学习绿色森林保护的相关知识。公共图书馆可结合类似的设计方式在创设少年儿童阅读空间的过程中围绕书籍内容营造专题式阅读情境，如海洋主题活动空间、宇宙主题活动空间、动物主题活动空间等，利用直观的情境体验激发少年儿童的阅读兴趣。以创建恐龙主题活动空间为例，图书馆设计人员可以在少年儿童阅读空间中规划恐龙主题分区，在分区内部摆设三角龙、霸王龙、翼龙等恐龙模型，收集馆内有恐龙的少年儿童图书，将恐龙模型的内部空间作为书架存放恐龙的相关书籍，利用纸板还原恐龙时代的植物类型，在纸板上标注植物名称和植物特点等信息，让环境成为少年儿童阅读学习的辅助道具[7]。

此外，打造创意少年儿童阅读空间，还可以尝试围绕阅读主题增加时间要素。以新加坡勿洛图书馆的烹饪实验室为例，公共图书馆在打造烹饪主题的儿童阅读空间的过程中可配套设置家长陪同区和实物演示区，少年儿童接触烹饪活动时首先通

过阅读带有大量图片的书籍，了解各类厨房用具的外形特征，在家长的陪同下，通过观察、触摸等方式感受各类厨房用品的特性，如品尝盐和糖的味道，感受铁锅的重量，等等。少年儿童通过阅读了解烹饪方法后，家长可在休息区为少年儿童提供指导。少年儿童完成阅读，准备开始烹饪环节时在家长的陪同下来到一个相对独立的空间环境中，由家长打开高处的安全开关后，烹饪用具方能正常使用。随后，少年儿童开始在家长的指导下完成烹饪活动，将阅读活动与实践活动结合在一起，使少年儿童的动手能力和思维创造能力得到提升。

4　结语

综上所述，在创新建设与创意营造少年儿童阅读空间的过程中，应从少年儿童的心理特征和需求入手，根据少年儿童年龄分级设置功能区分，结合少年儿童的活动需求建设差异化的活动体验场所，满足少年儿童的阅读和学习需求。在创新建设中围绕少年儿童成长发展需求，将科技要素、互动要素和主题情境要素融入阅读空间中，为少年儿童带来全新的阅读和学习体验，激发少年儿童阅读和动手实践的热情，为少年儿童今后的成长发展奠定基础。

参考文献

［1］罗茜.面向留守儿童的乡村公共图书馆阅读空间环境设计［J］.中国建筑装饰装修，2022（1）：160-161.

［2］朱芸.中外公共图书馆儿童阅读空间情感体验设计研究［J］.河北科技图苑，2021，34（5）：48-54.

［3］廖玲.图书馆少儿阅读空间建设与服务：以平桥区图书馆为例［J］.河南图书馆学刊，2021，41（8）：106-107.

［4］冯妍.基于少年儿童阅读推广的图书馆阅读空间建设实践探索：以大庆市图书馆少儿馆为例［J］.文化创新比较研究，2021，5（2）：160-162.

［5］刘欣，董瑞敏.英国儿童图书馆空间设计：历史与启示［J］.济宁学院学报，2019，40（5）：99-103.

［6］李霞.发挥基层公共图书馆指导作用　为儿童创设良好阅读环境：以天津市滨海新区图书馆为例［J］.图书馆工作与研究，2019（S1）：103-107.

［7］莫丹萍.多元化需求下公共图书馆儿童阅读空间功能设计探索［J］.图书馆工作与研究，2018（9）：124-128.